Silvia von Rudzinski

NÄHSCHULE

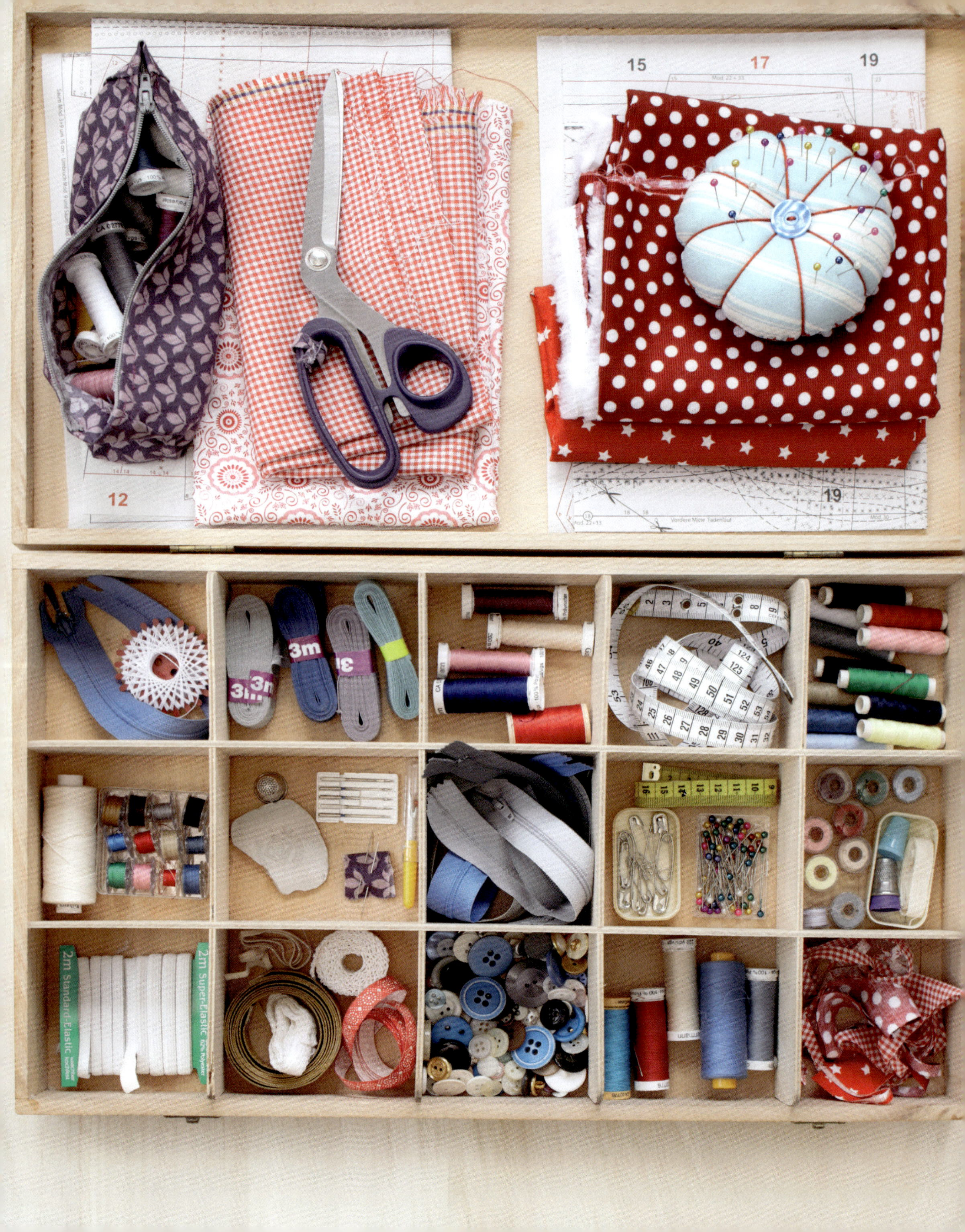
15
17
19
12
19
3m
2m Standard-Elastic
2m Super-Elastic

Silvia von Rudzinski

NÄH SCHULE

Grundlagen und Techniken
auf 500 detaillierten Illustrationen

Bassermann

ISBN 978-3-8094-3186-2

2. Auflage 2026

Wir danken folgenden Firmen für ihre freundliche Unterstützung:
Gütermann GmbH, Gutach-Breisgau, www.guetermann.de
Pattydoo, Berlin, www.pattydoo.de
SINGER®, Karlsruhe, www.singerdeutschland.de

Bildnachweis:
Illustrationen: Bassermann Verlag/Beate Brömse (S. 10, S. 11, S. 14, S. 15, S. 16, S. 17, S. 36, S. 37, S. 39, S. 48, S. 49, S. 57 u. (3), S. 112, S. 129 o., 149 o. r.), FALKEN Archiv (Ulrike Hoffmann, Iris Prey, Anke Ditandy, Brigitte und Rolf Dähler)
Fotos: Alamy/Nick Fielding (S. 25), Corbis/Tetra Images/Jamie Grill (S. 54/55), Gütermann GmbH (S. 28, S. 30), iStockphoto (S. 19, S. 41), JUNG MEDIENPARTNER GmbH (S. 20, S. 21, S. 22), pattydoo (S. 27), Plainpicture/Elektrons 08 (S. 2, S. 32/33), SINGER® / © 2013 KSIN Luxembourg II, S.ar.l. (S.8/9)
Umschlagfoto: Atelier Versen

Projektleitung und Redaktion: Iris Hahner
Umschlaggestaltung: Atelier Versen, Bad Aibling
Bildredaktion: Annette Mayer
Satz: JUNG MEDIENPARTNER GmbH, Limburg/Lahn
Herstellung: Sonja Storz

Penguin Random House Verlagsgruppe FSC® N001967

Druck und Bindung: DZS GRAFIK, d.o.o., Ljubljana

Printed in Slovenia

Vorwort

Nähen liegt im Trend. An kleine modische Accessoires oder Deko-Objekte fürs Zuhause wagt sich auch manche Nähanfängerin heran. Warum aber nicht einmal ein Kleid, eine Bluse oder einen Rock selbst nähen?

Es ist nämlich gar nicht so schwer, schöne, passgenaue Kleidungsstücke anzufertigen, die sich von der austauschbaren Stangenware unterscheiden. Wichtig ist das richtige Know-how, kleine Anregungen und Tipps, damit das Projekt gelingt.

In meinen Kursen für Schnittzeichnen, Zuschneiden und Nähen fand ich heraus, wo die hauptsächlichen Schwierigkeiten beim Schneidern der eigenen Garderobe liegen. So stellte ich dieses Buch zusammen, um nicht nur meinen Kursteilnehmerinnen, sondern vielen anderen Frauen Kniffe zu verraten, damit das Nähen Spaß macht und alles perfekt sitzt.

Dieses Standardwerk begleitet Nähanfängerinnen und auch fortgeschrittene Hobby-Schneiderinnen bei ihrer Arbeit.

In den ersten Kapiteln erfahren Sie, wie der Arbeitsplatz eingerichtet werden sollte und welches Zubehör Sie benötigen. Und wer sich für die Rohstoffgewinnung und die Herstellungsverfahren der gebräuchlichsten Stoffe interessiert, findet im Kapitel „Stoff- und Garnkunde" die wichtigsten Informationen.

Keine Angst vor dem Zuschneiden! Sie finden in diesem Buch viele Tipps, auch zur Schnittänderung – für den Fall, dass Sie nicht die Idealfigur haben. Im Kapitel „Verarbeitung" erkläre ich Ihnen anhand ausführlicher Schritt-für-Schritt-Anleitungen und mit Detail-Zeichnungen alle Näh- und Schneiderarbeiten.

Wollen Sie eine kleine Änderung an Ihrem Kleidungsstück vornehmen, so sehen Sie unter dem entsprechenden Stichwort nach. Eine kurze Zusammenstellung der wichtigsten Fachbegriffe und ein ausführliches Register bilden den Abschluss dieses Buches.

Ich wünsche Ihnen viel Freude beim Nähen.

Ihre

Silvia v. Radainski

Inhalt

SINGER
One.

Alles über Nähutensilien, Stoff und Garn

Nähen macht Spaß und ist gar nicht so schwer, wie Sie vielleicht denken. Haben Sie eine gut funktionierende Nähmaschine, das richtige Näh- und Bügelzubehör und eine kleine Grundausstattung an Schneiderwerkzeugen und Kurzwarenartikeln, so wird Ihnen die Arbeit leicht von der Hand gehen. Informieren Sie sich in diesem Kapitel, was Sie alles zum Nähen brauchen.

Grundausstattung

Bevor Sie die ersten Nähversuche starten, überlegen Sie, wo Sie im Haus oder in der Wohnung einen Arbeitsplatz einrichten können, auf dem die Näharbeit auch einmal liegen bleiben kann. Ihr Arbeitsplatz muss hell sein. Wenn das Tageslicht nicht ausreicht, besorgen Sie sich eine blendfreie, schwenkbare Lampe, so dass der Arbeitsbereich hell und schattenfrei ausgeleuchtet ist.

Arbeitsplatz

Der Tisch, auf dem Ihre Nähmaschine steht, sollte etwa 75 cm hoch, 50 cm tief und 80 bis 100 cm breit sein. Diese Maße entsprechen etwa denen eines Schreibtischs. Die Tischgröße ist wichtig, damit Ihnen Ihre Näharbeit nicht immer wegrutscht. Ein alter Schreibtisch eignet sich also perfekt als Nähtisch. In den Schubladen können Sie Schneider- und Nähzubehör aufbewahren, das immer in erreichbarer Nähe sein sollte.

Für den Zuschnitt sowie für das Zeichnen oder Auskopieren eines Schnittes benötigen Sie eine Arbeitsfläche von etwa 1 m x 2 m. Eine solche Platte schneidet Ihnen Ihr Schreiner zu. Sie können sie auf Ihren Esstisch oder auf zwei Arbeitsblöcke legen, so dass die Platte auch die richtige Höhe hat. Haben Sie alle Schnittteile für die Weiterverarbeitung entsprechend vorbereitet, können Sie die Platte wegräumen.

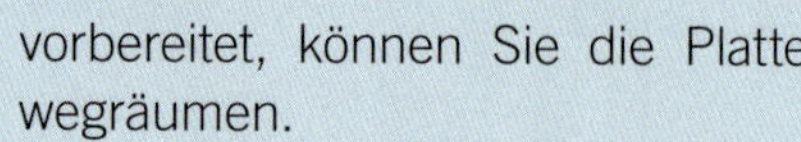

Was nie an Ihrem Arbeitsplatz fehlen darf und direkt neben der Nähmaschine stehen muss, ist das Bügelzubehör, denn Bügeln ist das A und O beim Nähen. Das in der Höhe verstellbare Bügelbrett muss fest gepolstert sein, ein Ärmelbrett erleichtert das Ausbügeln von Nähten an schmalen Kleidungsstücken. Sehr zu empfehlen ist ein Dampfbügeleisen, mit dem Sie auch trocken bügeln können.

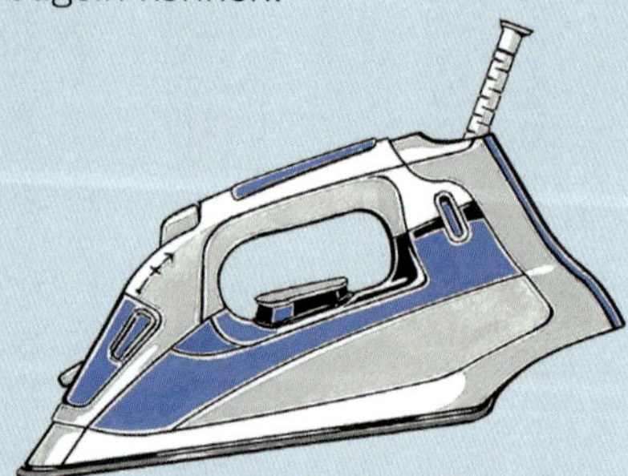

Ein großer, beweglicher Spiegel am Arbeitsplatz ist bei der Anprobe von Nutzen. Haben Sie nur wenig Platz, kann er auch an der Innenseite einer Schranktür oder an einer Wand angebracht werden.

Nähmaschine

Besitzen Sie noch keine Nähmaschine, überlegen Sie vor dem Kauf, ob sich für Ihren Bedarf eine Maschine

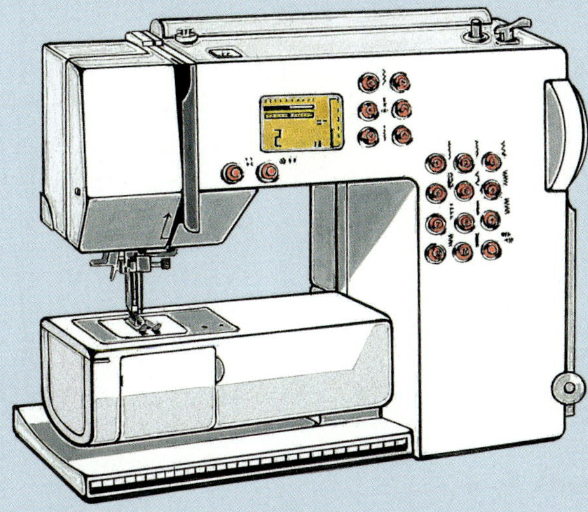

Tipp

Wer viel näht, ist mit einer Overlock-Maschine gut bedient. Mit ihr werden in einem Arbeitsgang die Nähte genäht, die Stoffränder versäubert und gleichzeitig die Nahtzugaben zurückgeschnitten. Geeignet ist die Overlock für Stoffe jeder Qualität, besonders aber für dehnbares Material (Jersey, Maschenware), da die Nähte sehr elastisch sind.

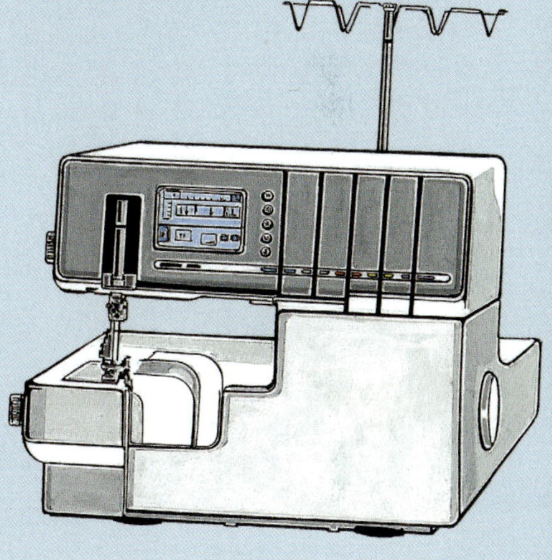

in einem Nähmaschinentisch oder eine Koffermaschine besser eignet. Wichtig (zum Beispiel für das Ansetzen eines Ärmelbündchens) ist, dass man aus der Maschine eine Freiarmmaschine machen kann.

Nähanfängerinnen sollten sich für eine einfachere Maschine entscheiden. Die heutigen modernen Maschinen verfügen alle über den Geradstich und den Zickzackstich, so dass Sie auch mit einer solchen Maschine Knopflöcher und Applikationen anfertigen können.

Zu jeder Maschine gehören ein Anleitungsheft, verschiedene Nähfüße und eine kleine Auswahl an Werkzeugen. Ein Nahttrenner, zwei Schraubenzieher, Nähmaschinenöl, ein Reinigungspinsel und einige Ersatzspulen werden immer mitgeliefert.

Lassen Sie sich in jedem Fall beim Kauf genügend Zeit, denn wenn Sie zu Hause mit der Maschine nicht zurechtkommen, verlieren Sie schnell die Lust am Nähen. Am besten kaufen Sie Ihre Maschine in einem guten Fachgeschäft, das Ihnen einen Einführungskurs zum Umgang mit der Maschine kostenlos anbietet. Auch wenn Sie nicht allzu viel Geld ausgeben wollen oder können, werden Sie im Fachgeschäft fündig, denn hier werden oft günstige gebrauchte Maschinen angeboten, die gründlich überholt worden sind.

Das Anleitungsheft sollten Sie aufmerksam durcharbeiten, um sich mit dem Gebrauch der Maschine vertraut zu machen. Hier erfahren Sie, wie die Maschine bedient wird, wofür die verschiedenen Füßchen benutzt werden, welche Nähstiche es gibt und vieles mehr, was Ihnen das Nähen mit der Maschine erleichtert.

Die Teile der Nähmaschine sind im Prinzip bei allen Typen gleich. Sie unterscheiden sich je nach Fabrikat und Modell nur in ihrem Aufbau. Die wichtigste Funktion bei allen Maschinen ist die Stichbildung. Das heißt, die Nadel und der Greifer bilden einen Stich aus Ober- und Unterfaden.

Oberfaden

Bei der Nähmaschine wird der Stich immer aus dem Oberfaden und dem Unterfaden gebildet.

Der Oberfaden kommt von der Garnrolle, die auf die entsprechende Halterung gesteckt wird. Von dort aus wird der Faden durch die Vorspannung und die Fadenführungsöse zu den Fadenspannungsscheiben (mit Einfädelschlitzen) geführt. Zum Einfädeln bringen Sie die Nadel in die höchste Stellung und fädeln den Faden von vorne in die Nadel ein.

Die Spule mit Unterfaden

Zum Aufspulen des Unterfadens schalten Sie zunächst das Nähwerk aus.

Beim Einlegen der Spule in die Spulenkapsel muss das Fadenende in den Schlitz unter die Feder gezogen werden. Die Unterfadenspannung überprüfen Sie, indem Sie die am Faden hängende Kapsel leicht ruckartig aufwärts bewegen, wobei die Kapsel stufenweise sinken muss.

Fassen Sie die Spulenkapsel an der kleinen Klappe und schieben Sie sie bis zum Anschlag in das Spulengehäuse.

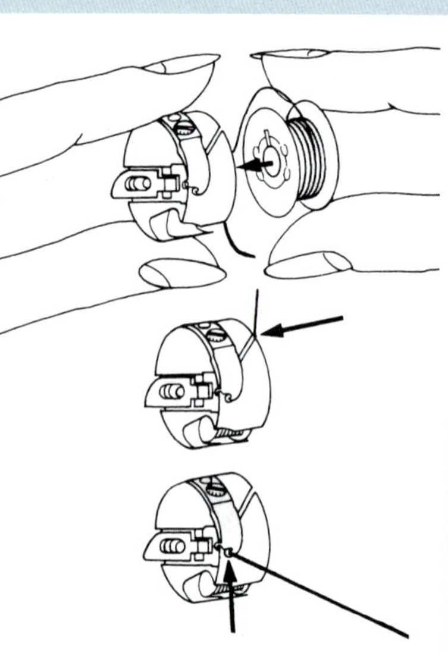

Einlegen der Spule in die Spulenkapsel

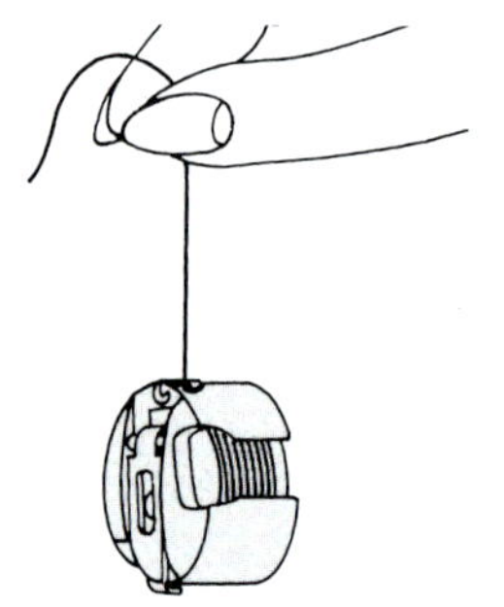

Prüfung der Unterfadenspannung

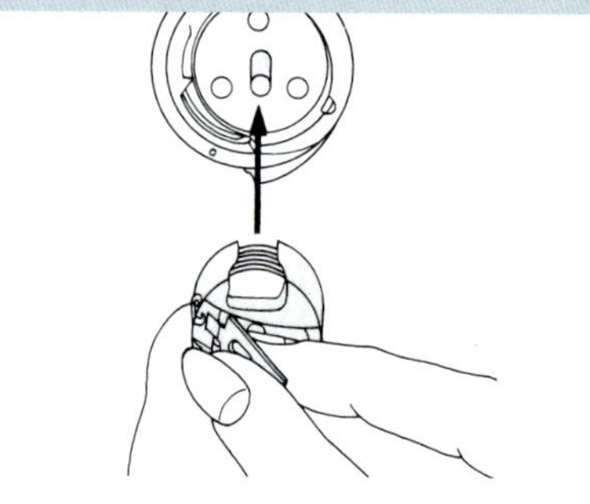

Achten Sie auf den richtigen Sitz der Spule im Spulengehäuse

Den Unterfaden hochholen, Fadenspannung

Ist der Oberfaden eingefädelt und die Spulenkapsel ins Spulengehäuse eingesetzt, drehen Sie mit der Hand am Antriebsrad und holen auf diese Weise mit dem eingefädelten Oberfaden den Unterfaden nach oben. Ziehen Sie beide Garnenden unter dem Steppfuß nach hinten.

Bei jeder Maschine ist der störungsfreie Ablauf der Bewegung von Nadel und Greifer, die einen Stich aus Ober- und Unterfaden bilden, entscheidend. Wichtig bei der Stichbildung ist außerdem die richtige Wechselwirkung zwischen Nähfuß, Nadel und Transporteur. Bei richtigem Nähdruck des Fußes und des Transporteurs werden alle Stofflagen gleichmäßig entsprechend der eingestellten Stichlänge transportiert.

Überprüfen Sie immer die Fadenspannung anhand einer Probenaht, bevor Sie mit der Näharbeit beginnen. Die normale Einstellung liegt zwischen 3 und 5. Je höher die Zahl, desto fester ist die Fadenspannung. Sie ist richtig, wenn sich Ober- und Unterfaden zwischen den Stofflagen verschlingen.

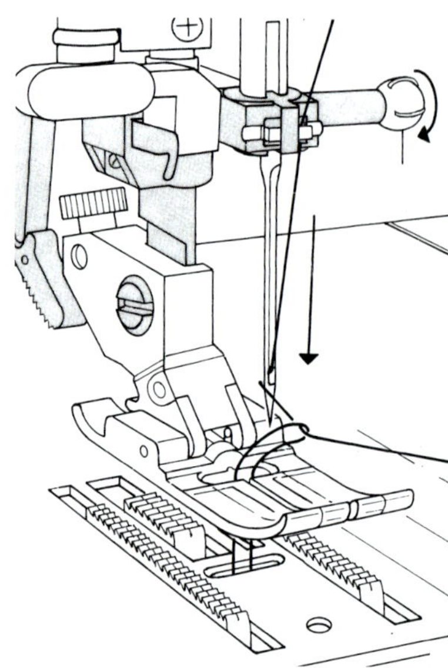

Mit dem Oberfaden den Unterfaden herausziehen

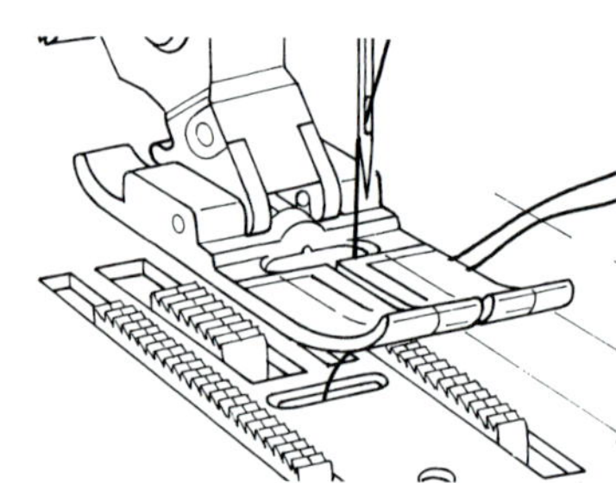

Beide Fadenenden immer nach hinten legen

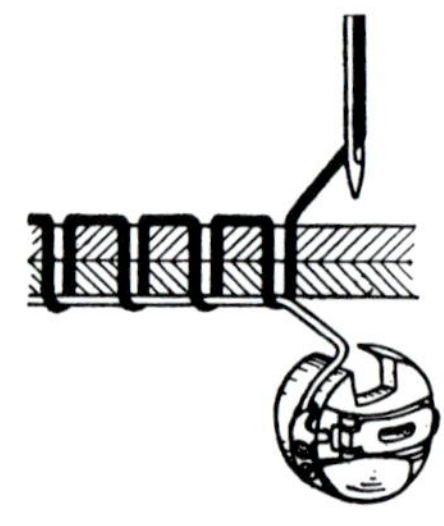

Die Oberfadenspannung ist zu lose oder die Unterfadenspannung zu fest

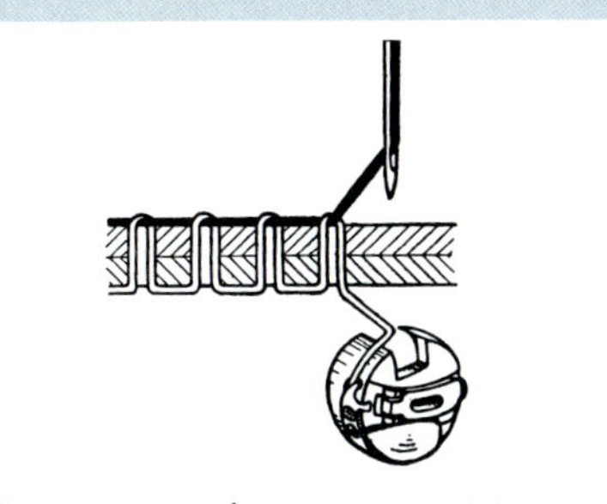

Die Unterfadenspannung ist zu lose oder die Oberfadenspannung zu fest

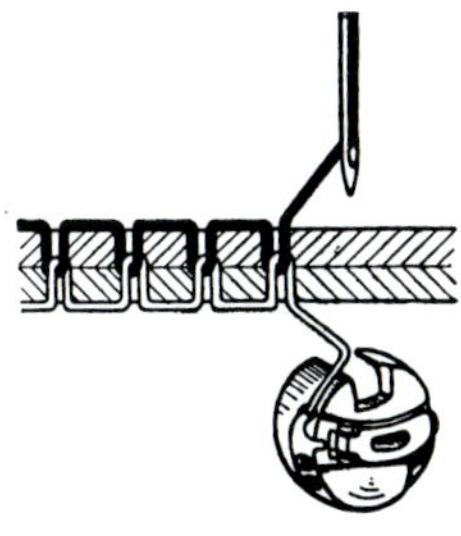

Richtig eingestellte Ober- und Unterfadenspannung

Maschinennadeln

Nur eine einwandfreie Nadel führt einen sauberen Stich aus. Die Maschinennadeln unterscheiden sich in der Länge, der Nadelspitze und der Größe der Hohlkehle. Stimmen Sie die Nadel immer auf das zu verarbeitende Material ab.

Stoffqualität	Nadel
leicht	**60 70 80**
mittel	**80 90**
schwer	**100 110 120**

Die Nadelstärken (auf dem Kolben der jeweiligen Nadel angegeben) reichen von sehr fein (60) bis sehr dick (120). Am häufigsten verwendet man für alle gewebten Stoffarten die Nadeln mit sehr feiner Spitze. Nadeln mit Kugel- oder Ballspitze eignen sich besonders für Strickstoffe. Die Spitze der sogenannten Jerseynadel ist abgerundet, um das Material nicht zu verletzen (Laufmaschengefahr).

Leder oder Kunstleder nähen Sie mit Nadeln, die eine keilförmige Spitze besitzen. Für Jeansstoffe sollten Sie Nadeln mit Rundspitze nehmen. Für Ziernähte wurden die Zwillings- oder Drillingsnadeln entwickelt. Wenn Sie diese Nadeln einsetzen, benötigen Sie natürlich auch zwei beziehungsweise drei Oberfadengarnrollen.

Beachten Sie beim Kauf der Nadeln, dass es Rundkolben- und auch Flachkolbennadeln gibt. Die Flachkolbennadel ist am oberen Teil (dem Kolben) auf einer Seite abgeflacht. Auf der Vorderseite des unteren Teils (des Schaftes) läuft eine Rille (die Hohlkehle) vom Kolben bis zum Nadelöhr. In dieser Rille muss bei der Stichbildung der Faden laufen.

Wenn Sie die Nadel einsetzen wollen, lösen Sie zunächst die Schraube am Nadelhalter. Schieben Sie die Nadel (die flache Kolbenseite zeigt nach hinten) ganz nach oben bis zum Anschlag in die Halterung. Nun das Festdrehen der Schraube nicht vergessen.

Auch die Stichlänge muss auf das Material abgestimmt und entsprechend eingestellt werden. Bei dünnem Stoff ist eine kleinere Stichlänge (1,5 bis 2) zu wählen als bei dickeren Stoffen (3 bis 4). Ehe Sie anfangen zu nähen, überprüfen Sie auf einem Stoffrest die Stichlänge, ebenso die Fadenspannung. Sie haben alles richtig eingestellt, wenn die bei jedem Stich entstandene Fadenverschlingung genau zwischen den Stofflagen liegt.

Sticharten

Der Geradstich ist der am häufigsten gebrauchte Stich. Für leichte und dünne Stoffe stellt man ihn auf 1,5 bis 2 mm Länge ein; die normale Stichlänge beträgt 2,5 mm. Zum Einkräuseln verlängern Sie sie auf 4 bis 4,5 mm.

Mit dem Zickzackstich versäubern Sie die Schnittkanten. Auch er ist in Breite und Dichte zu verstellen. Wer möchte, kann mit diesem Stich die dekorativsten Muster zaubern und Motive applizieren.

Der Elastikstich besteht aus Geradstichen in Zickzackform. Er ist besonders zum Nähen von Maschenwaren geeignet.

Die Nähmaschinen der mittleren Preisklasse verfügen auch über den Overlockstich, der zugleich näht und versäubert. Er ist ideal für die Verarbeitung von gestrickten und gewirkten Stoffen.

Wenn Sie den Blind- oder Saumstich mit Ihrer Maschine nähen können, ersparen Sie sich das unsichtbare Säumen von Hand.

Der Stretch-dreifach-Geradstich wurde speziell für Schrittnähte und für sehr beanspruchte Nähte entwickelt. Hat Ihre Maschine diesen Stich nicht im Programm, stellen Sie für solche Nähte einen kleinen Zickzackstich ein.

Werkzeug und Schneiderzubehör

Gutes Werkzeug erleichtert Ihnen die Arbeit, und Sie haben sehr viel mehr Freude am Nähen. Die Nähmaschine, das wichtigste Gerät, wurde bereits vorgestellt. Doch es gibt noch weitere Werkzeuge, die zur Grundausstattung gehören, außerdem werden in diesem Kapitel auch noch einige spezielle beschrieben.

Die Körpermaße werden mit dem Maßband gemessen. Falls nicht vorhanden, besorgen Sie sich ein flexibles Kunststoffmaßband, das an beiden Enden mit Metallklammern versehen ist und eine Länge von 1,50 m hat. Zusätzlich bieten einige Fachgeschäfte ein Taillenmaßband an, das neben der Skala noch 50 bis 125 Ösen hat.

Markieren Sie die Taillenlinie, indem Sie den Anfang des Maßbandes in die entsprechende Öse einhaken. Liegt das Maßband nun glatt um die Taille, ist das Bestimmen der anderen Körpermaße ein Kinderspiel.

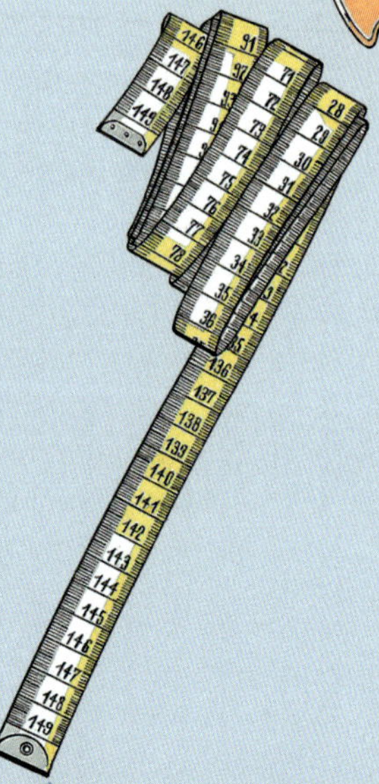

Auch ein Lineal für das Zeichnen gerader Linien im Schnittmuster und ein Kurvenlineal zum Korrigieren des Arm- und des Halsloches sind zweckmäßig. Zum Zeichnen oder zum Abändern des Schnittmusters benötigen Sie dann noch einen weichen Bleistift, auch Filzstifte eignen sich zum Einzeichnen von Markierungspunkten und Änderungslinien.

Schnittfolie (im Kopierset mit wischfestem Filzschreiber) ist so durchsichtig, dass Sie den Schnitt direkt vom Bogen durchzeichnen können. Zum Abnehmen des Schnittes vom Schnittmusterbogen ist auch eine Rolle Damasttischtuch aus Papier sehr zu empfehlen. Legen Sie das Papier unter den Schnittmusterbogen, und radeln Sie Ihren Schnitt aus.

Zum Übertragen des Schnittes auf den Stoff brauchen Sie Schneiderkreide oder einen farbigen Kreidestift. Die Kreide gibt es in verschiedenen Farben. Probieren Sie sie immer zuerst auf einem Stoffrest aus, denn sie muss sich wieder ausbürsten lassen. Außerdem benötigen Sie 2 und ein Kopierrädchen mit scharfen Zähnen zum Übertragen der Schnitte und der Schnittzeichen auf das Schnittmusterpapier.

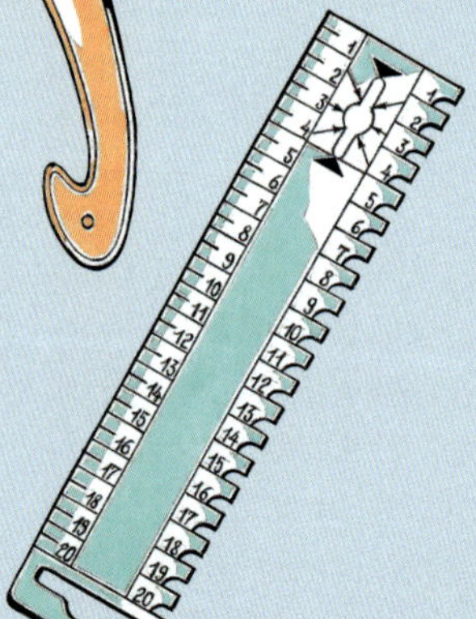

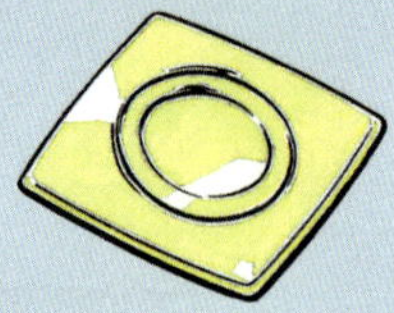

Das Übertragen der Schnittlinien auf den Stoff kann auch mit Hilfe von Schneiderkopierpapier und einem Rädchen mit möglichst stumpfen Zähnen erfolgen. Ein Doppelkopierrädchen markiert gleichzeitig die Naht- und die Schnittlinie.

Sparen Sie auch nicht an Ihrer Schneiderschere. Durch den Winkel im unteren Scherenblatt bleibt der Stoff beim Zuschnitt glatt liegen, und Sie haben einwandfreie Schnittkanten. Zusätzlich sollten Sie eine Haushaltsschere oder eine Papierschere bereitlegen, denn es ist geradezu eine Sünde, mit der

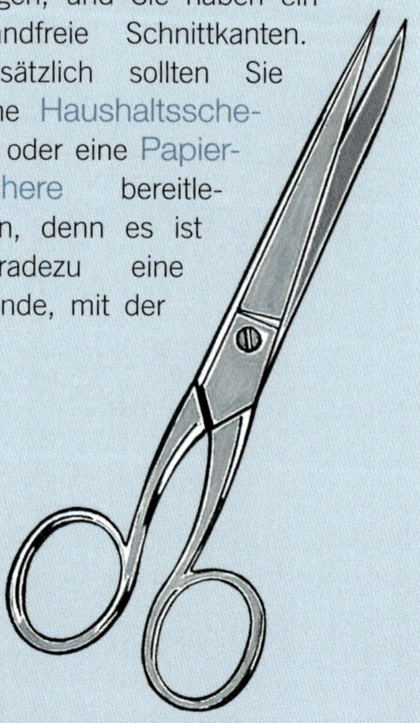

Zuschneideschere Papier zu schneiden. Eine normale Stickschere, die neben der Nähmaschine liegen sollte, ist ideal, um Fäden abzuschneiden, Kanten an Rundungen einzuschneiden, Ecken abzuschrägen und Knopflöcher aufzuschneiden. Mit einer Zackenschere können Sie sich das Versäubern von Nähten in Futterstoffen und wenig ausfransenden Stoffen ersparen. Der Pfeil- oder Nahttrenner erleichtert das Auftrennen von Nähten, eine scharfe Knopflochschere rundet Ihr Scherensortiment ab.

Nähnadeln in verschiedenen Stärken und Längen sind äußerst wichtig. Sie werden einzeln in Briefchen zu 25 Stück und als Nadelsortiment angeboten.

Stecknadeln gibt es im Handel ebenfalls in verschiedenen Stärken und Längen. Achten Sie immer auf eine scharfe Spitze. Die feinen, nicht rostenden Nadeln im Flachkopf sind für dünne Gewebe gedacht, in denen sie keine Einstichstellen hinterlassen dürfen. Stecknadeln mit großen, bunten Kugelköpfen aus Glas oder Kunststoff nimmt man für lose gewebte und dickere Stoffe. Für sehr dicke Stoffe sollten Sie sogenannte Schwesternnadeln verwenden. Für die Nähnadeln ist ein Nadelkissen oder eine -mappe sehr von Nutzen. Sie haben so eine bessere Übersicht über Ihr Nadelsortiment. Ein zweites Nadelkissen dient zur Aufbewahrung von Stecknadeln. Manchmal sind auch Sicherheitsnadeln sehr hilfreich (zum Beispiel zum Einziehen oder Fixieren von Gummiband). Ein Fingerhut schützt Ihren Mittelfinger. Sie erhalten ihn in verschiedenen Größen; er darf nicht zu eng sitzen.

Legen Sie sich einen Vorrat an verschiedenen Nähgarnen an. Die Marken-Baumwollgarne haben eine hohe Reißfestigkeit, sie sollten zum Nähen von Baumwoll- und Leinenstoffen verwendet werden. Für Stoffe aus reiner Seite verwendet man eher reinseidenes Nähgarn. Mehrzweckgarn ist das gebräuchlichste Hand- und Maschinennähgarn. Es wird als Mischfasergarn angeboten, das pflegeleicht und bis zu 200° C hitzebeständig ist. Garn aus Polyester eignet sich durch seine hohe Elastizität besonders für Jerseystoffe. Mit Knopflochgarn steppen Sie Ziernähte und nähen Handknopflöcher.

Unentbehrlich ist eine Rolle Heft- oder Reihgarn zum Handheften, zum Markieren mit Durchschlagstichen und für Änderungen.

Bei Knöpfen ist das Angebot riesengroß. Sie erfüllen einen praktischen und einen dekorativen Zweck. Achten Sie beim Einkauf der Knöpfe nicht nur auf deren schönes Aussehen, sondern auch

darauf, dass sie den Pflegevorschriften des Kleidungsstückes entsprechen. Denken Sie daran, auch immer einen Ersatzknopf zu kaufen. Fällt Ihnen die Auswahl des Knopfes zu schwer oder finden Sie nicht den richtigen, dann beziehen Sie die Knöpfe selbst. Im Handel bekommen Sie Grundknöpfe (zum Selbstbeziehen) in verschiedenen Größen und das entsprechende Werkzeug.

Je nach Schnitt, können Sie das Kleidungsstück auch unsichtbar mit Haken und Ösen (Augen) schließen. Neben Haken und Augen aus Metall, die in verschiedenen Größen angeboten werden, gibt es die überzogenen Haken und Augen, die man speziell für Mäntel und Jacken aus Pelz oder langflorigen Stoffen verwendet. Ist im Rock- oder im Hosenbund kein Knopfloch vorgesehen, wird ein Taillenbundhaken mit Öse angenäht oder nach Anleitung eingeschlagen.

In den Kurzwarenabteilungen der Warenhäuser oder im Fachgeschäft werden Druckknöpfe in den verschiedensten Ausführungen ange-

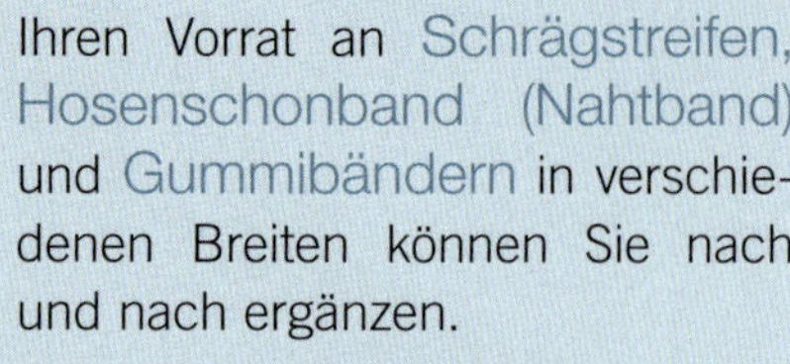

boten. Annäh-Druckknöpfe aus Metall oder Kunststoff sind nicht so strapazierfähig wie nähfreie Druckknöpfe, die in verschiedenen Größen und Farben hergestellt werden. Mit dem entsprechenden Werkzeug lassen sich diese Druckknöpfe schnell in das Kleidungsstück einnieten. Verarbeiten Sie häufig nähfreie Druckknöpfe, lohnt sich die Anschaffung einer Druckknopf-, Loch- und Nietenzange (Vario-Zange), die Sie auch zum Anbringen von Nieten und Knöpfen verwenden können.

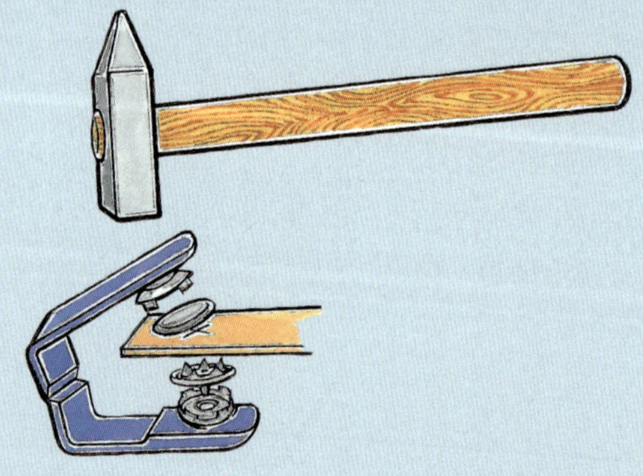

Ein Klettbandverschluss ist ideal für Wickelröcke, Umstandsröcke und -hosen. Dieser Verschluss besteht aus zwei Bandstreifen, bei denen die Schlingen des einen Bandes beim Zusammendrücken in die kleinen Widerhaken des zweiten Bandes greifen. Der Handel bietet Klettbandverschluss meist nur in weiß, schwarz, grau und braun an.

Ihren Vorrat an Schrägstreifen, Hosenschonband (Nahtband) und Gummibändern in verschiedenen Breiten können Sie nach und nach ergänzen.

Bei Reißverschlüssen unterscheidet man zwischen dem Standardreißverschluss, dem Hosenschlitzreißverschluss und dem teilbaren Reißverschluss. Es gibt sie alle in verschiedenen Stärken, Längen und Farben. Seit einigen Jahren ist der nahtverdeckte Reißverschluss auf dem Markt, der jedoch nur in wenigen Längen erhältlich ist. Wichtig ist vor allem, dass der Reißverschluss der Stoffstärke des Kleidungsstückes angepasst ist.

Das Reißverschlussband ist aus Baumwolle, Baumwollgemisch oder Synthetik. Der Standardreißverschluss kann mit einer Spirale aus Synthetik oder mit Metall- oder Plastikzähnchen versehen sein.

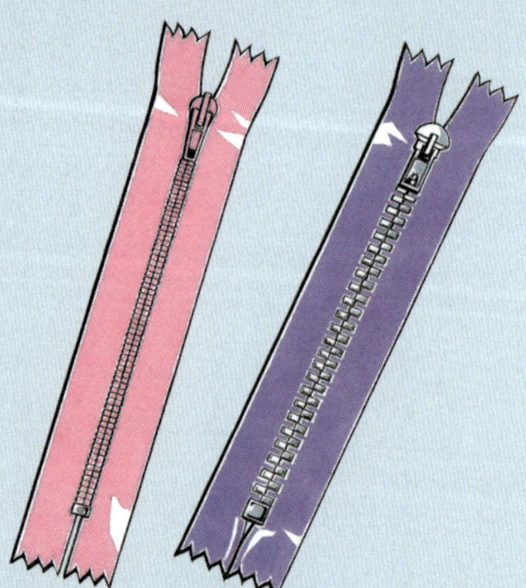

Der Hosenschlitzreißverschluss wird meist mit Metallzähnchen hergestellt. Er hat an der Unterseite des Anhängers einen Sicherheitshaken, der bei festem Andrücken das Zubleiben des Reißverschlusses gewährleistet. Den teilbaren Reißverschluss näht man in alle

Kleidungsstücke mit durchgehender Öffnung ein, hauptsächlich in Jacken. Solche Reißverschlüsse werden in leichterer und schwererer Ausführung angeboten. Der nahtverdeckte Reißverschluss, der aus der Konfektion bekannt ist, eignet sich für Röcke und Kleider.

Wenn Sie viele Kleider und Röcke nähen, kaufen Sie sich einen Rockabrunder. Ihn kann man auf alle Rocklängen einstellen und so schnell die gewünschte Länge auf dem Stoff markieren.

Der Kauf einer Schneiderbüste, die sich auf Ihre eigenen Maße einstellen lässt, lohnt sich nur, wenn Sie Ihre gesamte Garderobe selbst nähen. Sie können an der Büste den Sitz des Kleidungsstückes, die Lage der Abnäher und der Taschen sowie die Passform der Ärmel kontrollieren, ohne das Werkstück immer anprobieren zu müssen. Wird das Teil gefüttert, erleichtert Ihnen die Schneiderbürste auf jeden Fall das Einstecken des Futters.

Spezielle Hilfsmittel

Ein Sortiment von Sicherheitsnadeln im Nähkästchen aufzubewahren kann sehr hilfreich sein. Zum Einziehen von Gummiband oder von Kordeln in einen Zugsaum sind sie unentbehrlich.

Einen Textilspezialkleber sollten Sie haben, wenn Sie viel Leder oder Lederimitationen verarbeiten. Sie ersparen sich damit das Stecken und das Heften, durch das neben der Nahtlinie Löcher entstehen, die nicht mehr zu entfernen sind. Probieren Sie den Kleber und seine Wirkung aber immer an einer Nähprobe aus, damit Sie keine böse Überraschung erleben.

Sicherlich fallen auch bei Ihnen während des Nähens einige Stecknadeln auf den Fußboden. Damit Ihr Staubsauger nicht darunter leidet, empfiehlt es sich, einen kleinen Magneten zur Hand zu haben. Es gibt auch einen magnetischen Nadelhalter, den Sie an Ihrer Maschine befestigen können.

Der Schrägbandformer ist eine Anschaffung, die sich für professionelle Hobbynäherinnen lohnt.

Einkaufsliste

Um Erfolg in der Näherei zu haben, ist nicht nur das Beherrschen der Nähtechnik wichtig. Auch die richtige Stoffwahl, die Bügeltechnik und die Ausarbeitung der Passform stellen entscheidende Kriterien bei der Herstellung eines Kleidungsstückes dar. Suchen Sie sich zunächst in Ruhe ein Schnittmuster (Fertigschnitt oder Musterheft) aus.

Vergleichen Sie Ihre Maße mit den in der Schnittbeschreibung angegebenen. Den Stoff wählen Sie nach Ihrem Geschmack aus. Berücksichtigen Sie dabei aber den späteren Verwendungszweck des Modells. Die Stoffmenge ist meist in zwei verschiedenen Breiten (90 cm und 140 cm) angegeben. Wenn Sie sich für einen gemusterten Stoff oder einen mit Rapport entscheiden, achten Sie darauf, dass der Stoffverbrauch größer sein kann.

Zu dem Stoff passend kaufen Sie den Futterstoff lieber einen Ton dunkler als der Oberstoff und ebenso den Nähfaden.

Für Knopfleisten, Belege, Kragen und Manschetten brauchen Sie Einlagestoff (Vlieseline). Es gibt ihn als lose Einlage und als haftendes (aufbügelbares) Vliesmaterial im Handel. Achten Sie unbedingt auf die Stärke und Farbe der Einlage, auch sie sollte mit dem Oberstoff harmonieren.

Nähen Sie einen Rock oder eine Hose, dann denken Sie an die Verstärkung des Bundes. Außer festem Gurtband wird auch Bundfix angeboten; eine starke, aufbügelbare Vlieseline, in der die Nählinien vorgestanzt sind.

Welcher Verschluss wird für das Modell benötigt? Beim Kauf der Knöpfe sollten Sie an einen Ersatzknopf denken, beim Reißverschluss achten Sie auf die richtige Farbe und Stärke – er muss dem Material des Oberstoffes angepasst sein.

Benötigen Sie Gummiband, Borten oder Tressen, kaufen Sie auch diese gleich mit, ebenso Schulterpolster. Schauen Sie noch nach Accessoires; eine hübsche Gürtelschließe kann oft dem Modell den letzten Pfiff geben.

Haben Sie alles Zubehör griffbereit, macht Ihnen die Arbeit sicherlich besonders viel Freude.

Stoff- und Garnkunde

Stoffe haben ihre besonderen Eigenschaften, ihren Charakter und ihren Wert. Erst genaueres Wissen über den Stoff und die verwendete Faser enthüllt dies. Zudem wird klar, wie der Stoff zu pflegen ist und wie er am besten verarbeitet wird.

Stoffe und Garne müssen vielerlei Qualitätsmerkmale aufweisen, die sie zum Teil durch verschiedene Ausrüstungs- und Veredelungsverfahren bekommen.

Ein Etikett am Stoffballen muss auf jeden Fall Faserzusammensetzung sowie eventuelles Einlaufen des Stoffes von mehr als 1% ausweisen. Eine Kennzeichnung der Ausrüstungsverfahren ist nicht Pflicht. Auf den nächsten Seiten finden Sie eine Aufstellung der wichtigsten Natur- und Chemiefasern mit ihren besonderen Eigenschaften, ihrem Verwendungszweck und ihrer Pflege.

Naturfasern	pflanzlich (Zellulose)	Baumwolle Leinen	Stoffe aus diesen Fasern sind sehr saugfähig, hautsympathisch, wasch- und kochfest. Die Stoffe aus diesen Materialien werden mit dem Gütesiegel gekennzeichnet. Beachten Sie die Pflegehinweise, die je nach Faser- oder Stoffausrüstung variieren.
	tierisch (Hornsubstanz)	Wolle	Wollstoffe sind elastisch, wärmend und formbeständig. Stoffe aus Schurwolle werden mit dem Gütesiegel gekennzeichnet. Diese Stoffe nur reinigen lassen.
		Seide	Seide ist eine sehr feine und kostbare Naturfaser. Der Griff, die Farbbrillanz und der Fall von Seidenstoffen sind unübertroffen. Die Stoffe von Hand waschen, besser aber reinigen lassen.

Chemiefasern	Zellulosefasern	Viskose Acetat	Zellulosefasern haben nicht die Haltbarkeit der pflanzlichen Fasern. Sie werden durch Veredlungsverfahren knitterfrei und einlaufbeständig gemacht und vor allem für Futterstoffe, aber auch für Oberstoffe, die durch natürlichen Glanz bestechen, verwendet.
	Synthetische Fasern	Polyacryl Polyamid Polyester Triacetat	Synthetische Fasern können dem Aussehen von Naturfasern entsprechen: Die Stoffe sind strapazierfähig, einlauffest, pflegeleicht. Nachteil: die Wasseraufnahmefähigkeit ist gering. Polyester wird daher meist in Mischungen mit Naturfasern angeboten. Polyacryl ist der Wolle sehr ähnlich und wird hauptsächlich für Strickwaren verwendet. Bei allen Stoffen aus synthetischen Fasern sind unbedingt die Pflegesymbole zu beachten.

Was sind Textile Rohstoffe?

Textile Rohstoffe sind Fasern, die sich verspinnen oder zu einem textilen Flächengebilde verarbeiten lassen. Sie werden entweder von der Natur geliefert oder von Menschen auf chemischem Wege künstlich erzeugt. Die reinen Naturfasern entstammen dem Pflanzen- oder dem Tierreich.

Leinen, das Flachsfasergarn, gehört zu den ältesten Spinnfasern. Der Anbau und die Verarbeitung des Flachses waren schon in der Steinzeit (3500 v. Chr.) bekannt.

Die Baumwolle kommt mit großer Wahrscheinlichkeit aus Indien, denn in einigen der ältesten indischen Schriften werden bereits Baumwollgewebe erwähnt.

Schon vor 3000 Jahren fertigten die Menschen aus Wolle Gewänder und Mützen. Bereits im Mittelalter züchtete man in Spanien Merinoschafe, deren Wollfasern als Spinngut schon damals begehrt waren.

China ist die Heimat der Seide. Seit mehr als 4000 Jahren ist den Chinesen die Zucht des Maulbeerspinners und die Gewinnung der Seide bekannt. In Deutschland förderte Friedrich der Große die Seidenverarbeitung unter anderem in den Städten Krefeld und Celle.

Die Erfindung der Chemiefaser am Ende des vorigen Jahrhunderts stellte einen bedeutsamen Fortschritt dar, denn mit natürlichen Spinnfasern konnte der Bedarf an Textilien der ständig wachsenden Bevölkerung nicht mehr voll gedeckt werden. Heutzutage ist die Chemiefaser in der Textilindustrie unentbehrlich, nicht zuletzt deshalb wird sie in vielen Ländern der Erde hergestellt, auch in solchen, in denen es genügend Naturfasern gibt.

Bei den Chemiefasern unterscheidet man auf Zellulose- und Eiweißbasis hergestellte Fasern und vollsynthetische Chemiefasern. Die erste Gruppe basiert auf einem Grundstoff aus dem Tier- oder Pflanzenreich, den Rohstoff für vollsynthetische Fasern gewinnt man vorwiegend aus mineralischen Substanzen (Erdöl). Erste vollsynthetische Chemiefasern wie Polyamide und Polyacryle wurden im Jahre 1931 in Deutschland erfunden.

Baumwolle

Baumwolle (cotton) ist die meistverarbeitete Naturfaser. Sie wird aus den feinen Samenhaaren der Fruchtkapsel des Baumwollstrauches gewonnen. Für die Beurteilung der Baumwollqualität spielen der Feinheitsgrad der Faser, die Farbe und vor allem die Faserlänge (Stapel) eine Rolle. Baumwollinters (Abfall beim Entkörnen) dient als Rohstoff für die Zellstoffindustrie.

Die Baumwollfaser lässt sich gut verarbeiten und veredeln. Baumwollerzeugnisse sind recht preiswert. Sie zeichnen sich durch ihre hautsympathischen Eigenschaften aus, denn sie sind sehr saugfähig und luftdurchlässig. Die Stoffe lassen sich problemlos waschen (kochen). Für die Modeindustrie ist ferner von Bedeutung, dass sich Baumwollgewebe gut einfärben lassen. Ohne Ausrüstungsverfahren neigen die Stoffe sehr stark zum Knittern und werden fusselig. Durch die chemische Ausrüstung mit Natronlauge, das Merzerisieren, wird die Baumwolle geschmeidiger, haltbarer und bekommt einen dezenten Glanz. Sanfor behandelte Baumwolle läuft beim Waschen nicht mehr ein (Toleranz 1 %).

Zu den Baumwollgeweben, die sich durch ihre Feinheit und ihr Gewicht unterscheiden, gehören: Kretonne, Kattun, Batist, Linon, Musselin und Nessel.

Leinen

Die Bastfaser Leinen wird aus dem Stängel der Flachspflanze gewonnen. Flachs ist einer der ältesten Textilrohstoffe, er wächst in unserer Klimazone. Leinen, das Gewebe aus der Flachsfaser, ist ein sehr hochwertiges Material, das eine hohe Festigkeit im nassen und im trockenen Zustand hat. Es hat einen kühlen Griff und einen schwachen Glanz. Leinen kann gekocht und gebleicht werden, es ist gut waschbar, fusselt nicht und lässt sich gut bügeln. Das Knittern dieses Stoffes kann durch Kunstharzausrüstungen vermindert werden. Da Leinen oft nur schwer Farbe annimmt, sollte beim Waschen darauf geachtet werden, dass das Waschmittel keinen optischen Aufheller enthält. Leinengarn lässt sich kaum noppenfrei spinnen, so dass Leinengewebe immer kleine Unebenheiten (Noppen) aufweisen.

Bei Halbleinen besteht die Kette aus Baumwollgarn und der Schuss aus Leinengarn. Der Anteil des Leinengarns muss mindestens 38 % des Gewichts des gesamten Gewebes betragen.

Als Gütekennzeichen für Leinenartikel darf entweder das Schwurhandzeichen oder das neue Leinensiegel „L“, jeweils mit der Angabe „Rein Leinen“ oder „Halbleinen“, verwendet werden.

Wolle

Als Schurwolle bezeichnet man die von lebenden Schafen durch Scheren gewonnene Wolle. Der Begriff wird unter anderem benutzt, um den Unterschied zur Reißwolle zu betonen. Diese Wolle ist wiederaufbereitete Wolle, sie besitzt daher oft weniger gute Eigenschaften, obwohl auch für sie die Bezeichnung „100 % Wolle“ verwendet werden darf.

Die unterschiedliche Feinheit der Schurwollfaser hängt von der Schafrasse und deren Herkunft (Land) ab. Textilien aus Schurwolle haben gute Trageeigenschaften, sind hautfreundlich und strapazierfähiger als Stoffe aus anderen Tierhaaren.

Wolle ist eine sehr leichte, elastische und verformbare Natur-

faser. Stoffe und Gestricke aus Wolle halten sehr warm, sind aber gleichzeitig luftdurchlässig. Die unbehandelte Faser kann etwa 40% Feuchtigkeit aufnehmen, ohne sich nass anzufühlen. Vorsicht ist beim Waschen geboten, denn Wolle filzt leicht. Durch gutes Auslüften nach jedem Tragen kann man Wolltextilien bis zu einem gewissen Grade „reinigen".

Casycare, Filzfrei-Ausrüstung und andere faserspezifische Veredelungen verbessern die ohnehin schon guten Natureigenschaften der Wollfaser je nach Verwendungszweck.

Seide

Der Seidenfaden des Maulbeerspinners besteht aus der Seidensubstanz, der Leim- und der Bastschicht. Werden die äußeren Schichten abgelöst, so erhält man aus dem 3000 m langen Kokonfaden einen etwa 1200 m langen, hochwertigen Naturfaden, aus dem die noppenfreie Haspelseide hergestellt wird. Aus dem nicht mehr ablösbaren Kokonfadenende gewinnt man die Schappeseide und die in der Qualität noch mindere Bouretteseide.

Tussahseide hat die Qualität der Schappeseide, da sie sich nicht haspeln lässt. Weil diese Fasern den Bast noch enthalten, bezeichnet man sie als Bastseide. Der Faden ist mittelfein und nicht immer gleichmäßig gesponnen, dadurch sehen die Wildseidenstoffe (Honan und Shantung) noppig und streifig aus.

Alle Seidenstoffe besitzen hervorragende Trageeigenschaften, denn sie sind sehr hautverträglich und isolieren gut gegen Wärme und Kälte. Neben dem seidigen Glanz und dem weichen Fall weist Naturseide weitere positive Eigenschaften auf. Sie ist ungewöhnlich reißfest. Die Bindungsarten beeinflussen Dichte, Festigkeit, Griff, Fall und Glanz der Stoffe.

Viskose

Viskose ist die wichtigste, preiswerteste und hautfreundlichste Chemiefaser. Sie besteht aus reiner Zellulose, die mit Natronlauge, Schwefelkohlenstoff und Schwefelsäure behandelt wurde. Die Viskosefaser kann mit der typischen Wollkräuselung oder der Welligkeit der Baumwollfaser gesponnen werden. Eine effektvolle Leinenstruktur mit spinntechnisch produzierten Faserverdickungen lässt sich ebenso problemlos herstellen.

Farbabstufungen bei der Viskose reichen von matt bis glänzend. Da die saugfähige Zellulose den Farbstoff leicht aufnimmt, stellt auch das farbechte Einfärben kein Problem dar.

Die als Endlos- oder als Spinnfaser hergestellte Viskose hat ähnliche Eigenschaften wie die Baumwolle. Viskosestoffe fühlen sich angenehm kühl an, sie wärmen kaum. In nassem Zustand reißt die Faser leicht, deshalb dürfen Textilien aus Viskose nur im Schonwaschgang gewaschen werden. Bekleidung aus nicht pflegeleicht ausgerüsteter Viskose neigt wegen der geringen Faserelastizität zum Knittern.

Auch wenn Viskose aus Zellstoff gewonnen wird, ist die Aussage „aus Naturfasern" nicht ganz richtig, sondern eher irreführend.

Polyacryle

Der Ausgangsstoff für Polyacrylfasern ist das Acrylnitril, aus dem im Nass- oder im Trockenspinnverfahren die Spinnfaser gewonnen wird. Zu den Polyacrylen gehören die bekannten Markenstoffe Dolan, Dralon, Dunova und Orlon.

Polyacrylfasern sind reißfest und dehnbar. Stoffe und Maschenware aus Polyacryl halten die Körperwärme gut, da durch die Elastizität der Faser ein hoher Lufteinschluss im Gewebe möglich ist. Gewebe aus Polyacryl sind daher meist leichte, weiche knitterarme und flauschige Stoffe oder Stoffe mit Flor.

Nachteil der Faser: sie lädt sich elektrostatisch auf und vergilbt leicht. Positiv zu bewerten ist hingegen die gute Licht- und Hitzebeständigkeit. Die Feuchtigkeits- und Schweißaufnahme ist gering. Um bei Bekleidungsstoffen optimale Eigenschaften zu erzielen, werden Polyacryle häufig mit anderen Fasern gemischt. Man verwendet Stoffe aus Polyacryl für Kleider, Regen- und Sportbekleidung. Aus Polyacryl werden auch Fellimitationen und Vliesstoffe hergestellt. Mit wenigen Ausnahmen sind Kleidungsstücke aus Polyacryl gut waschbar. Achten Sie aber dennoch auf die Pflegesymbole.

Polyamide

Bei den vollsynthetischen Fasern müssen die Molekülketten aus Einzelmolekülen chemisch aufgebaut werden. Dies geschieht durch die Polymerisation oder die Polykondensation. Eine der so gewonnenen Fasern ist das Polyamid, dessen Spinnlösung oft schon Farbstoffe zugesetzt werden, so dass man eine spinngefärbte Faser erhält.

Zu den Polyamiden gehören die oft besser unter ihrem Markennamen bekannten Polyamid-Typen Antron, Nylon, Nyltest und Perlon.

Polyamide werden häufig mit Woll- und Baumwollfasern gemischt, um diesen Festigkeit zu geben. Polyamid nimmt von allen Synthetiks die meiste Feuchtigkeit auf. Bekleidung aus dieser Faser hält die Körperwärme gut, ist knitterarm und kann bei bis zu 40° C gewaschen werden. Wie bei allen Stoffen aus Chemiefasern gilt auch hier: Achten Sie auf die Pflegesymbole am Stoffballen oder im Kleidungsstück.

Leider ist die Faser nicht lichtbeständig, und sie lässt das Sonnenlicht durch (Sonnenbrandgefahr bei dünnen Stoffen). Stoffe aus Polyamid werden zu Blusen, Kleidern, Strümpfen und Unterwäsche verarbeitet.

Polyester

Vermischt man eine organische Säure und Alkohol, so erhält man Ester, aus dem durch Polykondensation der Polyester entsteht. Die bekanntesten Polyester sind Trevira, Diolen und Dacron.

Polyester wird meist mit Naturfasern gemischt, zum Beispiel: 45 % Schurwolle, 5 % Polyester oder 50 % Polyester, 50 % Baumwollmischgewebe.

Zu den neuesten Entwicklungen der Polyesterfasern gehört die Microfaser, die, obwohl sehr dicht gewebt, „atmungsaktiv" ist.

Aufgrund der hohen Faserelastizität knittern Stoffe aus Polyester oder Polyestergemischen kaum. Gebügelte Falten halten sehr gut, ein Grund, warum Faltenröcke und Hosen gerne aus Polyesterstoffen gearbeitet werden.

Weitere Verwendung finden Polyesterstoffe bei der Erzeugung von Kleidern, Kostümen, Sportbekleidung, Unterwäsche und Wäsche. Polyesternähgarn ist ein dauerhafter, krumpffreier Nähfaden mit elastischer Dehnbarkeit. Die gegenüber Sonnenlicht unempfindlichen Polyesterfasern werden vor allem zu Gardinenstoffen verarbeitet. Wegen der hohen „Bauschelastizität" ist Polyester auch ein begehrtes Füllmaterial für Steppdecken.

Polyester lässt sich gut waschen, achten Sie aber dennoch auf die Pflegesymbole am Stoffballen oder im Kleidungsstück.

Von der Faser zum Stoff

Die Fasern der verschiedenen natürlichen Rohstoffe werden in den Spinnereien zu Garnen versponnen. Unter Spinnen versteht man das Bilden eines Fadens aus Fasern. Jede Faser erfordert eine ihren Eigenschaften angepasste Art des Verspinnens.

Das Fasergut wird in Ballen oder in Packen an die Spinnereien geliefert. Es wird aufgelockert, von Staub und Schmutz und von fremden Bestandteilen, zum Beispiel Bast oder Samenkapseln, gesäubert.

Mit dem Reinigen ist das Ordnen der Fasern zu einem Faserband (Krempel) verbunden, je nach Verwendungszweck des Garns folgt noch das Kämmen. Um Garne ganz gleichmäßig zu bekommen, muss man die Faserbänder mehrfach doppeln und strecken.

Manchmal werden auch mehrere Faserflore übereinander geschichtet, um die Unebenheiten auszugleichen, erst dann wird das Band gestreckt.

Ist das Faserband egalisiert und genügend ausgezogen, erhält es auf der Vorspinnmaschine (bei weiterer Streckung) eine geringe Drehung. Die Feinspinnmaschine verspinnt das Vorgarn zum fertigen Garn.

Je nach Stärke des Krempelbandes und nach der Anzahl der Drehungen kann vom feinen, fest gedrehten bis hin zum bauschigen, lockeren Garn jede Stärke gesponnen werden.

Bei der Fadenerzeugung auf chemischem Wege entfällt vielfach der mechanische Spinnprozess, da die Fäden entsprechend ihrem Verwendungszweck in unterschiedlicher Stärke als Endlosfaser hergestellt werden können. Je nach Art des synthetischen Vorproduktes gewinnt man die Fäden im so genannten Nass-, Trocken- oder Schmelzspinnverfahren.

Es gibt aber bei den synthetischen Fasern auch sogenannte Stapelfasern (mit einheitlicher Länge), meist natürlichen Rohstoffen beigemischt, die man dann nach bewährter Methode zu Garnen verspinnt. Aus ihnen werden nun durch Weben, Stricken/Wirken oder Filzen Stoffe hergestellt. Die Qualität des Stoffes ist also nicht nur vom Rohstoff abhängig, sondern auch von dessen Weiterverarbeitung.

Auf diese speziellen Verfahren näher einzugehen würde den Rahmen dieses kleinen Kapitels bei weitem sprengen; bitte lesen Sie bei Interesse in entsprechenden Fachbüchern nach.

Gewebe

Unter einem Gewebe versteht man ein textiles Flächengebilde, das durch Verkreuzen mindestens zweier Fadensysteme entsteht. Die in Längsrichtung des Gewebes (des Stoffes) verlaufenden Fäden sind die Kettfäden, die quer laufenden Fäden die Schussfäden. Nach dem Textilkennzeichnungsgesetz müssen zur Beschreibung des Gewebes folgende Kriterien angegeben werden: Rohstoff, Garnart, Webtechnik, Bindung, Art der Ausrüstung und eventuelles Flächengewicht.

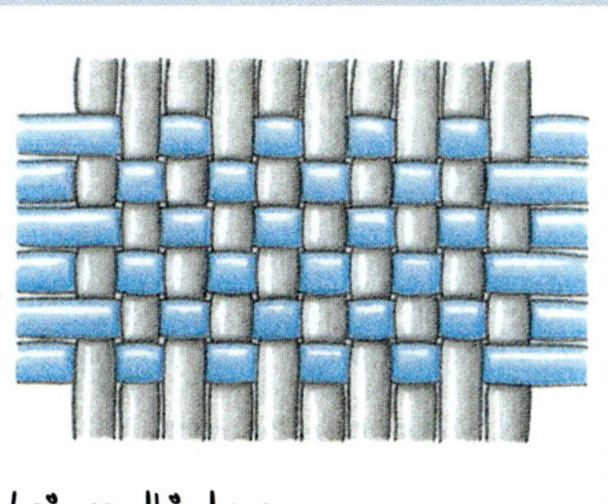

Leinwandbindung

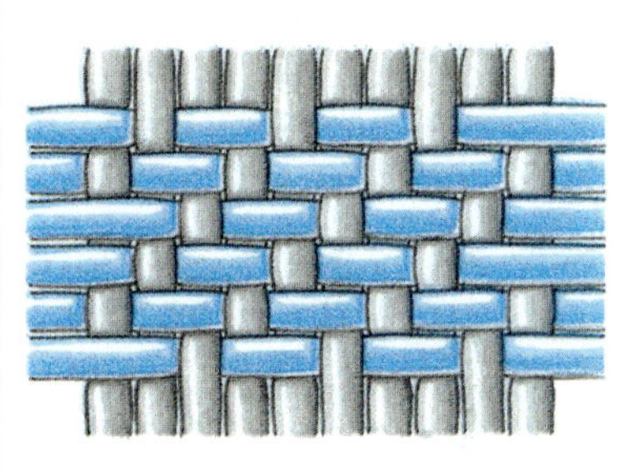

Köperbindung

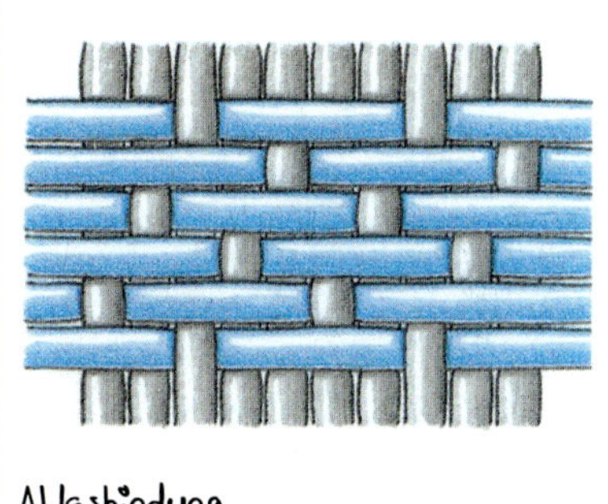

Atlasbindung

Die Art der Fadenverkreuzung, die sich meist mit gewisser Regelmäßigkeit wiederholt, heißt Bindung. Man unterscheidet zwischen einfacher Bindung und Jacquardbindung, Doppelbindung und durchbrochener Bindung. Die beiden letzteren interessieren hier aber nicht weiter.

Die einfachen Bindungen erkennt man daran, dass sie ein unverkennbares Warenbild haben und sich in kurzen, regelmäßigen Abständen wiederholen. Zu den einfachen Bindungen gehören die Leinwand, die Körper- und die Atlasbindung sowie alle ihre Abwandlungen.

Ein- oder mehrfarbige Stoffe in Jacquardbindung zeichnen sich durch besondere Musterungen aus. Sie entstehen durch das Anheben einzelner Kettfäden (bei der Schaftmusterung werden gleichzeitig mehrere Kettfäden gehoben). Es können großflächige Musterungen oder kleinste Muster in den Stoff gewebt werden.

Viele Stoffe, vor allem Sommerstoffe, haben eine mustermäßig erhabene Oberfläche, die nicht durch das Weben entstanden ist. Für die sogenannte Strukturbindung verwebt man verschiedene starke Fäden miteinander. Manchmal entsteht die Wirkung auch, indem ein zweiter Kett- oder Schussfaden oder andere Fasern mit eingewebt werden. Strukturgewebe werden je nach Modetrend in vielen Abwandlungen hergestellt.

Maschenware

Als Maschenware bezeichnet man alle textilen Flächen, die durch das Ineinanderschlingen von Fadenschleifen entstanden sind. Typisch für die Kulier- und die Kettenwirkware ist die senkrechte Verschlingung des Fadens mit der vorherigen Maschenreihe. Der Unterschied zwischen diesen beiden Wirkwarenarten besteht in der Art und Weise der seitlichen Maschenverbindung (siehe auch Zeichnung). Kettenwirkwaren (Wirkfrottier) sind weniger dehnfähig als Kulierwaren (Jersey, Rippwaren) und zeigen ein geschlosseneres, glatteres Oberflächenbild.

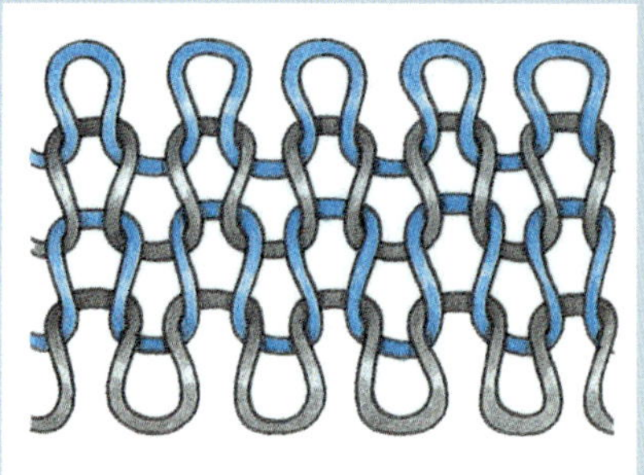

Kulierwirkware

Kettenwirkware

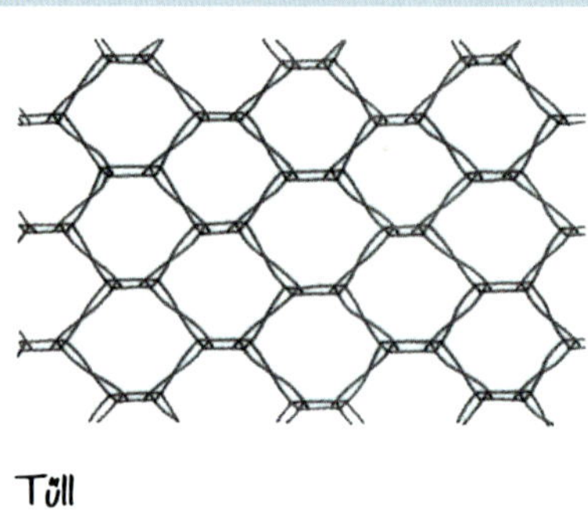

Tüll

Unabhängig von der Herstellungstechnik zeichnet sich Maschenware durch eine hohe Elastizität und Porosität (Luftdurchlässigkeit) aus. Die Verwendung locker gedrehter Garne bewirkt, dass Maschenwaren die Körperwärme recht gut halten. Maschenware ist schmiegsam und neigt weniger zum Knittern als Webstoffarten mit gleicher Rohstoffzusammensetzung. Der Nachteil: beim Waschen kann sich Maschenware verziehen, sie sollte deshalb während des Trocknens in Form gezogen werden.

Weitere Stoffherstellungsverfahren

Stoffe entstehen nicht nur durch Verweben oder Verschlingen von Garnen. Auch Tüll, ein netzartiges Gewebe mit sechseckigen (zellenartigen) Durchbrüchen, und Filz werden zu den Stoffen gezählt.

Filz ist eine nicht gewebte oder gewirkte Textilie, die aus „verfestigten“ Wollfasern oder wollähnlichen Chemiefasern besteht. Das Verfestigen erfolgt mit Hilfe von Wärme, Feuchtigkeit und Druck durch Walzen.

Einlagen (Vlieseline) sind meist aus Stoffen, die als Wirrfaservlies (Fadengelege) hergestellt werden. Die ungeordneten Fasern werden mit Hilfe von Bindemitteln oder thermischen Verfahren zu einem porösen Stoff verfestigt.

Weitere Arten der Stoffherstellung (zum Beispiel die Nähwirktechnik) spielen für die Schneiderei keine Rolle.

Stoffausrüstungen

Stoffausrüstung bedeutet Textilveredelung; durch sie wird der Gebrauchswert einer Ware erhöht. Man unterscheidet zwischen der zweckmäßigen und der dekorativen Ausrüstung. Achten Sie beim Stoffeinkauf auf die Ausrüstung, damit Sie wissen, ob der Stoff auch für seinen Verwendungszweck geeignet ist.

Zweckmäßige Ausrüstungen

- Antibakterielle Ausrüstung ist eine keimwidrige Ausrüstung. Der Stoff wird beständig gegen Bakterien und wirkt gleichzeitig in geringem Maße desodorierend.

- Antiflammenausrüstung bedeutet, dass der Stoff nur schwer entflammbar ist. Dafür werden die Fasern oder die Stoffe mit Flammenschutzmitteln behandelt. Es bildet sich eine Schutzschicht, durch die der Sauerstoffzutritt zur Faser verhindert wird. Auch soll der Stoff ohne Flammenbildung zur Verkohlung kommen.

- Antistatische Ausrüstung ist eine nachträgliche Gewebebehandlung mit Chemikalien, die bewirkt, dass sich der Stoff nicht auflädt. Positiver Nebeneffekt: die Fasern nehmen mehr Feuchtigkeit auf.

- Appretur verleiht dem Stoff ein anderes Warenbild. Je nach Appreturmaßnahme wird die Rohware geglättet, der Glanz erhöht und dem Gewebe mehr Festigkeit durch Einlagerung von „Füllstoffen“ gegeben. Man unterscheidet zwischen permanenten Appreturen, bei der die Stoffe chemisch so behandelt werden, dass sie auch nach häufigem Waschen ihre Festigkeit behalten. Die nicht permanent appretierten Stoffe verlieren mit der Zeit ihr schönes Aussehen.

- Fleckenschutzausrüstung bedeutet, dass der Stoff gegenüber Flecken auf Wasser-, Alkohol- oder Ölbasis unempfindlich ist. Diese Ausrüstung soll das Anschmutzen von Textilien erschweren und die Entfernung von Flecken erleichtern.

- Krumpfen ist die Vorwegnahme des Einlaufens von Textilien. Das Material läuft danach bei Beachten der Pflegeanleitung kaum mehr ein. Das Sanforverfahren garantiert ein Einlaufen der Ware von weniger als 1 %.

- Imprägnieren ist ein Tränken der Gewebe mit wasserabweisenden Chemikalien. Dadurch kommt es zum Abperleffekt, der das schnelle Eindringen von Wasser in die Faser verhindert. Diese Behandlung darf aber die Luftdurchlässigkeit des Stoffes nicht verändern. Zum Imprägnieren zählen auch Verfahren, die den Stoff fäulnissicher, flammensicher und mottensicher werden lassen.

- Merzerisiert (mit Natronlauge behandelt) werden Baumwollgarne und -stoffe. Durch diesen Prozess gewinnt das Material an Festigkeit und bekommt einen waschbeständigen Glanz; die Fähigkeit, Farbstoffe aufzunehmen, wird erhöht. Das Gewebe schrumpft beim Merzerisieren und wird somit dichter und fester.

- Wasserdichte Ausrüstung (waterproof) verschließt die Poren im Gewebe; Luftdurchlässigkeit ist dann nicht mehr vorhanden. Die Stoffe werden je nach Verwendungszweck mit Kautschuk, Leinöl, Polyvinylacetat oder Polyamid beschichtet.

- Pflegeleichtausrüstung bedeutet, dass das Material waschfest, waschmaschinenfest und knitterarm ist und schneller trocknet. Mit dieser Ausrüstung gibt man Textilien aus zellulosischen oder tierischen Faserstoffen annähernd die Eigenschaften der Synthetiks. Beachten Sie aber auf jeden Fall immer die Pflegeanleitung auf dem Etikett.

Dekorative Ausrüstungen

- Bleichen wird erforderlich, wenn die fertige Ware (meist aus natürlichen Rohstoffen) weiß sein soll, oder auch, wenn man Stoffe färben oder bedrucken möchte. Das Bleichen erfolgt mit den verschiedensten Chemikalien; die Gefahr der Faserschädigung hat sich durch moderne Bleichmittel verringert. Die Stoffe können allerdings trotz Bleiche nach einiger Zeit wieder vergilben, vor allem dann, wenn sie starker Sonnenbestrahlung ausgesetzt sind.

- Die Faser oder Flockenfärbung bedeutet, dass Einzelfasern vor dem Verspinnen gefärbt werden. Diese Methode ist am intensivsten, aber auch am teuersten. Gefärbte Fasern lassen sich schwer verspinnen.

- Die Garnfärbung erfolgt im Strang, auf Kreuzspulen oder auf dem Kettbaum. Der Durchfärbegrad ist hierbei nicht so gut wie bei der Faserfärbung. Karostoffe, gestreifte Stoffe und alle Buntgewebe sowie gemusterte Maschenware werden aus garngefärbten Garnen gefertigt.

- Die Stückfärbung erfolgt nach Fertigstellung der Gewebebahnen. Es ist die preiswerteste Methode, den Stoff einzufärben, doch sind die Färbungen weniger gleichmäßig und nicht so echt wie bei anderen Färbemethoden.

Bedrucken

- Walzen- oder Rouleauxdruck ist ein Textildruck, der sehr rationell auf der Walzendruckmaschine durchgeführt wird. Auf verkupferten Walzen werden die Musterstellen, die Farbe abgeben sollen, ausgeätzt und die Vertiefungen bei jeder Walzenumdrehung mit Farbe gefüllt. Man braucht daher für jede Farbe eine andere Walze.

- Den Filmdruck wendet man bei vielfarbigen Mustern mit vielen Farbübergängen und großen Rapporten an. Die Farbe wird durch Druckschablonen (Schablonengitter) aufgetragen. Die Flächen, die ungefärbt bleiben sollen, sind auf der Schablone geschlossen. Für jede Farbe muss eine eigene Schablone hergestellt werden.

- Beim Umdruckverfahren bedruckt man zuerst ein Papierband mit dem Muster, das dann unter Druck- und Hitzeeinwirkung auf den Stoff übertragen wird. Die Umdruckvorlage kann man aber nur einmal benutzen.

- Beim Reservedruck bedeckt man die Musterstellen mit einer Schutzschicht (mit Wachs oder chemischen Mitteln). Die geschützten Gewebestellen nehmen beim folgenden Färben (Stückfärbung) keine Farbstoffe auf, sie bleiben weiß. Nach dem Auswaschen der Schutzschicht werden in einem weiteren Arbeitsgang die farblosen Stellen eingefärbt. Die bekannteste Reservedrucktechnik ist Batik.

- Chiné oder Kettdruck ist eine hochwertige Stoffdrucktechnik. Vor dem Weben werden nur die gespannten Kettfäden mittels Walzen bedruckt. Erst dann werden die Schussfäden eingewebt. Den Kettdruck wendet man bei hochwertigen Kleiderstoffen aus Naturseide und bei exklusiven Dekorationsstoffen an.

- Mit dem Ausbrennverfahren wird eine der mustermäßig verwebten Garne durch Aufbringen von Ätzflüssigkeiten chemisch zerstört. Dies ist jedoch nur möglich, wenn die im Gewebe verwendeten Fasern unterschiedliche chemische Eigenschaften haben. Nach der Behandlung muss die Flüssigkeit auf jeden Fall gleich ausgewaschen werden.

- Beim Ätzdruck wird dem Stoff Farbe genommen. Durch Aufdrucken ätzender Pasten wird die Farbe des vorher gefärbten Gewebes zerstört. So entstehen häufig kleine, helle bis weiße Muster auf farbigem Grund.

Oberflächenbehandlung

- Das Kalandern (Mangeln) verleiht den Geweben durch das Breitquetschen der Fäden eine dichtere Oberfläche und gibt ihnen einen angenehmen Griff und einen leichten Glanz. Auf dem Kalander sind zwei oder mehr Walzen so angeordnet, dass jeweils paarweise zwei polierte, heizbare Metallwalzen über oder unter einer elastischen Walze laufen.

- Gaufrieren bedeutet das Einpressen von Mustern in die Oberfläche glatter Gewebe, um bestimmte optische Effekte zu erzielen. Das Gewebe wird durch ein Walzenpaar hindurchgeführt, wobei in die eine Stahlwalze das Muster eingraviert ist und die andere eine elastische Oberfläche besitzt.

- Rauen bezweckt zunächst das Auflockern und Aufrichten der an der Oberfläche der Gewebe liegenden Faserenden. Dadurch bildet sich eine feine Haardecke, der „Flor", der dem Stoff größere Weichheit verleiht und das Warmhaltevermögen erhöht. Übermäßiges Rauen jedoch schadet der Haltbarkeit des Gewebes.

Futterstoffe

Ein Kleidungsstück wird meist gefüttert, damit es besser sitzt. Gleichzeitig bilden Futterstoffe eine Schutzschicht zwischen Oberstoff und Unterwäsche bzw. Haut. Das Tragen gefütterter Mäntel, Röcke und Kleider ist auch meist angenehmer, zudem halten Futterstoffe zusätzlich warm.

Man verwendet zum Füttern am besten einen glatten Stoff, der sowohl in der Qualität dem Oberstoff angepasst als auch in den Pflegeeigenschaften (Waschfestigkeit, Bügelfestigkeit) auf ihn abgestimmt sein sollte. Die Farbpalette der meist undurchsichtigen Futterstoffe ist riesengroß, angeboten werden sowohl einfarbige wie auch gemusterte Materialien.

- Der Acetat-Bemberg-Pongé setzt sich aus 60 % Acetat und 40 % Cupro zusammen. Er hat einen seidenähnlichen Glanz und knittert wenig. Die elektrische Leitfähigkeit ist gering. Beim Bügeln das Bügeleisen auf Synthetik einstellen.

- Futterbatist ist ein Baumwollmousseline. Ein sehr eng anliegendes Baumwoll- oder Leinenoberteil (Dirndloberteil) sollte mit Futterbatist gefüttert werden, denn er trägt sich angenehm auf der Haut und nimmt Feuchtigkeit gut auf.

- Reinseidener Pongé ist das kostbarste Material zum Füttern eines Kleidungsstückes. Im Gegensatz zu den anderen Futterstoffen, die doppelt breit liegen (1,40 m), liegt Pongé jedoch nur einfach breit (90 cm). Doch wenn als Oberstoff eine hochwertige Seide gewählt wurde, lohnt es sich, das Kleidungsstück auch mit Seide zu füttern.

- Satinfutter ist ein glänzendes, glattes Gewebe in Atlasbindung. Satinfutter (70 % Acetat und 30 % Cuprol) lässt sich bei der Herstellung gut einfärben. Mit diesem Stoff füttert man Mäntel und dickere Jacken, da er schwerer ist als Futtertaft.

- Viskosefuttertaft hat sich als Universalfutter durchgesetzt. Er ist ein pflegeleichter, waschbarer, einlauffester und bügelfreier Futtertaft. Viskosefuttertaft besteht aus reiner Zellulose, ist saugfähig und hautsympathisch.

Einlagestoffe (Vlieseline)

Die Einlagestoffe bilden das „Gerüst" der Kleidung. Sie dienen der Formgebung und Formhaltung. Man arbeitet sie zwischen Oberstoff und Futter ein.

Einlagestoffe können aus Natur- und aus Chemiefasern bestehen. Welches Fasermaterial man verwendet, hängt vom Oberstoff ab. Einlagestoffe werden zudem in verschiedenen Stärken und Farben angeboten. Es gibt sie als Gewebe und als Vliesstoffe. Die Vliesstoffe haben gegenüber den gewebten Einlagestoffen den Vorteil, nicht im Fadenlauf zugeschnitten werden zu müssen.

Die Auswahl an aufbügelbaren Einlagestoffen ist heute so groß, dass man meist diese verwendet. Ausnahme: wenn das Gewebe des Oberstoffes durch das Aufbügeln der Einlage seine Elastizität nicht verliert.

Als Ersatz für die klassische Wattierung der Brustpartie von Anzügen, Mänteln und Kostümen hat sich die Vlieseline®, ein atmungsaktiver, wasch- und reinigungsbeständiger Vliesstoff, durchgesetzt. Sie franst nicht aus und hält die Kleidung dauerhaft in guter Form. Das Fixieren der Bügeleinlage erfolgt bei Temperaturen zwischen 120° und 150° C und leichtem Druck (etwa 8 bis 10 Sekunden). Nach dem Fixieren lassen Sie das zu verarbeitende Teil flachliegend 20 bis 30 Minuten abkühlen.

Neben dem Angebot von leichter bis schwerer Ware und speziellen Vliesstoffen zum Aufbügeln (Ledereinlage, Volumenvlies, beidseitig beschichtetes Haftvlies) gibt es Näheinlagen für Stoffe (Crash, Cloqué, Plissée), die die Oberflächenstruktur durch das Fixieren verändern.

Statt der herkömmlichen Bundeinlage für Röcke und Hosen verwendet man heute Vlieseline®-Bundfix, welches in verschiedenen Breiten erhältlich ist. Es hat vorgestanzte Knicklinien. Für Knopfleisten, Schlitze, Säume, Taschen und Blenden eignet sich Kantenfix, ein 5 cm breites aufbügelbares Stanzband. Mit Vlieseline®-Nahtband werden dehnbare Stoffe stabilisiert und perfekt in Form gehalten.

Nähgarne

Garne werden aus Spinnfasern oder aus mehreren Endlosfäden gesponnen, meist auch gezwirnt (hohe Reißfestigkeit). Neben der Feinheit des Garns sind das Spinnverfahren, der Rohstoff und das Aussehen für die spätere Verwendung von Bedeutung. Für Nähgarne werden hauptsächlich Fasern aus matter oder merzerisierter Baumwolle, aus Seide und aus Synthetik (Polyester, Polyamid) verwendet.

Reine Seide soll mit Nähseide genäht werden. Nähseide zum Handnähen, zum Beispiel die Knopflochseide, besteht aus 3 bis 8 verzwirnten Fäden aus gehaspelter Naturseide, die Seide zum Maschinennähen aus dreifachen Schappenzwirnen. Nähseide besitzt eine hohe Reißfestigkeit, ist elastisch und gleichmäßig gesponnen.

Reines Baumwollgarn wird für Naturmaterialien wie Baumwolle und Leinen verwendet. Baumwolle gehört zu den Glattzwirnen, die meist als mehrstufige Zwirne hergestellt werden.

Mehrzweckgarne sind Umspinnzwirne, deren Kern aus Synthetik besteht. Dieser ist mit einem Baumwollgarn umwickelt oder umsponnen. In den Mehrzweckgarnen vereinigen sich die Vorteile des synthetischen Garns in Bezug auf den Reißwiderstand und des Baumwollgarns, das den hitzempfindlichen Polyesterkern bei hohen Bügeltemperaturen schützt.

Allesnäher sind gleichmäßige und haltbare Garne aus endlosen Chemiefasern. Der Allesnäher aus Polyester ist ein dauerhafter, krumpffreier Nähfaden mit elastischer Dehnbarkeit. Er wird zum Nähen synthetischer und pflegeleichter Stoffe und auch zur Verarbeitung von Maschenware verwendet.

Knopflochgarn ist ein schnurartiger Zwirn aus Seide oder Synthetik. Man verwendet es für Ziernähte und handgenähte Knopflöcher.

Heftgarn, auch Reihgarn genannt, ist ein lose gedrehter Baumwollzwirn, oft auch aus Abfallbaumwolle. Es besitzt nur geringe Reißfestigkeit und wird lediglich zum Heften genommen.

Pflegesymbole für Textilien

Waschen (Waschbottich)	95° 95°	60° 60°	40° 40° 30°		
	Die Zahl im Waschbottich gibt die maximale Waschtemperatur an, die nicht überschritten werden darf. Der Balken unter dem Waschbottich kennzeichnet, dass möglichst schonend gewaschen werden soll (Schonwaschgang). Die Hand im Waschbottich bedeutet: nicht in die Waschmaschine, nur schonende Handwäsche erlaubt. Ist der Bottich durchgestrichen, ist Waschen nicht möglich.				
Chloren (Dreieck)					
	Chlorbleiche möglich		Bleichen nur mit Sauerstoff erlaubt	Chlorbleiche nicht möglich	
Bügeln (Bügeleisen)					
	Heiß bügeln – Leinen	Mäßig heiß bügeln – Wolle	Nicht heiß bügeln – Seide, Chemiefasern	Nicht bügeln	
	Die Punkte kennzeichnen die Temperaturbereiche der Regler-Bügeleisen.				
Chemische Reinigung (Kreis = Reinigungstrommel)	P P	F F	W W		
	Reinigen mit Perchlorethylen	Reinigen mit Kohlenwasserstofflösungsmittel (KWL)	Professionelle Nassreinigung	Keine chemische bzw. Nassreinigung möglich	
	Der Buchstabe im Kreis gibt an, welches Reinigungsverfahren und welches Lösemittel verwendet werden darf. Ist der Kreis unterstrichen, muss schonend gereinigt werden, das heißt, mit weniger mechanischer Beanspruchung und weniger Feuchtigkeitszugabe.				
Trocknung (Trockentrommel)					
	Trocknen im Wäschetrockner möglich. Sind Punkte in das Symbol eingezeichnet, so geben sie die Trockentemperatur an.			Nicht für den Wäschetrockner geeignet	

Tipps für den Stoffeinkauf

Wählen Sie einen Stoff aus, der zu Schnitt und Verwendungszweck des Modells passt, das Sie sich schneidern wollen, und der Ihrem Personentyp entspricht.

Wichtig ist die Farbe. Warme und helle Farben lassen Sie größer erscheinen, in kalten und dunklen wirken Sie schlanker. Entscheiden Sie sich für einen gemusterten Stoff, achten Sie darauf, dass zum Beispiel ein großflächiger Druck an einer kleinen Person gar nicht zur Wirkung kommt. Wählen Sie dann lieber einen klein gemusterten Stoff. Streifenstoffe wirken bei einer großen, schmalen Figur in waagerechter Verarbeitung gut, doch eine vollschlanke Frau sollte Streifenstoffe nur tragen, wenn diese in Längsrichtung verarbeitet wurden. Auch bei Karostoffen müssen Sie auf die Größe des Karos achten.

- Drapieren Sie beim Kauf den Stoff um Ihre Schultern, und betrachten Sie sich dann im Spiegel.

Ist die Farbauswahl getroffen, prüfen Sie die Stoffqualität. Entscheiden Sie sich für ein schwierig zu verarbeitendes Material, überlegen Sie, ob Ihre Näh- und Bügelerfahrung entsprechend groß ist, so dass Sie nicht nach einer Weile die Lust am Nähen verlieren.

- Informieren Sie sich beim Kauf des Stoffes über dessen Zusammensetzung und Ausrüstung.
- Achten Sie darauf, dass das Gewebe gleichmäßig ist. Ungleichmäßige Stellen werden sichtbar, wenn Sie den Stoff gegen das Licht halten. Ist das Gewebe nicht fest, reißen die Nähte aus, und es können kleine Löcher um die Nähstiche entstehen.
- Wichtig ist auch eine gleichmäßige Färbung des Stoffes. Diese erkennen Sie am besten, wenn Sie den doppelt liegenden Stoff „aufschlagen". Im Stoffbruch bleicht die Farbe leicht aus.
- Prüfen Sie, ob der Stoff stark knittert. Drücken Sie ihn fest zusammen, und lassen Sie ihn dann los. Bei einem guten Stoff verschwinden die Kniffe schnell.
- Reiben Sie den Stoff zwischen den Fingern. Es darf sich kein Pulverstaub zeigen, denn minderwertiger Ware werden oft zu viele Leimstoffe zugesetzt, um ihnen ein besseres Aussehen zu geben.
- Ist der Stoff verzogen, stimmt der Fadenlauf nicht mehr. Achten Sie darauf, dass der Schussfaden im rechten Winkel zur Webkante und zum Stoffbruch liegt.
- Bei Stoffen mit Karos oder mit eingewebten symmetrischen Mustern muss das Muster im rechten Winkel zur Webkante verlaufen. Denken Sie daran, dass der Musterrapport genau sein muss, damit das Zuschneiden der Schnittteile nicht zum Such- und Geduldspiel wird.
- Wenn Sie sich für Maschenware entscheiden, sollten Sie wissen, dass sie sich in beide Richtungen dehnt. Man unterscheidet gering, mittel und stark dehnbar. Überprüfen Sie die Dehnbarkeit an einer Skala. Ziehen Sie ein Stück Stoff von 10 cm Breite über die

10 cm-Markierung. Nimmt der Stoff nach der Dehnung seine ursprüngliche Breite wieder ein, behält er beim Tragen seine Form.

Stoffbreiten

Der Handel führt Stoffe in verschiedenen Breiten. Stoffe bis zu 100 cm Breite gelten als einfach breit. Als doppelt breit werden Stoffe zwischen 100 cm und 160 cm Breite bezeichnet. Die gängigsten Stoffe sind 90 cm und 140 cm breit.

Stoffverbrauch

Auf der Schnittmustertüte ist immer die Stoffmenge angegeben, die Sie benötigen, wenn Sie das Kleidungsstück nach dem vorgegebenen Muster (Originalmodell) fertigen. Wählen Sie nun aber eine andere Stoffart, eventuell auch noch in einer anderen Breite, so verändert sich der Stoffverbrauch. Lassen Sie sich in diesem Fall im Fachgeschäft – auch über den Zuschnitt – beraten. Beachten Sie auch die Größe des Modells. Vergleichen Sie die angegebene Länge mit Ihrer Länge.
Hier ein paar allgemeine Anmerkungen: Entscheiden Sie sich für einen Stoff mit großem Muster, mit Musterrichtung oder mit Strich, ist der Stoffverbrauch wesentlich höher.

Laufen Streifen parallel in eine Richtung, erfordert dies bei der Verarbeitung in Längsrichtung keine Stoffzugabe. Verarbeiten Sie einen quer gestreiften Stoff, so erhöht sich der Stoffverbrauch generell um einen Musterrapport.

Bei diagonal gestreiften Stoffen (Streifen schräg zur Webkante), kann sich der Stoffverbrauch sehr erhöhen, wenn die Streifen verschiedenfarbig und sehr breit sind. Wählen sie diagonal gestreifte Stoffe nur für Modelle mit wenigen Teilungsnähten.

Schon beim Kaufen eines Karostoffes müssen Sie die Größe des Rapports beachten. Ist das Karo einseitig ausgerichtet, erhöht sich der Stoffverbrauch ebenfalls. So gilt zum Beispiel bei einem Karostoff nicht die Regel „für einen Rock zweimal die Rocklänge plus Saumzugabe kaufen“, sondern Sie müssen darauf achten, dass Sie genügend Stoff haben, um zwei Rockbahnen mit dem gleichen Muster zuschneiden zu können.

Bei groß gemusterten Stoffen müssen die Muster gleichmäßig auf dem Modell verteilt sein, um harmonisch zu wirken. Je nach Wiederholung und Größe des Stoffmusters und der Größe des Schnittmustermodells ist also der Stoffverbrauch neu zu errechnen.

Am geringsten ist der Verbrauch bei einfarbigen oder klein gemusterten Stoffen ohne Strich, bei denen Sie die Schnittteile ineinander und gegeneinander auflegen können. Ausnahmen bilden schillernde Stoffe wie Satin und Moiré. Legen Sie die Schnittteile immer nur in eine Richtung, je nach gewünschtem Glanzeffekt.

Stoffverbrauchsangaben für die Grundgarderobe

Enger Rock – Bis Größe 44 rechnet man bei 140 cm bis 150 cm Stoffbreite einmal die Rocklänge plus Saumzugabe und eventuellem Rapport. Bei 80 cm bis 90 cm Breite kaufen Sie zweimal die Rocklänge plus Saumzugabe und eventuellem Musterrapport. Ab Größe 46 benötigen Sie bei beiden Stoffbreiten zweimal die Rocklänge plus Saumzugabe und eventuellem Rapport.

Weiter Rock, angekräuselt oder in Falten gelegt – Für alle Größen benötigen Sie zweimal die Rocklänge plus Saumzugabe und eventuellem Rapport bei einer Stoffbreite von 140 cm bis 150 cm. Bei einer Breite von 80 cm bis 90 cm rechnet man drei- bis viermal die Rocklänge plus Saumzugabe und eventuellem Rapport.

Klassische Hemdbluse – Bei einer Stoffbreite von 140 cm bis 150 cm benötigen Sie 1,50 m Stoff. Liegt Ihr Stoff 80 cm bis 90 cm breit, brauchen Sie 2,50 m Stoff.

Klassischer Blazer – Liegt Ihr Stoff 140 cm bis 150 cm breit, müssen Sie 2,00 m Stoff einkaufen. Ist Ihr Stoff 80 cm bis 90 cm breit, liegt der Stoffverbrauch bei 3,00 m.

Klassische Hose – Kaufen Sie 1,50 m bei einer Stoffbreite von 140 cm bis 150 cm für alle Größen bis 42. Ab Größe 44 erhöht sich der Stoffverbrauch auf 1,70 m. Ist der Stoff 80 cm bis 90 cm breit, benötigen Sie zweimal die Hosenlänge plus Saumzugabe.

Weite Hose – Soll die Hose sehr weit sein, erhöht sich der Stoffverbrauch für alle Größen. Kaufen Sie dann bei einer Stoffbreite von 140 cm bis 150 cm zweimal die Hosenlänge plus Saumzugabe. Liegt der Stoff 80 cm bis 90 cm breit, brauchen Sie viermal die Hosenlänge plus Saumzugabe.

3m
CA 02776
CA 02776
200 m · 220

Bevor es richtig losgeht

Die wichtigste Voraussetzung für das Gelingen einer Arbeit ist die sorgfältige Ausführung der vorbereiten Arbeitsschritte. Eine gute Vorbereitung dauert fast so lange wie das Nähen selbst. Doch wer am Anfang keine Zeit findet, sorgfältig zu messen, zuzuschneiden, zu stecken und zu heften, wird dies spätestens bei der Anprobe bereuen.

Maßnehmen

Für die Bestimmung der richtigen Schnittgröße ist es wichtig, die eigenen Körpermaße genau zu kennen. Ihre Grundkörpergröße stellen Sie am besten fest, wenn Sie nur mit Unterwäsche bekleidet sind. Am einfachsten ist es, wenn Ihnen eine zweite Person beim Maßnehmen hilft.

Maßtabellen

In den folgenden Tabellen finden Sie die gängigen Konfektionsgrößen und die zugehörigen Maße. Für kleine Damen, deren Längenmaße von den normalen Damengrößen abweichen, gelten die Zwischengrößen. Als vollschlank werden die Figuren bezeichnet, die in den Proportionen den Normalgrößen entsprechen, insgesamt aber fülliger sind.

Normale Damengrößen

Maße (Größe in cm)	**32**	**34**	**36**	**38**
Oberweite	74–77	78–81	82–85	86–89
Halsweite	31	32	33	36
Schulterbreite	11,5	12	12	12
Brusttiefe	23	24	25	27
Ärmellänge	59	59	59	60
Oberarmweite	23	24	25	28
Rückenlänge	39,5	40	40,5	41
Vordere Taillenlänge	41,5	42,5	43,5	45
Taillenweite	58–61	62–64	65–68	69–72
Hüftweite	80–84	85–89	90–94	95–97

Maße (Größe in cm)	**40**	**42**	**44**
Oberweite	90–93	94–97	98–102
Halsweite	37	38	39
Schulterbreite	13	13	13
Brusttiefe	28	29	30
Ärmellänge	60	61	61
Oberarmweite	29	30	32
Rückenlänge	41	42	42,5
Vordere Taillenlänge	46	47	48
Taillenweite	73–77	78–81	82–85
Hüftweite	98–101	102–104	105–108

Vollschlanke Damengrößen

Maße (Größe in cm)	46	48	50	52
Oberweite	103–107	108–113	114–119	120–125
Halsweite	40	41	41	43
Schulterbreite	13	14	14	14
Brusttiefe	31	32	33	34
Ärmellänge	61	61	62	62
Oberarmweite	32	34	36	38
Rückenlänge	43	43,5	44	44,5
Vordere Taillenlänge	49	50	51	52
Taillenweite	86–90	91–95	96–102	103–108
Hüftweite	109–112	113–116	117–122	123–128

Damen-Zwischengrößen

Maße (Größe in cm)	19	20	21	22
Oberweite	88	92	96	100
Halsweite	36	37	38	39
Schulterbreite	12	13	13	13,5
Brusttiefe	26	27	28	29
Ärmellänge	60	60	61	61
Oberarmweite	28	29	30	32
Rückenlänge	39	39,5	40	40,5
Vordere Taillenlänge	43	44	45	46
Taillenweite	69–72	73–77	78–81	82–85
Hüftweite	95–97	98–101	102–104	105–108
Maße (Größe in cm)	**23**	**24**	**25**	**26**
Oberweite	104	110	116	122
Halsweite	40	41	41,5	42
Schulterbreite	13,5	14	14	14,5
Brusttiefe	30	31	31,5	32
Ärmellänge	61	61	62	62
Oberarmweite	33	35	37	39
Rückenlänge	41	41,5	41,5	42
Vordere Taillenlänge	47	48	49	50
Taillenweite	86–90	91–95	96–102	103–108
Hüftweite	109–112	113–116	117–122	123–128

Für Kleidungsstücke aus Italien oder Frankreich sind die Werte höher als in Deutschland. Eine deutsche Größe 38 entspricht etwa Größe 44 in Italien und Größe 40 in Frankreich.

Internationale Konfektionsgrößen sind oft in Buchstaben angegeben.
„S" small (klein)
„M" medium (mittel)
„L" large (groß)
Diese Größen sind nach unten und oben durch zusätzliche „X" erweiterbar.

Jeans-Größen werden meist in Inch, einer amerikanischen Maßeinheit, angegeben, z.B. 32/34. Die erste Zahl bezieht sich auf den Bundumfang, die zweite auf die innere Bein- bzw. Schrittlänge.

Konfektionsgrößen Damen: Hosen

Normalgröße	32	32/34	34	36	36/38	38	40	40/42
International	XS	XS	XS	S	S	S	M	M
Bundweite in cm	58–59	60–62	63–64	65–67	68–69	70–72	73–74	75–77

Normalgröße	42	44	46	48	48/50	50	52	52/54
International	M	L	L	XL	XL	XL	XXL	XXL
Bundweite in cm	78–82	83–85	86–90	91–95	96–100	101–103	104–108	109–114

Maßnehmen am Körper

Für die Bluse sind Brustumfang, Halsweite, Rückenbreite, Schulterbreite, Brusttiefe, Achselhöhle, Oberarmweite, Ellenbogenweite, Handgelenkumfang und Ärmellänge wichtige Maße. Für eine lange Bluse kommt die Hüftweite hinzu.

Die Oberweite wird rund um den Oberkörper (über die stärkste Wölbung der Brust und der Schulterblätter, unter den Armen hindurch) gemessen. Dabei liegt das Maßband im Rücken etwas höher als im Brustbereich (1). Die Halsweite ergibt sich durch das lockere Anlegen des Maßbandes um den Halsansatz (2). Die Rückenbreite wird vom linken zum rechten Armansatz quer über den Rücken gemessen (3).

Um das Maß der vorderen Breite zu nehmen, legen Sie nun das Maßband vom linken Armansatz über die Brust bis zum rechten Armansatz an.

Vom höchsten Schulterpunkt aus messen Sie die Schulter- oder Achselbreite (4) und die Brusttiefe (5). Letztere ist sehr wichtig, wenn in die Bluse ein Brustabnäher eingearbeitet werden soll. Zum Messen der Achselhöhe klemmen Sie sich ein Lineal unter den Arm und legen dann das Maßband von Linealrand

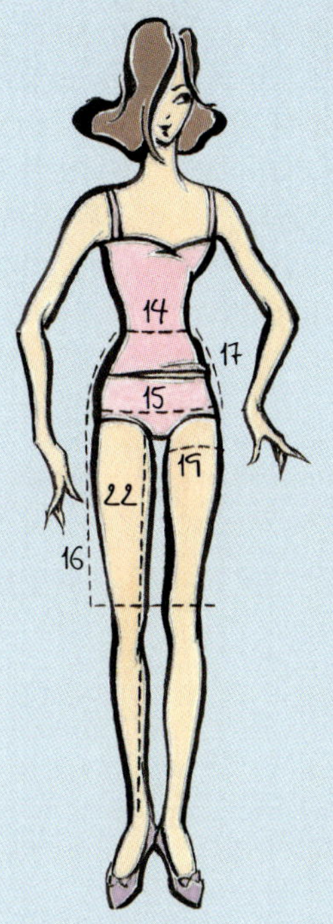

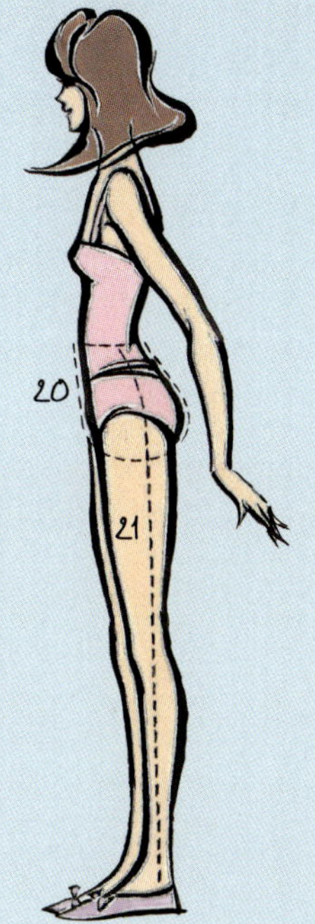

zu Linealrand über die Armkugel an (6).

Winkeln Sie den Arm etwas an und messen Sie die Oberarmweite (7) rings um die stärkste Stelle Ihres Oberarmes. Bei stark gebogenem Arm die Ellenbogenweite (8) und die Ärmellänge (10) abnehmen. Die Ärmellänge wird von der Schulter bis zum Handgelenk gemessen, die Handgelenkweite rings um das Handgelenk (9).

Bestimmen Sie die Länge der Bluse, indem Sie das Maßband vom Halsausschnitt in der rückwärtigen Mitte bis zur Hüfttiefe oder auch darüber hinaus (je nach Bedarf) anlegen (11).

Zu den Grundmaßen der Bluse kommt für ein Kleid als Maß noch die vordere Taillenlänge hinzu. Sie wird vom höchsten Schulterpunkt über die Brust zur Taille gemessen (12). Für das Maß der Seitenhöhe das Lineal unter dem Arm klemmen und vom oberen Rand des Lineals bis hinunter zur Taille (13) messen.

Die Länge des Kleides ergibt sich, wenn Sie vom Halswirbel bis zur Saumlänge messen.

Für einen Rock sind Hüftweite, Taillenweite, Hüfttiefe und Rocklänge die Maßstrecken, die Sie kennen sollten. Die Hüftweite (15) wird über die stärkste Stelle der Hüfte gemessen. Knoten Sie anschließend ein Band um Ihre Taille und messen an dieser Stelle die Taillenweite (14). Die Hüfttiefe läuft seitlich von der Taille bis zur stärksten Stelle der Hüfte (17). Ihre Rocklänge messen Sie seitlich von der Taille bis zur Saumlinie (16).

Für eine Hose brauchen Sie außer Hüftweite und Taillenweite noch die Sitzhöhe, die Oberschenkelweite, die vordere und die hintere Schrittlänge sowie die innere und äußere Beinlänge.

Um die Sitzhöhe festzustellen, setzen Sie sich auf einen Stuhl, wobei Sie die Füße flach auf den Boden stellen. Messen Sie seitlich von der Taille bis zur Stuhlfläche (18). Legen Sie Ihr Maßband über die stärkste Stelle der Oberschenkel, um die Oberschenkelweite zu bestimmen (19). Die Schrittlänge messen Sie von der hinteren Mitte der Taille zwischen den Beinen hindurch bis zum Bauchnabel (20). Wenn die Hose richtig sitzen soll, so muss die hintere Schrittlänge im Schnittmuster immer länger sein als die vordere. Bestimmen Sie die äußere Hosenbeinlänge durch das Anlegen des Maßbandes von der seitlichen Taille über den Hüftbogen bis zum Saum (21) und die innere Beinlänge durch Messen von der Mitte der Schrittlänge bis hinunter zum Saum (22).

Eigene Maße

Haben Sie Ihre Maße festgestellt, vergleichen Sie sie mit den auf dem Schnittmuster angegebenen. Sie wissen dann gleich, ob und wo Sie den Schnitt ändern müssen. Stehen keine Maße auf dem Schnittmuster, messen Sie den Papierschnitt aus. Eventuell müssen Sie zu den Grundmaßen immer noch einige Zentimeter zugeben (Bewegungsweiten). Durch den wechselnden Modestil sind es dann mal mehr, mal weniger Zentimeter. Je nach Modell geben Sie bei der Ober- und Hüftweite 4 bis 6 cm, in der Taille 2 cm hinzu. Bei Hosenschnitten vor allem die Hüftweite beachten, denn Länge und Taillenweite können bei der Anprobe verändert werden.

Meine Maßtabelle

Maßstrecken	meine Maße	Tabellenmaße	Differenz
Oberweite			
Halsweite			
Rückenbreite			
Schulterbreite			
Brusttiefe			
Oberarmweite			
Ärmellänge			
Rückenlänge			
Vordere Taillenlänge			
Taillenweite			
Hüftweite			

Maßnehmen bei Kindern

Bei der Kinderbekleidung variieren die Maße für die Konfektionsgrößen von Mädchen und Jungen minimal. In den Maßtabellen sind die Konfektionsgrößen und die Körpergrößen angegeben.

Die Maße der Kinder sollten öfters überprüft werden, denn die Längenmaße verändern sich meist schneller als die Umfangmaße.

Liegen die Maße Ihres Kindes zwischen den auf der Schnittmustertüte angegebenen Werten, so nehmen Sie sicherheitshalber die größere Größe.

Knicken Sie eventuell das „Zuviel" am Schnitt weg, nicht abschneiden, damit Sie den Schnitt später wieder gebrauchen können.

Denken Sie daran, dass Ihr Kind schnell wächst; planen Sie also bei Längen- und Weitenmaßen genügend Saum- und Nahtzugaben ein.

Bei Kinderbekleidung gibt die Konfektionsgröße die Körperhöhe in Zentimetern an. Ab Größe 152 haben Mädchen eine schmalere Taille als Jungen, dafür aber mehr Hüftumfang.

Die Größen X-S/M/L werden für Kinderbekleidung bei T-Shirts und Sportartikeln verwendet.

Tipp

Kinderbekleidung muss bequem und pflegeleicht sein, also keine aufwendigen und schnell schmutzenden Accessoires vorsehen. Achten Sie darauf, dass die Kleidungsstücke leicht an- und auszuziehen sind.

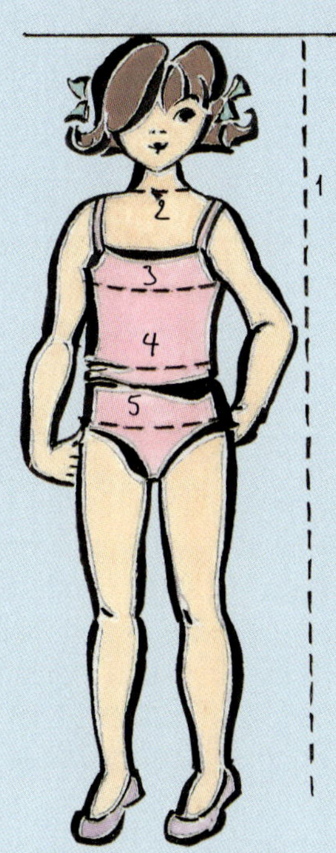

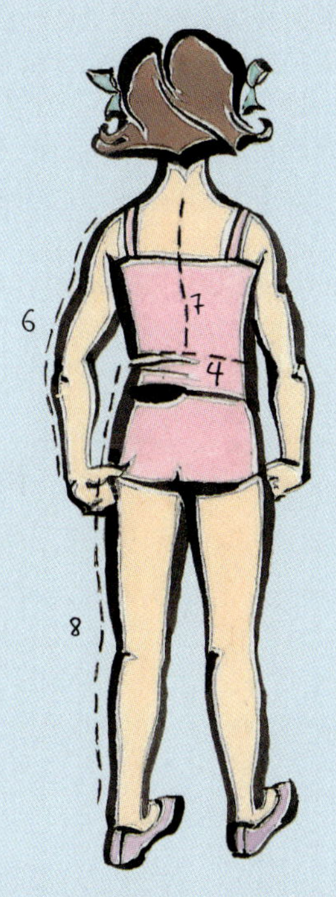

Maßstrecken bei Kindern:

1 Körpergröße
2 Halsweite
3 Oberweite
4 Taillenweite
5 Hüftweite
6 Ärmellänge
7 Rückenlänge
8 Seitliche Hosenlänge

Mädchengrößen

Maße (Größe in cm)	**92**	**98**	**104**	**110**	**116**	**122**	**128**	**134**	**140**	**146**	**152**	**158**	**164**	**170**
Oberweite	53–55	54–56	55–57	56–58	57–59	58–62	61–65	64–68	67–71	70–74	73–77	76–80	79–83	82–86
Taillenweite	50–52	51–53	52–54	53–55	54–56	55–58	57–59	58–61	60–62	61–64	63–65	64–66	65–67	66–69
Hüftweite	53–56	55–58	57–60	59–62	61–64	63–67	66–70	69–73	72–76	75–79	79–83	81–86	86–90	90–94
Rückenlänge	23	24	25	26,5	27,5	29	30	31,5	32,5	34	36	38	39,5	41,5
Ärmellänge	31	33,5	36	38,5	41	43,5	46	48,5	51	53	55	57	59	61
Halsweite	25,5	26,5	27,5	28	29	29,5	30,5	31,5	32	33	33,5	34,5	35,5	36

Jungengrößen

Maße (Größe in cm)	**92**	**98**	**104**	**110**	**116**	**122**	**128**	**134**	**140**	**146**	**152**	**158**	**164**	**170**
Oberweite	53–55	54–56	55–57	56–58	57–59	58–62	61–65	64–68	67–71	70–74	73–77	76–80	79–83	82–86
Taillenweite	50–52	51–53	52–54	53–55	54–56	55–58	57–59	58–61	60–62	61–64	63–67	66–69	68–71	70–73
Hüftweite	53–56	55–58	57–60	59–62	61–64	63–67	66–70	69–73	72–76	75–79	79–82	82–84	84–88	88–91
Rückenlänge	23	24	25	26,5	27,5	29	30	31,5	33	35	37	39	41	43
Ärmellänge	31	33,5	36	38,5	41	43,5	46	48,5	51	53	55	57	59	61,5
Halsweite	25,5	26,5	27,5	28	29	29,5	30,5	31,5	32	33	33,5	34,5	35,5	36,5

Schnitte

Wenn Sie Ihren Schnitt ohne Schnittvorlage schematisch entwickeln wollen, ist es wichtig, dass Sie Ihre Größe und Ihre Maße genau kennen. Übertragen Sie das ausgesuchte Modellteil in Ihren Maßen auf Schnittmusterpapier. Ehe Sie diesen Schnitt zum Zuschneiden auf den Stoff legen, stecken Sie das Schnittmuster mit einem Papier- oder einem Klebestreifen Kante auf Kante zusammen und probieren es an. Sie können dann eventuelle Unstimmigkeiten schon am Papierschnitt korrigieren.

Der Nähanfängerin rate ich zu einem Kurs „Schnittentwicklung“, denn das folgende Beispiel deckt bei Weitem nicht die ganze Problematik der Schnitterstellung ab.

Hier ein Beispiel für einen geraden Rock mit vorderer Kellerfalte in Größe 42. Die Maßtabelle gibt folgende Werte an:

Hüftweite:	102 cm
Taillenweite:	78 cm
Hüfttiefe:	20 cm
Rocklänge:	70 cm
Faltentiefe:	10 cm

Die Berechnung der Abnäher:

1. ½ Hüftweite plus 2 cm > 53 cm

2. ½ Taillenweite plus 2 cm > 41 cm

3.

	53 cm
minus	41 cm
	12 cm : 4 = 3 cm

4. vorderer Abnäher (3 – 1 = 2) > 2 cm

5. Rückenabnäher > 3 cm; seitlicher Abnäher > 3 cm plus 0,5 cm

Die Fertigschnitte sind Mehrgrößenschnitte, die anhand von Schnittmusterkatalogen ausgesucht werden können. Diese Kataloge sind in verschiedene Modellgruppen wie Kleider, Kostüme, Hosen, Mäntel und Umstandsmode eingeteilt. Außerdem gibt es besondere Kataloge für Kinder- und Freizeitkleidung, für Braut- und Ballkleider, für Accessoires und sogar für Spielzeug. Jedes Modell ist mit einer Schnitt-(Such-)Nummer versehen. Auf der Titelseite der Schnittmustertüte finden Sie meist drei Abbildungen des Modells, das Original und dessen mögliche Abwandlungen (verschiedene Stoffarten, Längenänderung …) und außerdem die Rückenansicht.

Außer der Schnittnummer stehen die Größen des Modells und eventuell auch die Oberweitenangaben auf der Titelseite des Schnittmus-

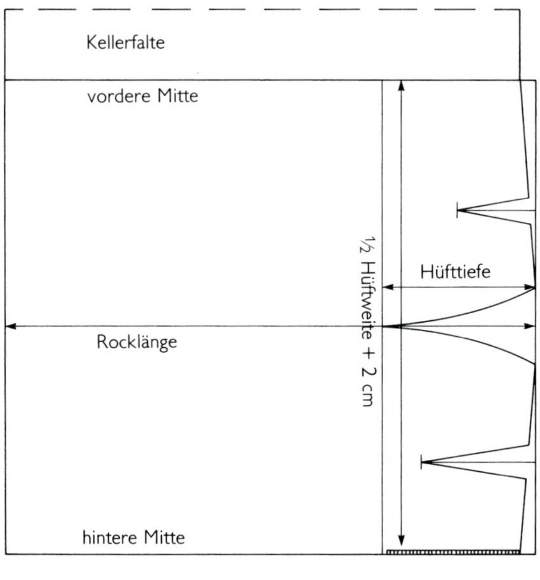

ters. Auf der Rückseite der Schnittmustertüte ist der Stoffverbrauch für das Modell in verschiedenen Stoffbreiten angegeben, außerdem finden Sie eine schematische Darstellung des Zuschneideplans und eine Kurzanleitung für die Fertigung. Achten Sie beim Stoffeinkauf darauf, ob auf dem Schnitt der notwendige Stoffverbrauch für einen Stoff mit Strich oder Karomuster angegeben ist. Wenn nicht, müssen Sie beim Stoffeinkauf einen eventuellen höheren Stoffverbrauch berücksichtigen.

Beim Auseinanderfalten des Schnittes stellen Sie fest, welche Linie zu Ihrer Größe gehört: die durchgezogene, die gestrichelte oder die gepunktete.

Alle Teile des Schnittes sind nummeriert und benannt. Vergleichen Sie Ihre Maße mit denen des Schnittmusters, bevor Sie den Schnitt ausschneiden.

Bei den Fertigschnitten sind alle Markierungen wie Abnäher, vordere Mitte und Taschen mit durchgezogenen Linien gekennzeichnet. Es ist wichtig für das spätere Nähen, dass Sie alle kleinen Zeichen, Sternchen, Kerben oder ähnliches beachten. Diese Zeichen geben zum Beispiel das Ende der Abnäher, die Reißverschlusslage oder die Ärmeleinsatzpunkte an. In welcher Reihenfolge gearbeitet werden soll, ist auf dem Schnitt vermerkt. Bei Fertig- oder Mehrgrößenschnitten müssen Sie beim Zuschneiden Naht- und Saumzugaben berücksichtigen.

Die Schnitterstellung nach Schnittmusterbogen deckt sich zum Teil mit der nach Fertigschnitten. Alle Modelle sind nummeriert, und es

ist angegeben, in welcher Größe sie auf dem Schnittmusterbogen abgebildet sind. Außer dem Schnittmusterbogen befindet sich in jeder Modezeitschrift ein Arbeitsheft mit Anleitungen. Darin sind unter den Modellnummern die Seite des Schnittmusterbogens, die Ausradellinie, der Stoffverbrauch, die Zusatzmaterialien wie Futterstoff, Einlagestoff und Knöpfe, die Arbeitsanleitung und ein Zuschneideplan aufgelistet.

Am oberen und am unteren Rand des Schnittmusterbogens erscheinen die Nummern der Schnittteile im Zahlensucher. Suchen Sie in Höhe der Zahl nach der angegeben Kontur und verfolgen Sie diese auf dem Schnittmusterbogen. Sie erhalten so den gesamten Umriss des Schnittteiles. Mit einem Bleistift oder einem Buntstift zeichnen Sie den Schnitt nach.

Es gibt zwei Möglichkeiten, die Schnittteile zu übertragen:

- Sie legen sich Schnittmusterpapier unter den Bogen und radeln den Schnitt aus.
- Sie legen transparentes Papier oder Kopierfolie auf den Schnittmusterbogen und pausen die Schnittteile durch.

Achten Sie darauf, dass Sie alle Teile mit den richtigen Umrissen und mit allen Bezeichnungen vom Schnittmusterbogen abnehmen.

Wenn Ihr Modell einen Knopfverschluss erhält, sollten Sie auf jeden Fall die vordere und die hintere Mitte markieren.

Sehr wichtig ist, sich den Fadenlauf einzuzeichnen. Er spielt beim Zuschneiden die wesentlichste Rolle. In den großen Teilen sind Taschen, Kragen, Blenden und Besatzteile eingezeichnet. Vergessen Sie nicht, auch diese auszukopieren.

Lange Rockteile lassen sich oft nicht ganz auf dem Schnittmusterbogen unterbringen. Es ist aber immer angegeben, um wie viele Zentimeter Sie verlängern müssen.

Haben Sie alle Linien und Punkte abgezeichnet, dann vergleichen Sie die Schnittteile mit Ihren Maßen. Stimmen sie, schneiden Sie den Schnitt aus und stecken ihn zum Zuschneiden auf den Stoff. Weitere Informationen zum Zuschnitt finden Sie auf Seite 50ff.

Schnittkorrekturen

Längenänderungen sollten Sie immer vor den Weitenänderungen machen, damit letztere an der richtigen Stelle des Schnittmusters erfolgen.

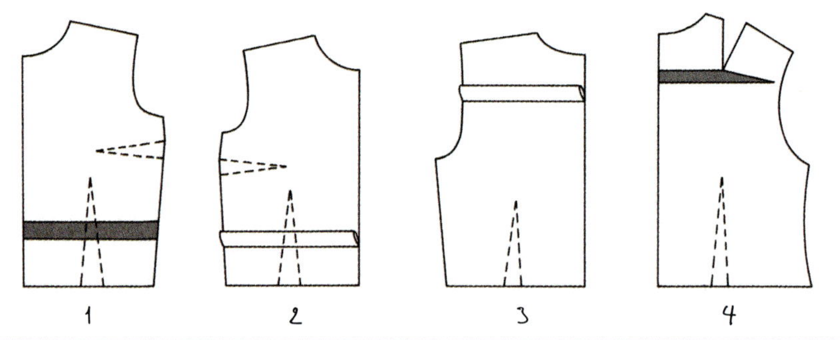

Längenkorrekturen

Für eine eventuelle Längenkorrektur kontrollieren Sie die Taillenlänge, die Gesamtlänge und Rücken-, Rock- und Beinlänge sowie die Ärmellänge. Zuletzt überprüfen Sie die Abnäher. Laufen sie auf die richtige Stelle zu und haben Sie die richtige Länge? Die eingezeichneten Fadenlauf- und auch die Stoffbruchlinien müssen nach allen Schnittkorrekturen gerade verlaufen.

1. Erweisen sich vordere und hintere Taillenlänge als zu kurz, ist der Schnitt etwa 8 cm über der Taillenlinie aufzuschneiden und auseinander zu schieben. Kleben Sie einfach einen entsprechend breiten Papierstreifen zwischen die Teile.

2. Ist Ihnen die Taillenlänge zu lang, legen Sie an gleicher Stelle eine Falte ein.

3. Bei einer sehr geraden Haltung kann der Schnitt über den Schulterblättern beulen. Legen Sie eine gerade Falte ein.

4. Ist der Rücken stärker gekrümmt, so wird der Rückenteil unterhalb des Schulterabnähers quer durchgeschnitten. Den Einschnitt je nach Stärke der Rückenrundung sperren. Begradigen Sie die rückwärtige Mitte, legen Sie den Schulterabnäher neu ein.

5. Beim Verlängern eines Ärmels schneiden Sie den Ärmelschnitt an zwei Stellen auseinander. Messen Sie vom Ellenbogen aus 10 cm zur Armkugel und 10 cm zum Handgelenk hin. Zeichnen Sie sich eine gerade Linie ein. Schieben Sie die Schnittteile entsprechend auseinander und unterkleben Sie den Schnitt mit Papierstreifen. Dies gilt auch für Raglanärmel.

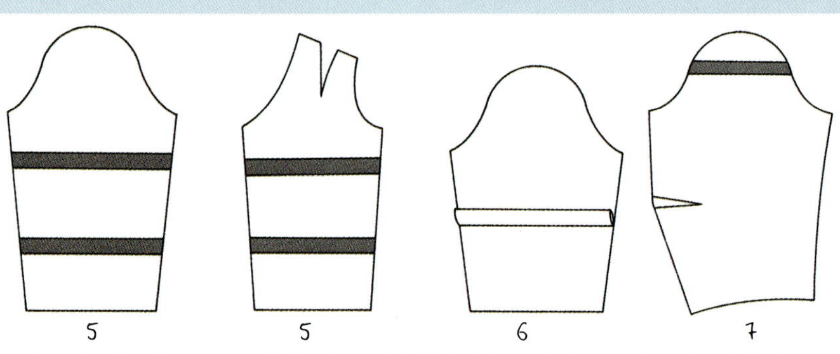

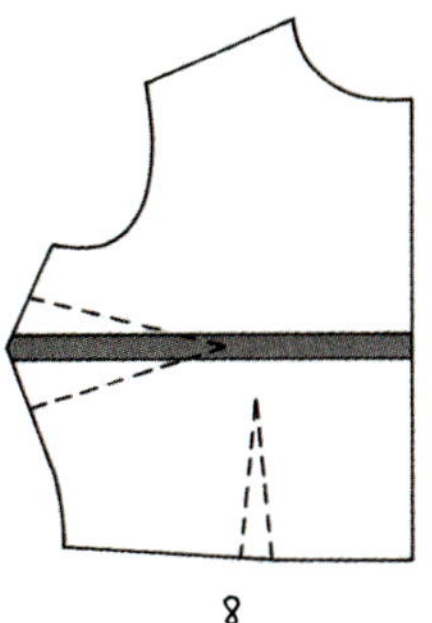

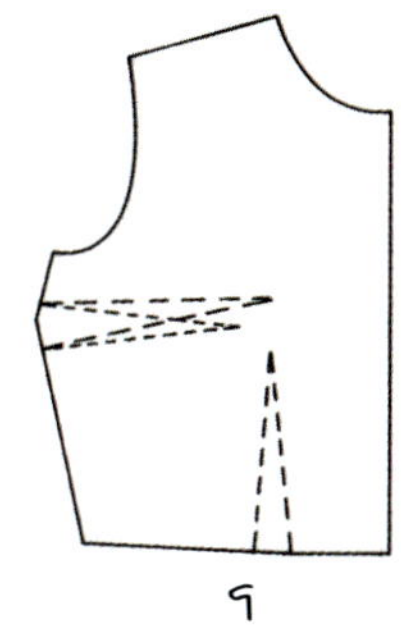

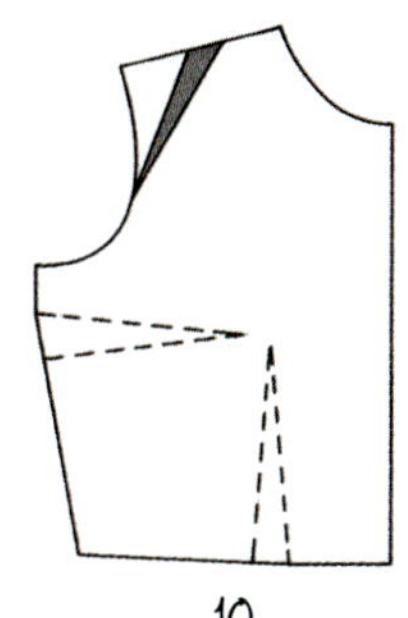

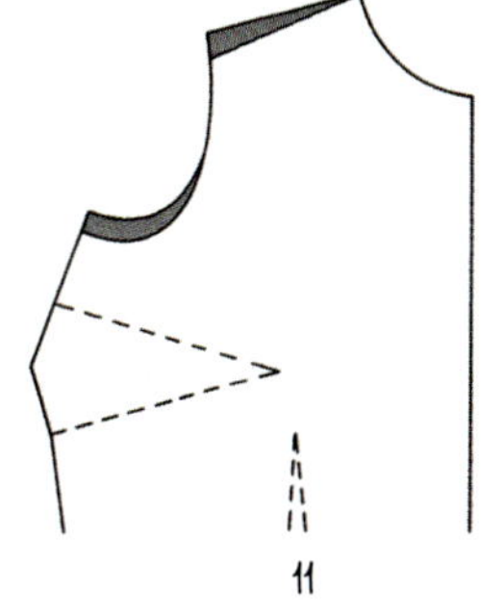

6. Beim Verkürzen des Ärmelschnittes legen Sie an beiden Abänderungslinien dann kleine Falten ein.

7. Wurden Vorder- und Rückenteil in Höhe des Armausschnittes verlängert, so muss auch die Armkugel entsprechend vergrößert werden. Schneiden Sie den Papierschnitt der Armkugel auf und legen Sie einen Papierstreifen unter.

8. Eine Frau mit vollschlanker Figur und großer Oberweite hat meistens einen verkürzten Rücken und eine im Vorderteil nach unten verschobene Taillenlinie. In diesem Fall muss ein seitlicher Brustabnäher eingelegt und der Taillenausschnitt im Vorderrock (vor der Mitte) eventuell bei der Anprobe um etwa 2 cm tiefer ausgeschnitten werden.

9. Wenn Sie einen Brustabnäher verlegen müssen, markieren Sie sich die neue Abnäherspitze. Zeichnen Sie die neuen Nahtlinien so ein, dass sie an den Enden in die vorgesehenen Nahtlinien übergehen.

10. Ist die Schulternaht zu kurz, also die Schulter des Schnittes nicht breit genug, so schneiden Sie ihn von der Mitte der Schulternaht zur Armlochlinie hin ein, und schieben den Keil so weit wie erforderlich auseinander.

11. Bei hohen, meist geraden Schultern wird die erforderliche Höhe an den Schultern des Vorder- und des Rückenteils zugegeben. Durch eine entsprechende Verlängerung der Seitenlänge bleibt so die Größe des Armausschnittes gleich.

12. Hosen und Röcke verlängern oder kürzen Sie am Saum. Wenn Sie die Länge bei einem Rockschnitt stark abändern müssen, schneiden Sie den Schnitt waagerecht in Hüfttiefe durch und schieben ihn auseinander. Beim Kürzen eine Falte einlegen. Die Form des Kleidungsstücks wird dadurch nicht verändert.

13. Muss die Sitzhöhe des Hosenschnittes geändert werden, unterhalb der Hüfttiefe im vorderen und im hinteren Hosenteil eine waagerechte Linie einzeichnen. Ist die Sitzhöhe zu kurz, schneiden Sie die Linie auf und schieben die beiden Hosenschnittteile auseinander. Ist die Sitzhöhe zu lang, legen Sie eine Falte. Anschließend noch die Rundung der Schnittnaht ausgleichen.

14. Ist die hintere Schnittnaht zu kurz, wird sie im rechten Winkel über dem Gesäß zur Seitennaht hin eingeschnitten. Zum Kürzen eine entsprechende Falte einlegen. Bei beiden Änderungen darf die Seitennaht aber nicht verändert werden.

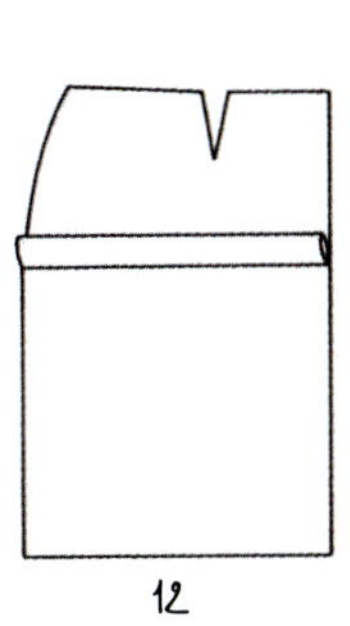

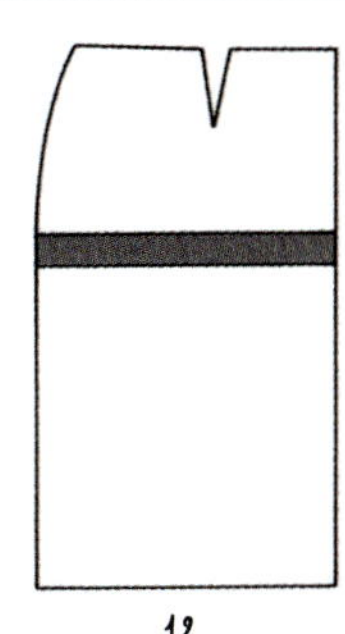

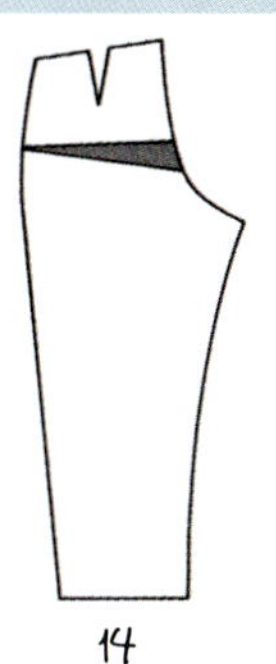

Weitenkorrekturen

Sie wollen einen Schnitt erweitern oder Weite wegnehmen: Für solch eine Erweiterung des gesamten Oberteils wird das Schnittmuster wie bei der Längenkorrektur durchgeschnitten, auseinandergezogen und mit einem Papierstreifen ergänzt. Sollte Ihr Schnitt zu groß sein, legen Sie Falten in das Schnittmuster. Halsausschnitt, Schulter und Taillenlinie nach der Änderung begradigen.

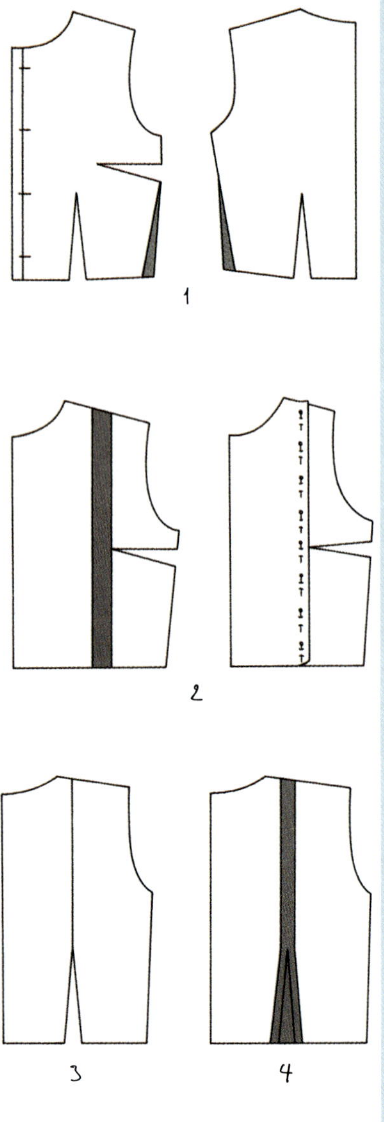

1. Wenn Sie nur in der Taille zugeben oder abnehmen müssen, verteilen Sie die Zugabe oder die Abnahme zu je einem Viertel auf die Seitennähte der Vorder- und der Rückenteile. Bei einer größeren Zugabe beziehen Sie zusätzlich die vorderen, gegebenenfalls auch noch die hinteren Taillenabnäher mit ein.

2. Muss das Oberteil insgesamt erweitert werden, so wird das Vorderteil parallel zur vorderen Mitte über den Brustpunkt zur Schulternaht durchgeschnitten.

3. Das Rückenteil schneiden Sie parallel zur hinteren Mitte, eventuell über die Spitze des hinteren Taillenabnähers, bis zur Schulternaht durch.

4. Die erforderliche Zugabe teilen Sie durch 4 und unterkleben die Schnitte (jeweils Vorder- und Rückenteil) mit entsprechend breiten Papierstreifen. Zeichnen Sie sich noch die neue Brustabnäherlinie ein.

5. Ist die Hüftweite bei Röcken zu weit oder zu eng, dann dürfen Sie bis zu 5 cm der Zugaben oder Abnahmen auf die Seitennähe verteilen.

6. Sind es mehr als 5 cm, schneiden Sie den Schnitt (Vorder- und Rückenteil) senkrecht durch und schieben ihn jeweils um ein Viertel der Zugabe auseinander.

7. Bei Bahnenröcken verteilen Sie die Weite auf alle Nähte.

8. Bei Hosenschnitten nehmen Sie eine geringe Weitenzugabe oder Abnahme im Hüftbereich an den Seitennähten vor. Die neue Schnittlinie muss am Oberschenkel in die Originalschnittlinie übergehen.

9. Wenn Sie bis zur Kniekehle zugeben oder abnehmen, muss die Weite auch zu einem Viertel auf die Hoseninnenbeine verteilt werden, da sich sonst die Bügelfalte verschiebt und die Hose nicht mehr gut fällt.

10. Sollte in der Taille eine größere Weite zu- oder abgenommen werden, müssen sie die Weite auf die Seitennähte und die vordere und hintere Schnittnaht gleichmäßig verteilen.

11. Muss der ganze Hosenschnitt erweitert werden, schneiden Sie das Vorderteil und das Rückenteil der Hose genau in der Mitte längs durch und schieben Sie die Teile entsprechend auseinander. Kleben Sie Papierstreifen unter und zeichnen Sie sich die neue Mitte ein. Bei einer Verkleinerung in der Mitte eine Falte legen.

Korrekturen am Ärmel

12. Bei einer geringen Oberarmweitendifferenz geben Sie diese an den Seitennähten zu oder nehmen sie ab. Richten Sie sich dabei auch nach eventuellen Zugaben oder Abnahmen an Vorder- und Rückenteil. Bei einer größeren Erweiterung schneiden Sie den Ärmelschnitt in der Mitte längs durch und schieben ihn entsprechend auseinander.

13. Soll die Handgelenkweite nicht vergrößert werden, schieben Sie den Schnitt nur oben auseinander. Trotz eines sehr starken Oberarmes ist es oft nicht erwünscht, dass die Kugel größer wird, da das Armloch seine Größe behalten muss. Schneiden Sie in diesem Fall den Ärmelschnitt senkrecht durch und ziehen Sie ihn dann unterhalb der

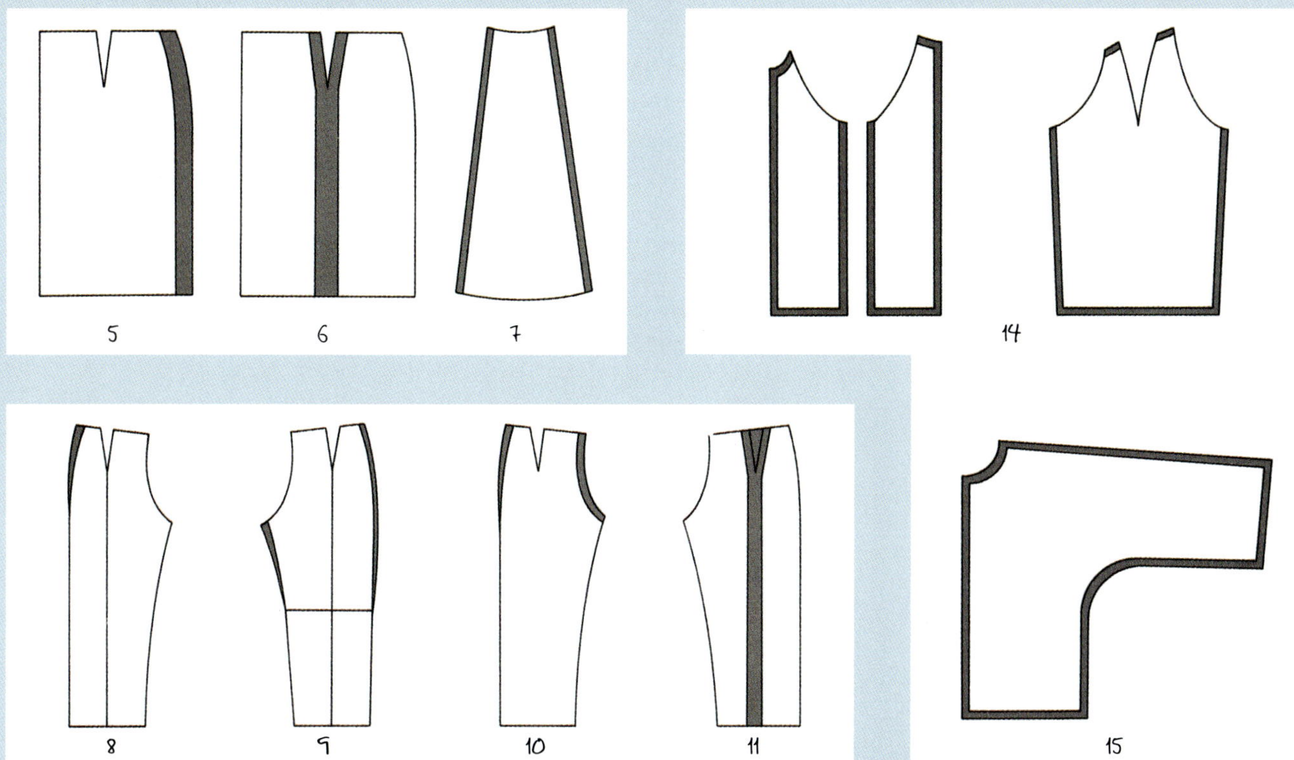

Kugel auseinander. Legen Sie dabei keilförmige Falten (zur Kugel hin auslaufend) ein. Stellen Sie nach dieser Erweiterung die alte Kugelhöhe wieder her.

14. Schnittvergrößerungen und -verkleinerungen nimmt man bei Raglanschnitten an den Seitennähten sowie in der jeweiligen Mitte des Vorder- und des Rückenteiles vor. Dabei muss die Zugabe oder die Abnahme auch beim Ärmel durchgeführt werden. Durch Zugabe oder Abnahme in der vorderen und der hinteren Mitte verändert sich das Halsloch. Verlängern oder verkürzen Sie die Raglannaht des Ärmels an der Ansatzlinie um genau diesen Betrag.

15. Bei Kimonoschnitten geben Sie in der vorderen und der hinteren Mitte sowie an den Seitennähten die gewünschte Differenz zu oder nehmen sie ab. Um mehr Weite in den Kimonoärmel zu bekommen, erhöhen Sie vom Schulterpunkt aus die Kimonomittelnaht. Kontrollieren Sie nach dieser Änderung die Halsausschnittweite.

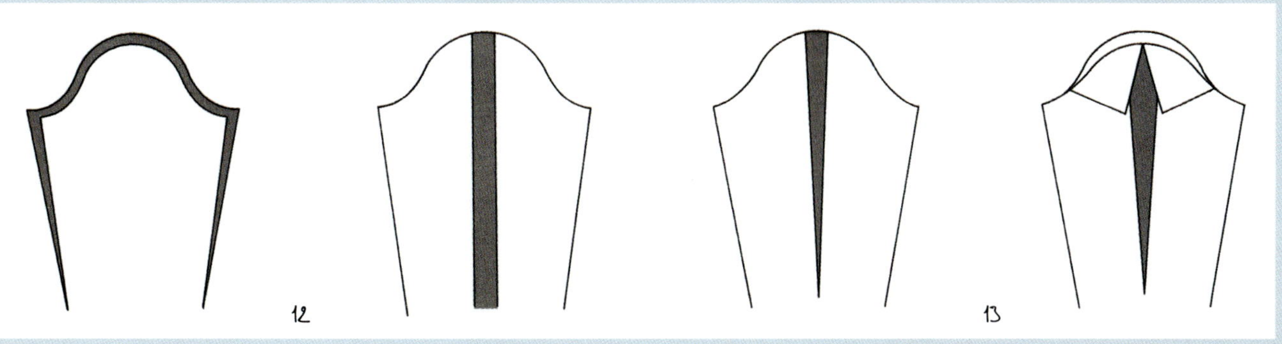

Schnittauflage

Legen Sie alle für das Modell benötigten Schnittteile für den Zuschnitt bereit. Bevor Sie die Schnittteile auf den Stoff auflegen, bestimmen Sie die rechte Seite des Stoffes. Da sie der Kleidungsoberseite entspricht, ist sie meistens ausdrucksvoller und farbintensiver als die linke.

Bei glatten Stoffen hat die rechte Seite oft einen schwachen Glanz. In vielen Fällen können Sie sich auch nach der Art richten, wie der Stoff zusammengelegt ist. So liegt bei Baumwolle und Leinen meistens die rechte Seite außen, bei Wolle die linke. Die Webkante ist bei allen Stoffen auf der Stoffoberseite glatter.

Wenn der Unterschied zwischen der rechten und der linken Seite schlecht erkennbar ist, markieren Sie sich vor dem Zuschnitt die linke Seite (Unterseite) mit Kreide.

Für den Zuschnitt legen Sie den Stoff Webkante auf Webkante, wobei die rechte Seite innen liegt, damit auf der linken Seite die Schnittteile mit Kreide aufgezeichnet werden können. Parallel zur Webkante verläuft der Fadenlauf, auf den Sie besonders achten müssen. Den Fadenlauf des Schnittes sollten Sie nicht ohne Weiteres verändern, weil Sitz und Fall eines Kleidungsstückes sehr davon abhängen.

Für die Schnittauflage beachten Sie am besten zuerst das Schnittauflagebild. Der Zuschneide- oder Schnittauflageplan auf der Schnittmustertüte ist im Allgemeinen für zwei Stoffbreiten aufgezeichnet. Legen Sie die Schnittteile so auf, dass Sie den Stoff optimal ausnutzen. Einige Schnittteile werden einfach zugeschnitten, das heißt, der Stoff liegt nicht doppelt. Diese Teile können Sie später immer noch zuschneiden.

Streichen Sie die Schnittteile glatt und stecken Sie sie vom Stoffverbrauch zur Webkante fest. Jedes Schnittteil zuerst entlang des Fadenlaufpfeiles und dann an den Ecken fixieren.

Beispiel: Schnittauflage einer Jacke bei einem Stoff, bei dem die Teile in beide Richtungen aufgelegt werden können.

90 cm Stoffbreite (Abbildung rechts)

140 cm Stoffbreite (Abbildung unten)

Nr. 1 = Vorderteil

Nr. 2 = Rückenteil

Nr. 3 = Beleg

Nr. 4 = Oberärmel

Nr. 5 = Unterärmel

Nr. 6 = Tasche

Nr. 7 = Oberkragen

Nr. 8 = Unterkragen

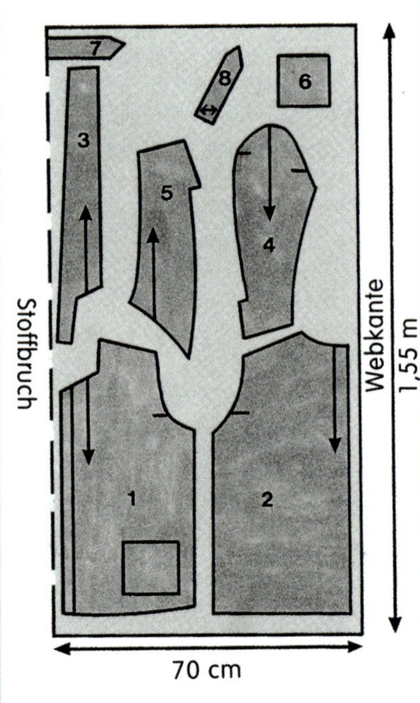

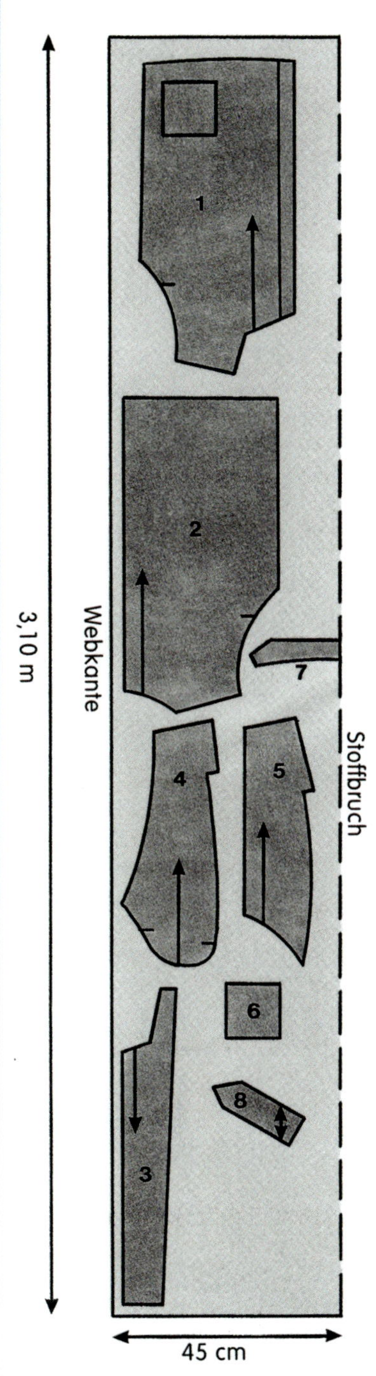

Zu den Stoffen mit Strich gehören Stoffe mit Flor, mit einseitig ausgerichteten Mustern und schattierende Stoffe, die je nach Richtung des Fadenlaufs das Licht anders reflektieren (zum Beispiel Samt, Cord, Leder, Velourslederimitate).

Wenn Sie mit der Hand über den Stoff streichen, wird der Unterschied zwischen der rechten und der linken Stoffseite schnell sichtbar. Gegen den Strich ist die Farbe leuchtender, mit dem Strich wirkt sie grau. Sie werden auch feststellen, dass sich die Oberfläche eines Florstoffes in Strichrichtung glatter anfühlt.

Bei den Stoffen mit Strich müssen alle Schnittteile unbedingt in einer Richtung (Fadenlaufpfeil) aufgelegt werden. Es ist jedoch zu beachten, dass Samt, Cord und Veloursstoffe gegen den Strich und alle anderen Stoffe mit dem Strich zugeschnitten werden.

Sie können für den Zuschnitt diese Stoffe nicht quer zusammenfalten. Sollte Ihr Zuschneideplan dies vorsehen, legen Sie Ihren Stoff quer zusammen und schneiden ihn in der Faltlinie durch. Drehen Sie die obere Lage um, damit der Strich wieder in gleicher Richtung läuft.

Auch Stoffe mit einer sich wiederholenden Musterung erfordern von Ihnen beim Zuschnitt eine besondere Aufmerksamkeit.

So sollte das Modell nicht zu viele Teilungsnähte aufweisen, damit die Muster nicht zu oft zerschnitten werden und damit ihre Wirkung verlieren. Drapieren Sie beim Stoffkauf den gemusterten Stoff um Ihre Schultern, um festzustellen, wie das Muster am besten wirkt. Vermeiden Sie auffallende Motive über dem Busen und der Hüfte. Der Stoffverbrauch ist bei gemusterten Stoffen höher als bei unifarbenen oder klein gemusterten. Dies gilt auch für Bordürenstoffe. Sind Sie sich bei der Stoffauswahl nicht ganz sicher, so lassen Sie sich von der Fachverkäuferin beraten.

Die meisten Stoffe mit Musterrapport sind einseitig ausgerichtet und müssen auch in einer Richtung zugeschnitten werden. Markieren Sie sich auf dem Papierschnitt entlang den Nahtlinien einige Ansatzpunkte. Achten Sie bei der Stoffauflage darauf, dass die Musterung in Höhe dieser Ansatzpunkte gleich ist.

Diagonalstreifenstoffe schneiden Sie besser aus einer einfachen Stofflage zu. Damit Sie nicht zwei gleiche Teile erhalten, legen Sie das Schnittmuster einmal wie gewohnt auf den Stoff (rechte Seite nach oben), ein zweites Mal spiegelverkehrt (linke Seite nach oben).

Karostoffe können symmetrisch oder asymmetrisch gewebt sein. Stellen Sie dies bei der Stoffauswahl fest, da sich der Stoffverbrauch bei asymmetrischen Karos wesentlich erhöhen kann. Wenn sich die Farbstreifen in gleichmäßigem Abstand waagerecht und senkrecht wiederholen, ist das Karo symmetrisch. Ist das Karo in beiden Richtungen asymmetrisch, müssen alle Schnittteile unbedingt in einer Richtung aufgelegt werden.

Zuerst bestimmen Sie, welcher Streifen des Karos in der Kleid- oder Rockmitte sein soll. Der Stoff wird an dieser Stelle gefaltet. Fixieren Sie durch beide Lagen hindurch den Stoff mit Stecknadeln an den übereinstimmenden Streifen der Rapporte. Die Mitte (Stoffbruch) muss mit der vorderen und der hinteren Mitte des Oberteiles, des Rockes, der Mitte in den Ärmeln und des Kragens übereinstimmen. Legen Sie die Schnittteile so auf, dass sie auch in Querrichtung aneinanderpassen. Zum Beispiel muss das Karo in der Taillenlinie und auch an den Saumkanten übereinstimmen. Vermeiden Sie bei Karostoffmodellen Mittelnähte, Prinzessnähte und Raglanärmel.

Wollen Sie den Karostoff schräg verarbeiten, zeichnen Sie den neuen Fadenlauf ein. Legen Sie den Stoff einfach mit der linken Seite nach oben und stecken Sie die Schnittteile einzeln auf.

Kurz noch einige Worte zu besonders schwierigen Stoffarten, Maschenware wie Nicky- und Sweatshirtstoffe werden ähnlich wie Webware für den Zuschnitt vorbereitet. Maschenware hat manchmal den Webkanten vergleichbare perforierte Längskanten, die jedoch oft verzogen oder leicht gewellt sind. Damit Sie den Stoff aber dennoch „fadengerade" bekommen, ziehen Sie an den Schnittenden einen Kontrastfaden entlang einer Maschenreihe und in der Mitte des Stoffes (Stoffbruch) entlang einer

Achten Sie beim Zuschnitt auf Fadenlauf und Musterung des Stoffes. Die Zeichnungen zeigen das Ergebnis des richtigen oder falschen Zuschnitts.

Maschenrippe ein. Diese Linien entsprechen dem senkrechten und dem waagerechten Fadenverlauf.

Bei Nickystoff legen Sie alle Teile in eine Richtung (Nickystoff hat Strich), bei Sweatshirtstoffen können Sie Ihre Schnittteile in beiden Richtungen auflegen. Beim Arbeiten mit Leder, Lederimitationen und beschichteten Stoffen dürfen Sie keine Stecknadeln für das Befestigen der Schnittteile verwenden, denn sie hinterlassen kleine bleibende Löcher. Beschweren Sie die Schnittteile mit kleinen Gewichten, oder verwenden Sie Klebeband. Wildleder und auch beschichtete Stoffe mit rauer Oberfläche werden mit dem Strich zugeschnitten. Glatte Leder und beschichtete Stoffe mit glatter Oberfläche können Sie in beiden Richtungen zuschneiden.

Um bei einem sehr dünnen Stoff das Wegrutschen zu verhindern, stecken Sie den Stoff auf Seidenpapier, das Sie später beim Nähen zum Unterlegen benutzen können.

Stoff mit Muster

richtig

Stoff mit Karo

falsch

richtig

Zuschnitt

Für den Zuschnitt muss der Stoff glatt auf dem Tisch liegen. Überprüfen Sie noch vor dem Feststecken des Papierschnittes, ob alle Schnittteile aufgelegt wurden und auch der richtige Fadenverlauf berücksichtigt ist. Die Teile dürfen nicht zu eng aneinanderliegen, weil sonst nur noch minimale oder keine Nahtzugaben mehr möglich sind.

Nahtzugaben und Zuschnitt

Nahtzugaben in der Modellschneiderei betragen an den Schultern 1,5 bis 2 cm, am Armloch und am Halsausschnitt 0,5 bis 0,75 cm, an den Seiten- und Teilungsnähten 1,5 bis 2,5 cm, an gerundeten Nähten 1 bis 1,5 cm.

Nahtzugaben bei Blenden, Besätzen und Taschen betragen rundherum 1 cm. An Rock- oder Hosenbund geben Sie 3 cm für den Ober- oder den Untertritt zu.

Als Saumzugabe rechnen Sie an Kleidern, Röcken, Jacken, Mänteln, Hosen und Ärmeln 5 bis 6 cm. Diese Angaben gelten für gewebte Stoffe. Bei Strickstoffen können Schulter-, Seiten- und Teilungsnähte mit dem Overlockstich zusammengenäht werden. Die Nahtzugabe beträgt in diesem Falle 0,5 bis 1 cm.

Markieren Sie die Nahtzugaben mit Schneiderkreide. Mit dem Doppel-

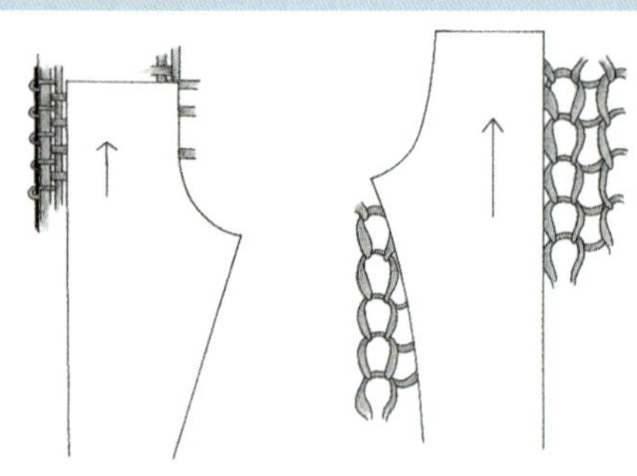

Beachten Sie den Fadenlauf sowohl bei Geweben als auch Maschenware.

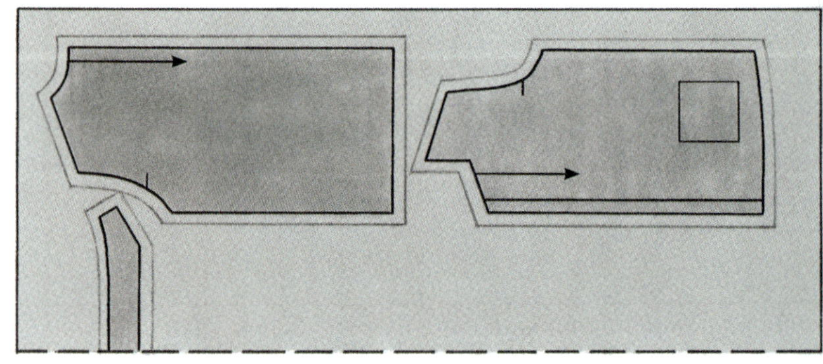

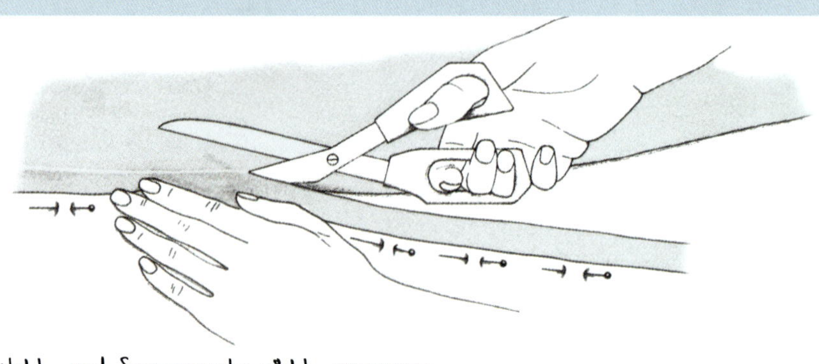

Naht- und Saumzugabe nicht vergessen.

kopierrädchen können Sie in einem Arbeitsgang die Schnitt- und die Nahtlinie einzeichnen. Auf der Linie der Nahtzugabe wird dann geschnitten.

Eine große Hilfe beim Zuschnitt ist die spezielle Schneiderschere (Länge etwa 18 bis 20 cm). Die Schneiden müssen scharf sein; schneiden Sie nie mit einer Stoff- oder Nähschere Papier.

Die untere Schneide der Schere wird beim Zuschnitt direkt über die Tischplatte geführt. Den Stoff beim Zuschneiden nicht anheben, da sich sonst die Schnittkanten leicht verschieben. Schneiden Sie mit langen, festen Schnitten. Damit der Stoff nicht verrutscht, halten Sie ihn mit der freien Hand dicht neben der Schnittlinie fest.

Zuschnitt von Einlagestoffen

Dem Material des Oberstoffes entsprechend werden in Kanten, Verschlussrändern, Belegen, Manschetten, Taschen und im Kragen Einlagestoffe verarbeitet.

Die Vlieseinlagen können Sie sehr sparsam zuschneiden, denn Sie brauchen nicht auf den Fadenlauf zu achten. Nur bei den Rosshaareinlagen oder bei den gewebten Einlagestoffen muss der Fadenlauf berücksichtigt werden.

Schneiden Sie den gewebten Einlagestoff mit einer knappen Nahtzugabe von 1 cm zu. Er wird in den Nähten mitgefasst, an freien Kanten befestigen Sie ihn mit losen Hexenstichen am Oberstoff. Nach dem

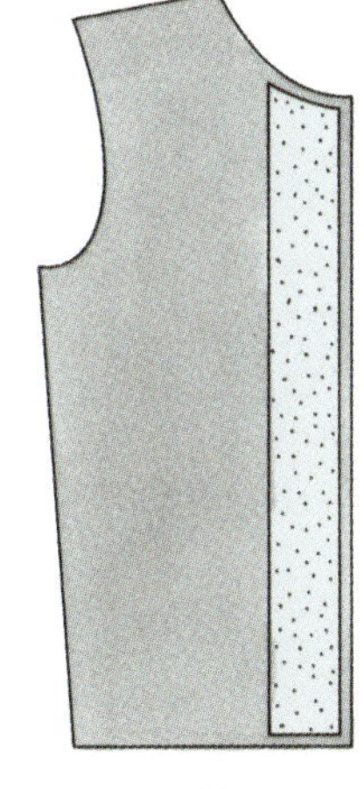

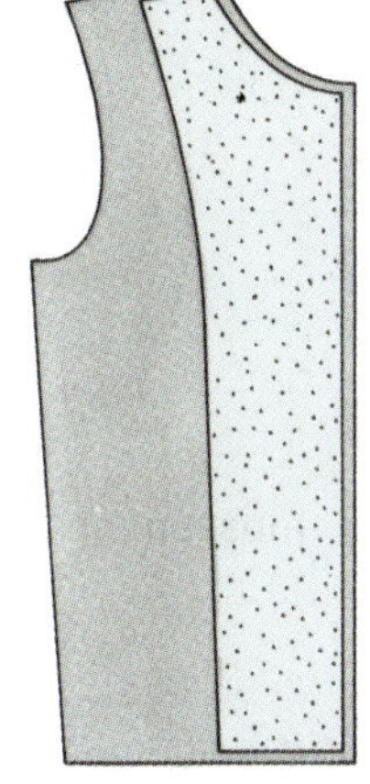

Nähen schneiden Sie die Nahtzugabe der Einlage bis knapp vor die Stepplinie zurück.

Am einfachsten zu verarbeiten ist ein fixierbares Vliesmaterial, das von links auf das zu verstärkende Teil aufgebügelt wird. Diese Einlage schneiden Sie ohne Nahtzugabe zu.

Größe und Form des Einlagestoffes richten sich nach dem Kleidungsstück. Bei leichten Blusen oder Kleidern legen Sie einen schmalen Streifen in die Verschlusskante. Bei größeren Belegen schneiden Sie den Einlagestoff nach dem Schnittmuster zu.

Futterzuschnitt

Das Zuschneiden des Futters erfolgt im Prinzip wie das des Oberstoffes mit den gleichen Nahtzugaben. Bei Kleidungsstücken mit Belegen werden diese nicht aus Futterstoff zugeschnitten. Das Futter für das Oberteil schneidet man ohne die Belege zu. Bei Jacken und Mänteln berücksichtigen Sie in der hinteren Mitte eine etwa 2 cm breite Bewegungsfalte. Diese wird am Halsansatz und am Saumabschluss 4 bis 6 cm weit zugenäht. Das Futter schneiden Sie ohne Saumzugabe zu, da es immer 2 cm kürzer sein soll als das fertige Kleidungsstück.

Achten Sie auf eine größere Nahtzugabe an der Armkugel, um genügend Spielraum für das Ansäumen des Ärmels an den Armausschnitt zu haben. Denken Sie an schmale Futterstreifen, die Sie zusammennähen, um eventuelle Aufhänger für Jacken, Mäntel und Röcke zu erhalten.

Auch auf den Futterschnittteilen markieren Sie alle Nahtlinien, Abnäher und Markierungspunkte mit Schneiderkopierpapier und Kopierrädchen.

Markieren

Bevor Sie den Papierschnitt vom Stoff entfernen, müssen Nahtlinien, Abnäher und Markierungspunkte wie Ärmeleinsatzpunkte, außerdem Einhaltlinien (Kräusellinien), Ansatzpunkte, Taschen, Knopflöcher und vordere sowie hintere Mitte bezeichnet werden. Es gibt verschiedene Möglichkeiten, alle Markierungen auf den Stoff zu übertragen.

1. Bei doppelt liegenden, undurchsichtigen Stoffen ist das Kopieren mit Schneiderkopierpapier die schnellste aller Methoden des Übertragens.

Überprüfen Sie unbedingt auf einem Stoffrest, ob sich die Farbe des Kopierpapiers auch leicht wieder entfernen lässt.

Breiten Sie auf einer Kartonunterlage das Schneiderkopierpapier mit der Farbschichtseite nach oben aus und legen Sie die zugeschnittenen Teile auf. Mit dem Kopierrädchen fahren Sie mit kurzen, festen Strichen die Linien und die Markierungspunkte ab. Die zugeschnittenen, kopierten Teile werden gewendet. Übertragen Sie nun in gleicher Weise alle Konturen auf die untere Stofflage. Nehmen Sie den Papierschnitt vorsichtig ab.

Abschließend zeichnen Sie mit Schneiderkreide Querstriche an den Abnäherspitzen ein, damit diese auf beiden Seiten gleich lang werden.

2. Die bekannteste Übertragungsart erfolgt mit Stecknadeln und Schneiderkreide. Stecken Sie Stecknadeln an den Nahtlinien und den Markierungspunkten durch beide Stofflagen hindurch. Nach Entfernen des Schnittmusters verbinden Sie die Punkte mit Schneiderkreide.

3. Durchschlagen benötigt leider die meiste Zeit, doch ist diese Methode absolut unentbehrlich bei durchsichtigen und empfindlichen Stoffen.

Die Markierungen werden mit Schlingstichen gleichzeitig und exakt auf beide Stofflagen übertragen.

4. Nach dem Auseinanderziehen der beiden Stofflagen schneiden Sie die Schlingen zwischen den Lagen auf.

Nach dem Zusammenheften der Schnittteile und der Anprobe zupfen Sie die Schlingfäden heraus, damit Sie sie nicht mit einnähen.

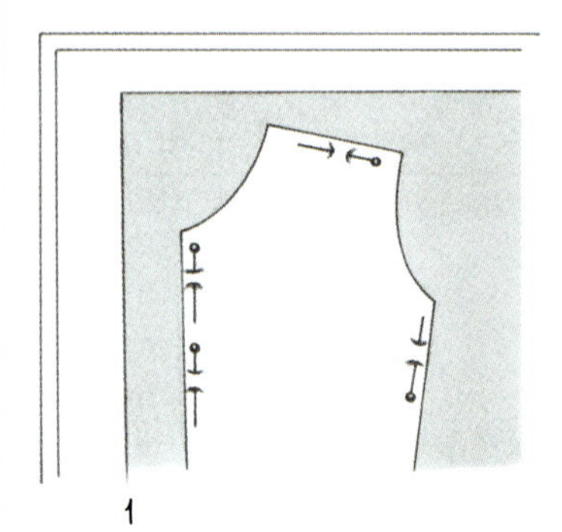
1

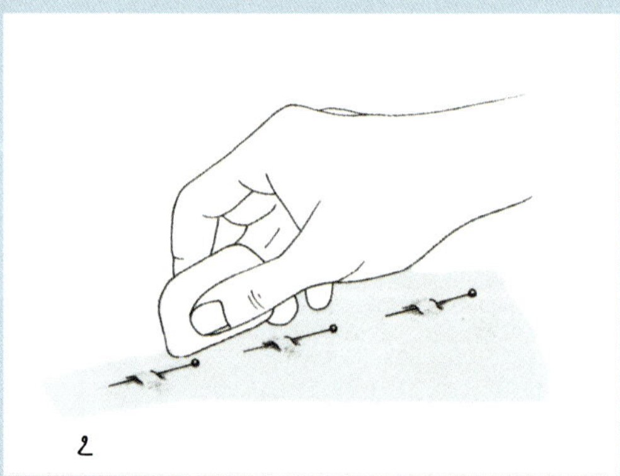
2

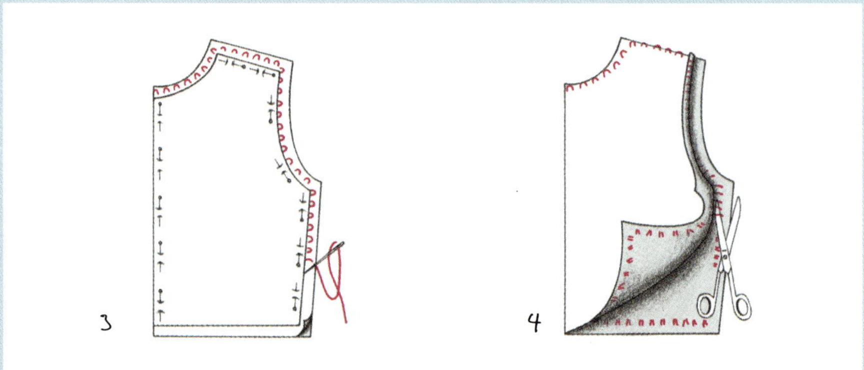
3 4

Stecken

Nach dem Zuschneiden und den Markierungsarbeiten, jedoch vor dem Zusammennähen der Schnittteile sind noch zwei wichtige Arbeitsschritte notwendig, von deren sorgfältiger Ausführung nicht selten der gute Sitz des Kleidungsstückes abhängt. Vor allem Nähanfängerinnen sollten diese Vorarbeiten sehr genau ausführen.

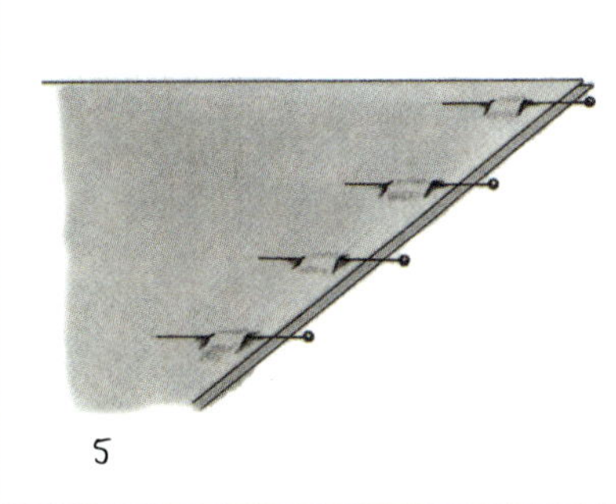
5

5. Ein erstes Fixieren der Nähte erfolgt mit Stecknadeln. Diese sollten in Stärke und Länge immer auf die Stoffqualität abgestimmt sein. Die zusammengehörenden Stoffteile werden (mit wenigen Ausnahmen) rechts auf rechts gelegt. Achten Sie darauf, dass sich auch alle Markierungspunkte decken. Stecken Sie die Nadeln quer zur Nahtlinie. So können Sie bequem über die Nadeln hinwegheften oder als geübte Näherin sogar mit der Maschine darübersteppen. Anmerkung: Nähen Sie aber langsam über die Nadeln, um die Nähmaschinennadel nicht zu beschädigen.

Heften

Für die erste Anprobe, die noch vor dem Zusammennähen erfolgen sollte, werden die Schnittteile zusammengeheftet. Das Heften sollten Sie als nicht so geübte Näherin nie „vergessen", denn das Auftrennen einer bereits gesteppten Naht ist viel mühsamer als das Ziehen eines Heftfadens. So mancher Zwischenschritt wird auch in der Modellschneiderei geheftet, zum Beispiel die Kante nach dem Verstürzen von Kragen und Manschetten, und auch Reißverschlüsse fixiert man zunächst mit Heftstichen. Beginnen Sie beim Heften immer mit den Abnähern, dann folgen Schulter-, Seiten-, Rock- und Ärmelnähte.

6. Die Heftstiche sind etwa 1 cm lang. Sie werden in gleichmäßigem Abstand von rechts nach links gearbeitet, wobei das Ein- und Ausstechen in einem Arbeitsgang erfolgt. Nähen Sie dann dicht neben der Heftlinie; der Heftfaden kann so leichter gezogen werden, als wenn Sie direkt auf der Heftlinie steppen.

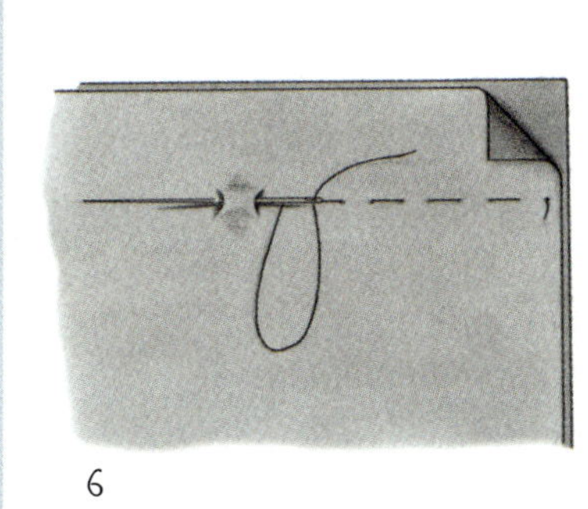
6

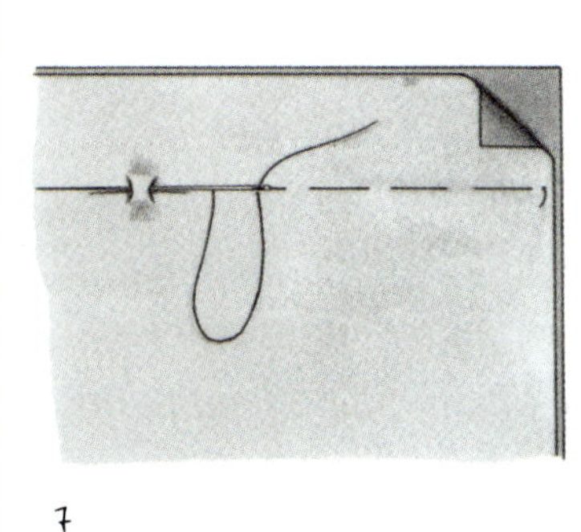
7

7. Zum Heften der Seitennähte oder des Saumes können Sie den Eilstich verwenden. Er ist wie der Heftstich ein Vorstich, nur wird er in größeren Abständen (1,5 cm) gearbeitet.

Verwenden Sie zum Heften das preiswerte Heftgarn.

8. Auch mit der Nähmaschine lassen sich die Schnittteile (für eine Anprobe) zusammenheften. Versenken Sie den Transporteur Ihrer Maschine, so dass Sie den Stoff beliebig nach hinten durchziehen können. Damit sich der Unterfaden nach dem Nähen leichter herausziehen lässt, lösen Sie die Oberfadenspannung etwas.

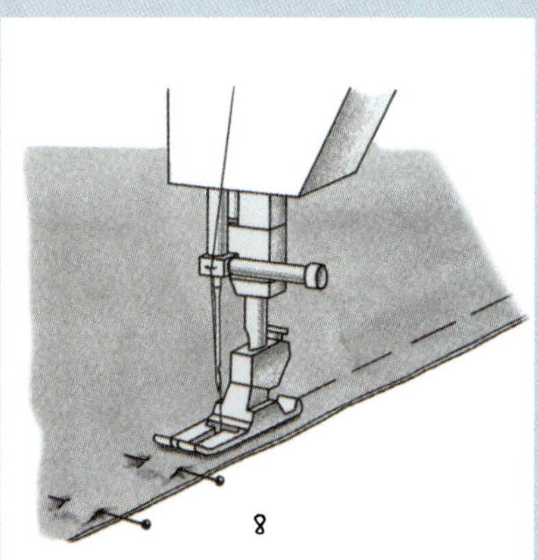
8

Die Nähschritte im Einzelnen

Nicht nur die Anfängerin, sondern auch die geübte Hobbyschneiderin stellt sich manchmal die eine oder andere Frage: „Wie wird diese Tasche gearbeitet?" oder „Wie nähe ich den Kragen an?" Oder … Der nachfolgende Technikteil ist als Nachschlagewerk für verschiedene Nähschritte und spezielle Schneiderarbeiten angelegt. Schritt für Schritt werden die einzelnen Arbeitsgänge – jeweils ergänzt durch eine Zeichnung – verständlich erläutert.

Anprobe

Für die Anprobe des Oberteils stecken Sie die vordere oder die hintere Mitte zu. Kontrollieren Sie den Sitz des Kleidungsstückes.

1. Durch zu gerade Schultern bilden sich leicht Falten am Halsausschnitt. Trennen Sie die Schulternaht auf und heben Sie die Naht von der Schulterspitze aus. Der Halsausschnitt wird dadurch enger. Stecken Sie nach der Anprobe das Kleidungsstück Mitte auf Mitte und Schulternaht auf Schulternaht, und schneiden Sie das Halsloch etwas nach.

2. Ist der Halsausschnitt zu weit, heben Sie auch in diesem Fall die Schulternähte. Beachten Sie, dass Sie zum Armloch hin einen glatten Übergang in die alte Schulternahtlinie bekommen. Ist der Halsausschnitt viel zu weit, stecken Sie zunächst die ganze Weite ab und teilen Sie dann die überschüssige Weite in mehrere kleine Abnäher auf. Beleg und Kragenweite ebenfalls korrigieren.

3. Kontrollieren Sie bei der Anprobe, ob die Taillenabnäher senkrecht verlaufen und der Brustabnäher (meist bei größeren Oberweiten) zum stärksten Punkt der Brust verläuft. Oft muss der Brustabnäher tiefer eingelegt werden, da sich seitliche Querfalten bilden. Trennen Sie also die Seitennähte und den Abnäher auf. Den Brustabnäher entsprechend der Figur neu abstecken und nähen. Schließen Sie dann die Seitennähte und korrigieren Sie den unteren Ärmelausschnitt. Damit das Armloch nicht zu groß wird, sollte immer genügend Nahtzugabe am Ärmelausschnitt zugegeben werden.

4. Sitzt der Brustabnäher nicht an der richtigen Stelle, können Sie dies eventuell schon durch Heben oder Herauslassen der Schulternähte korrigieren. Bei Änderung der von der Taille ausgehenden Abnäher achten Sie darauf, dass die vordere Mitte nicht verzogen und das Vorderteil nicht zu eng wird.

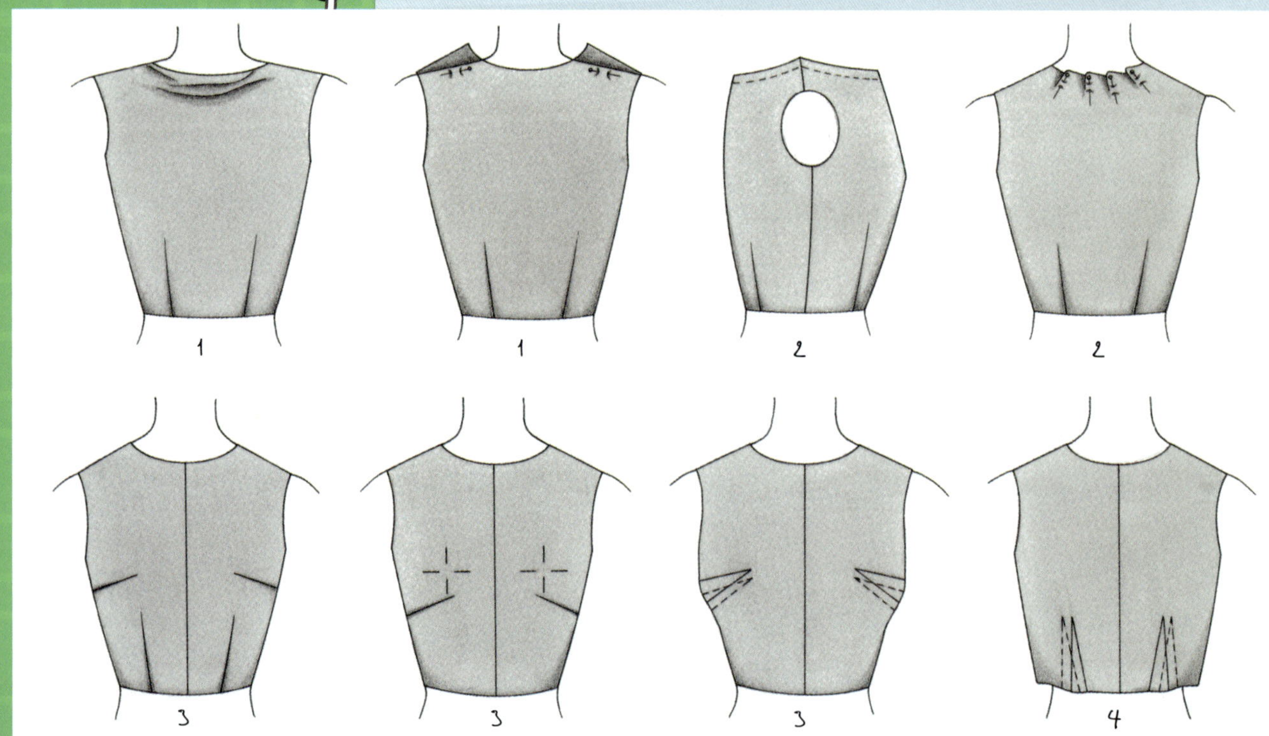

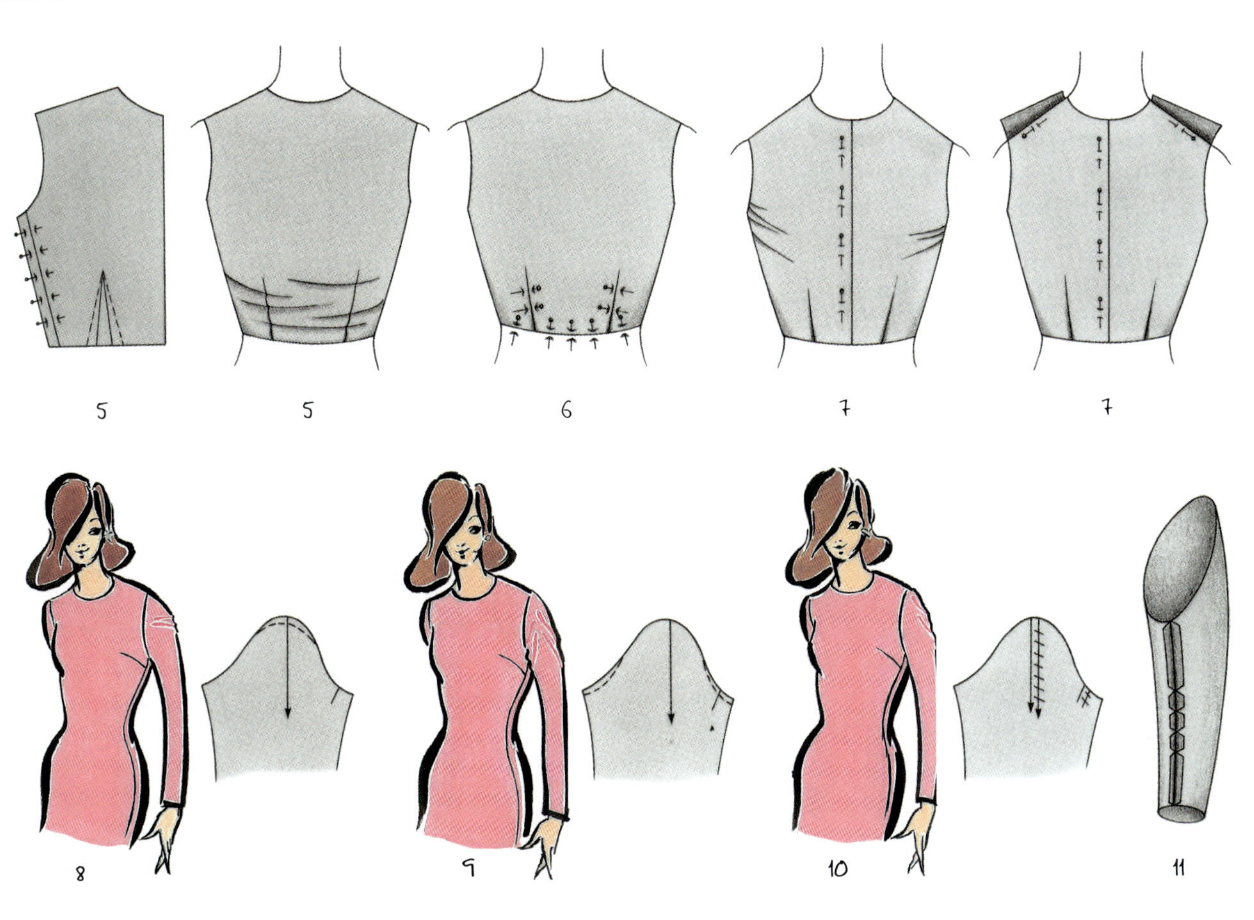

5. Die Taillenweite kann zusätzlich zu den Seitennähten durch Abnäher im Vorderteil (von der Taille zur Brustspitze) und im Rückenteil (von der Taille bis maximal in die Höhe des Armloches) verringert werden.

6. Staucht das Vorderteil oder das Rückenteil, dann sind diese Schnittteile zu lange. Trennen Sie die Taillennaht auf und setzen Sie den Rock um so viel höher, dass Vorder- und Rückenteil glatt anliegen.

7. Entstehen am Ärmelausschnitt Falten durch zu abfallende Schultern, muss die Schulternaht gehoben werden. Trennen Sie dazu diese Naht auf und heben Sie sie so weit hoch, dass Vorder- und Rückenteil glatt liegen. Nähen Sie nun die Schulternaht neu zusammen. Beachten Sie, dass durch diese Änderung das Armloch kleiner geworden ist. Ist die Schulter nicht so schräg wie im Schnitt angegeben, dann entstehen um den Halsausschnitt Falten. Heben Sie auch in diesem Fall die Schulternaht ein wenig.

Je nach Modetrend wechselt die Schnittform des Ärmels. Bei gerade eingesetztem Ärmel entfällt meist eine Korrektur, da die Nahtlinie weit von der Schulter entfernt ist. Ein exakter Sitz wird jedoch bei Ärmeln mit Armkugel verlangt. In diesem Falle sollten Sie den Ärmel nie ohne Anprobe einsteppen.

8. Bilden sich leichte Wellen auf der Armkugel, so ist sie hoch. Verkürzen Sie die Kugel durch Verschieben der Ansatznaht.

9. Ein leichtes Korrigieren der seitlichen Ansatznaht ist notwendig, wenn vom Ellenbogen zur Armkugel hin leichte Quer- oder Längsstreifen entstehen.

10. Zeigen sich im Bereich der Armkugel Querfalten, so muss der Ärmel sacht nach vorn gedreht werden; Schulternaht und Schultermarkierung am Ärmel sind gegeneinander verschoben.

11. Im Bereich des Ellenbogens sollte die Nahtzugabe bei engen Ärmeln etwas eingeschnitten werden.

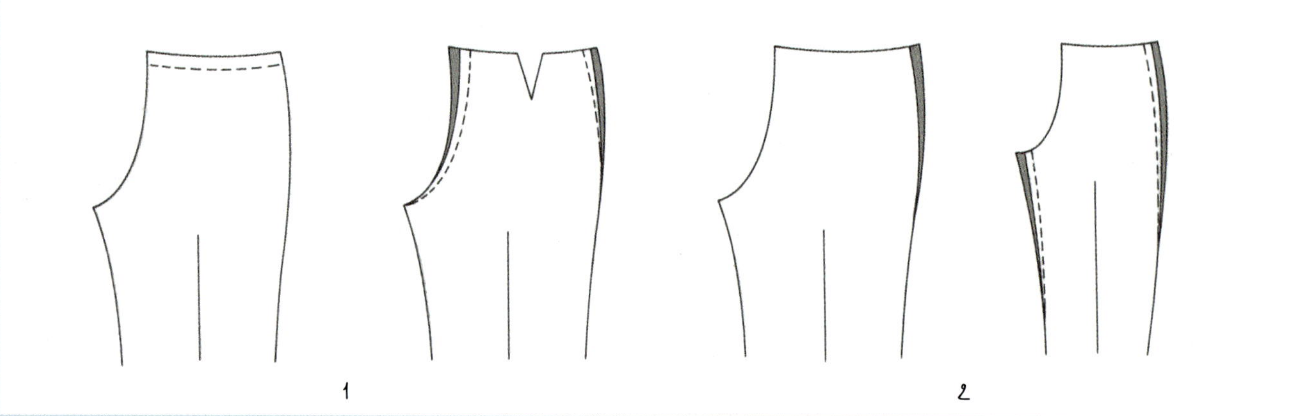

1. Ist bei einer Hose die Schrittnaht zu lang, das Zuviel am hinteren Taillenrand abnehmen. Dadurch verschiebt sich die Ansatzlinie für den Bund. Ist die Taille zu weit, gleichmäßig an der vorderen und der hinteren Schrittnaht, eventuell auch an den Seitennähten abnehmen oder kleine Abnäher einlegen. Bei einer zu engen Taille erfolgt die Korrektur durch Zugeben aus den Nähten oder durch Herauslassen der Abnäher.

2. Eine geringe Weitenzugabe oder -abnahme im Bereich der Hüfte kann an den Seitennähten vorgenommen werden. Die neue Nahtlinie muss am Oberschenkel glatt in die Originallinie übergehen. Erweitern oder verengen Sie die Hose am Oberschenkel bis zur Knielinie, so muss die Korrektur zu je einem Viertel auf die Hoseninnenbeine verteilt werden. Wenn Sie nur an den Seitennähten ändern, fällt das Hosenbein nicht mehr gerade nach unten.

3. Durch ein zu flaches Gesäß entsteht ein Faltenzug. Für die Korrektur drehen Sie die Hose auf die linke Seite und zeichnen mit Kreide eine vertiefte Rundung in die hintere Schrittnaht ein. Anschließend die neue Rundung steppen. Die Nahtzugabe in der Rundung auf knapp 1 cm zurückschneiden, da sie sonst spannt und die Naht sich sonst zieht.

4. Diese Korrektur wird auch durchgeführt, wenn die Schrittnaht etwas kneift. Ist der Schritt an der Hose viel zu eng, kann er durch das Einsetzen eines Zwickels weiter werden. Trennen Sie die gehefteten inneren Hosenbeinnähte 15 cm und die vordere sowie die hintere Schrittnaht je 4 cm auf. Bei einer Verlängerung der Schrittnaht um 4 cm schneiden Sie sich einen Zwickel, der 4 cm breit und 10 cm lang ist. Vergessen Sie die Nahtzugabe nicht und beachten Sie den Fadenlauf. Setzen Sie den Zwickel an die vorderen und die rückwärtigen Hosenbeine, so dass er spitz in die innere Hosenbeinnaht ausläuft. Anschließend die Schrittnaht wieder schließen.

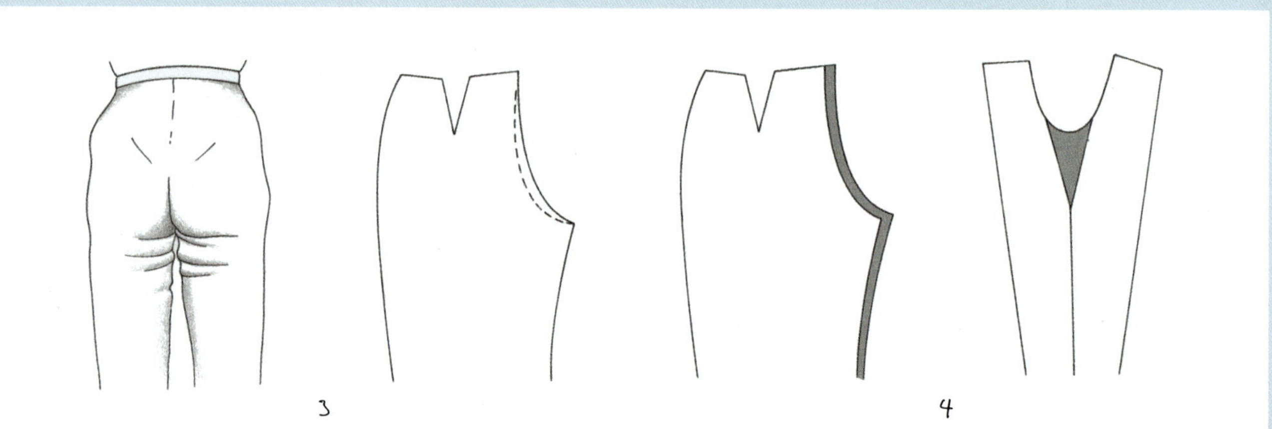

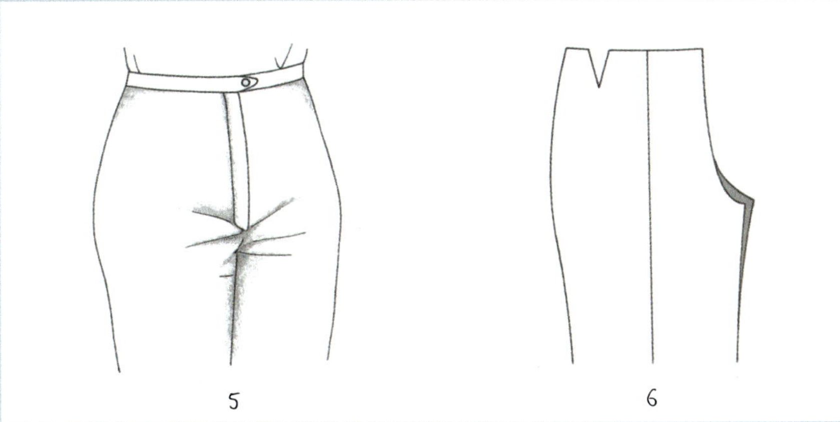

5. Bilden sich unterhalb des Schrittes kleine Fältchen, so muss die Rundung leicht korrigiert werden, das heißt, die vordere Schrittnaht (Kreuznaht) wird flacher genäht.

6. Bedingt durch sehr dicke Oberschenkel kann eine weitere Zugabe aus der Seitennaht (sofern genügend Nahtzugabe vorhanden) erforderlich sein.

7. Bei einem Rock führt man die Korrekturen zuerst an der Taillenkante aus. Hängt der Rock hinten durch, so heben Sie die Taillennaht an, indem Sie die rückwärtige Taillenlinie entsprechend „ausrunden". Ist der Rock in der Taille zu weit, so können kleine Änderungen an der Seitennaht vorgenommen werden. Dabei dürfen sich vordere und hintere Mitte aber nicht verschieben. Ist der Rock viel zu weit, legen Sie lieber kleine Fältchen oder einen Abnäher ein.

8. Bei Bahnen- oder Faltenröcken müssen der Fall der Falten und der Verlauf der Nähte überprüft werden. Gegebenenfalls die Taillenlinie etwas mehr ausrunden, um dadurch den Rock zu heben. Bei einem Rock mit unterschiedlich tief eingelegten Falten genügt es meist, die inneren Faltenbrüche leicht über die Taillenlinie zu heben.

9. Volant- und Stufenröcke sollten schon vor dem Zusammennähen auf ihre endgültige Länge hin überprüft werden. Eine eventuell erforderliche Längenkorrektur an allen Stufen gleichmäßig durchführen.

Tipp

Korrekturen der Hosenbeinlänge nehmen Sie am unteren Hosenrand vor. So lassen sich die Hosenbeine ohne Schwierigkeiten kürzen. Unsichtbare Verlängerungen können jedoch nur entsprechend der Saumzugabe durchgeführt werden.
Fällt die Bügelfalte nicht korrekt, so kann dies durch einen falschen Zuschnitt, bei dem der Fadenlauf nicht beachtet wurde, oder durch erhebliche Veränderungen an den Seitennähten bedingt sein.

Versäuberungsarten

Durch die Versäuberung der Schnittkanten wird vor allem das Ausfransen des Stoffes verhindert. Es gibt verschiedene Versäuberungsarten, deren Ausführung vom verwendeten Material abhängt.

Generell sollte man die Schnittkanten vor dem Zusammennähen versäubern, denn bei den einzelnen Schnittteilen liegen die Nahtzugaben noch flach, und Sie brauchen auf keine Nahtverbindungspunkte oder auf Nahtübergänge zwischen mehreren Schnittteilen zu achten.

Die Zackenschere gibt es in verschiedenen Längen. Das Beschneiden der Schnittkanten mit der Zackenschere ist die einfachste und billigste Art der Versäuberung. Wenden Sie diese Methode aber nur bei

1

Kleidungsstücken an, die Sie selten tragen oder deren Stoffe nicht leicht ausfransen, denn das Auszacken verhindert das Ausfransen nicht unbedingt. Futter oder Einlagestoffe können hingegen ohne Bedenken mit der Zackenschere versäubert werden.

1. Zacken Sie die Kanten in einfacher Stofflage aus, schneiden Sie aber Ihre Schnittteile nicht mit der Zackenschere zu.

Außer Nahtzugaben zu versäubern, können Sie mit der Zackenschere zum Beispiel bei Leder oder Kunstleder zudem effektvolle Verzierungen gestalten.

2. Die Versäuberung mit dem Zickzackstich ist die gebräuchlichste Methode. Stellen Sie den Stich in Breite und Größe der Stoffart entsprechend ein. Legen Sie die Nahtzugabe so unter den Nähfuß, dass die Nadel abwechselnd einmal in den Stoff und einmal daneben einsticht. Beachten Sie die Fadenspannung.

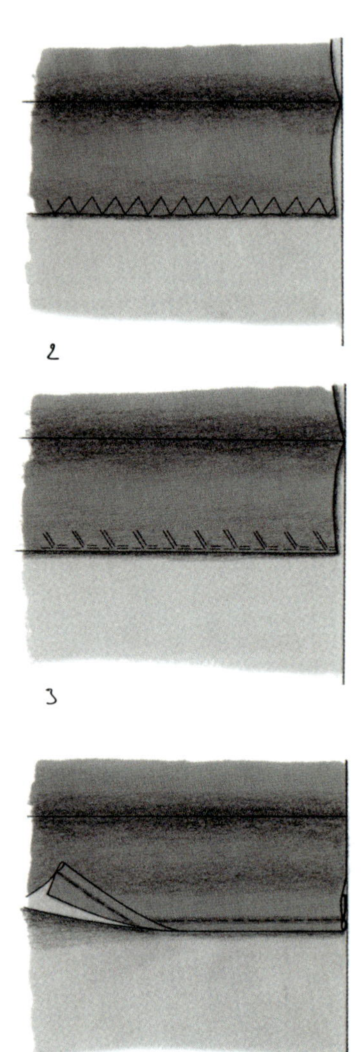

2

3

4

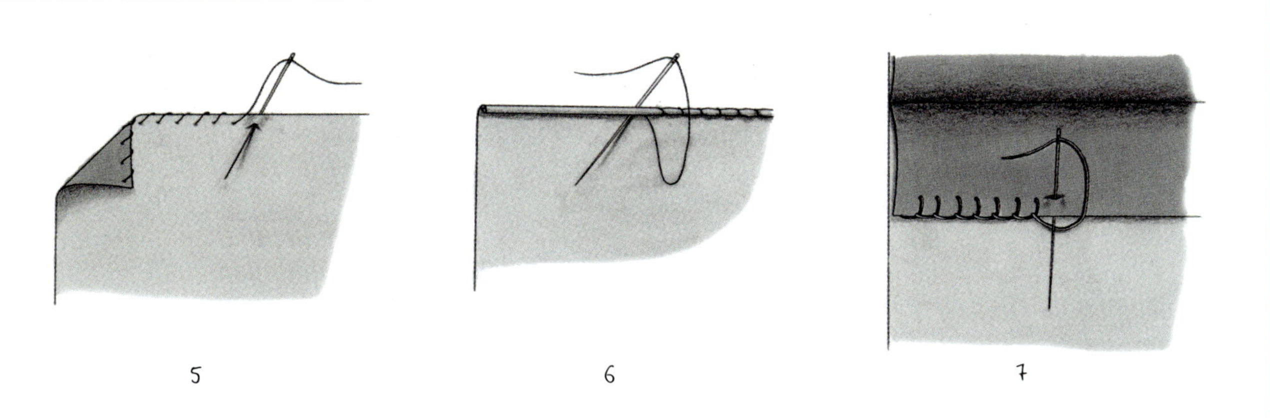

3. Nähte, die nicht ausgebügelt werden müssen, können mit dem Overlockstich in einem Arbeitsgang gesteppt und versäubert werden. Vor allem bei gewirkten, gestrickten und elastischen Stoffen empfiehlt sich die Anwendung dieses Stiches, den es in diversen Varianten an allen modernen Nähmaschinen gibt.

4. Bei leichten bis mittelschweren, leicht ausfransenden Stoffen werden die Schnittkanten umgesteppt (jedoch nicht angesteppt). Die Nahtzugaben 0,5 cm nach links umbügeln und dicht neben der Bruchlinie absteppen. Achten Sie beim Ausbügeln der Naht darauf, dass sich die Ränder nicht durchdrücken.

5. Die älteste Methode der Kantenversäuberung ist das Einfassen mit dem Überwendlingsstich. Dies erfolgt von Hand. Mit einem einfachen Faden nähen Sie in gleichmäßigen Abständen 0,5 cm tiefe Stiche um die Schnittkanten. Die Kanten dürfen sich nicht rollen. Ziehen Sie deshalb den Faden nur leicht an.

6. Sichern Sie die Schnittkanten sehr leichter, duftiger Stoffe nach dem Zusammennähen der Schnittteile mit einem Rollsaum. Dabei wird die Kante zwischen Daumen und Zeigefinger leicht gerollt und mit kleinen überwendlichen Stichen festgenäht.

7. Soll die Stoffkante nicht nur versäubert, sondern gleichzeitig dekorativ verziert werden, so bietet sich neben dem Zickzack- und dem Overlockstich auch noch der Festonstich an. Den aus der Stickerei bekannten Stich arbeitet man mit Knopflochgarn von links nach rechts.

8. Die sauberste Art, in ungefütterten Jacken und Mänteln die Nähte zu versäubern, ist das Einfassen der Schnittkanten mit Schrägstreifen. Um die sauber geschnittenen Kanten wird das gefaltete Schrägband gelegt. Steppen Sie es von der rechten Seite her fest.

9. In gleicher Weise wird auch das Tresseband um die Schnittkanten gearbeitet. Mit diesem versäubert man jedoch nur gerade Schnittkanten, während sich Schrägstreifen auch für gerundete Schnittkanten sehr gut verwenden lassen.

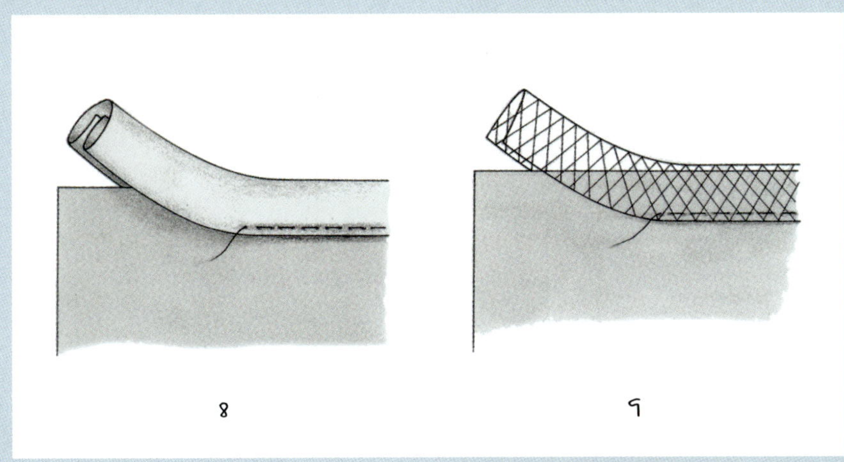

Zusammennähen der Schnittteile

Arbeiten Sie vor dem Zusammennähen der Schnittteile eine Probenaht auf einer Stoffprobe. Stimmen Sie die Stichlänge auf die Stoffart ab. Kontrollieren Sie dabei, ob die Ober- und die Unterfadenspannung richtig eingestellt sind und ob die Garnstärke sowie die Maschinennadel dem Stoff entsprechen.

Für die verschiedenen Materialien gibt es jeweils spezielle Nadeln. Achten Sie auch immer darauf, dass Sie mit einer einwandfreien Nadel arbeiten.

Bügeln Sie die Naht in Nährichtung aus.

1. Mit den Abnähern beginnen Sie das Zusammennähen. Die Abnäher, die von der Spitze zur Breitseite hin geheftet wurden, steppen Sie nun in umgekehrter Richtung. Vernähen Sie den Faden mit ein paar Rückstichen. Von der linken Stoffseite aus wird der Abnäher zur entsprechenden Seite umgebügelt.

2. Nähen Sie Schulter-, Teilungs- und Seitennähte mit einer Flachnaht. Sie verbindet zwei Stoffteile durch eine Geradstichreihe miteinander. Anfang und Ende der Naht sichern Sie mit 3 bis 4 Vor- und Rückstichen. Diese Nähte flach auseinanderbügeln.

3. Für die einfache Kappnaht schließen Sie die Naht entlang der Nahtlinie. Im zweiten Arbeitsgang versäubern Sie die beiden Schnittkanten. Anschließend bügeln Sie die Nahtzugaben nach einer Seite um. Von der rechten Seite steppen Sie die Nahtzugaben mit füßchenbreitem Abstand zur ersten Steppnaht fest.

4. Ziernähte sind meistens Abwandlungen der Flachnaht, so dass diese durch zusätzliche Steppnähte betont wird. Sehr dekorativ ist die auseinandergebügelte Naht, bei der die Nahtzugaben von der rechten Stoffseite aus festgesteppt werden. Die Ziersteplinien laufen parallel zur Nahtlinie.

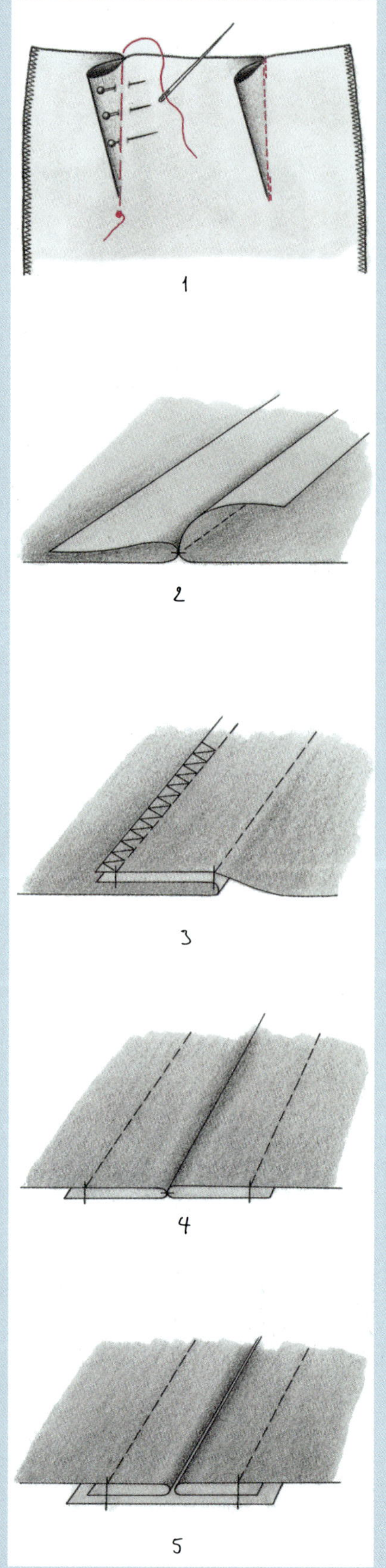

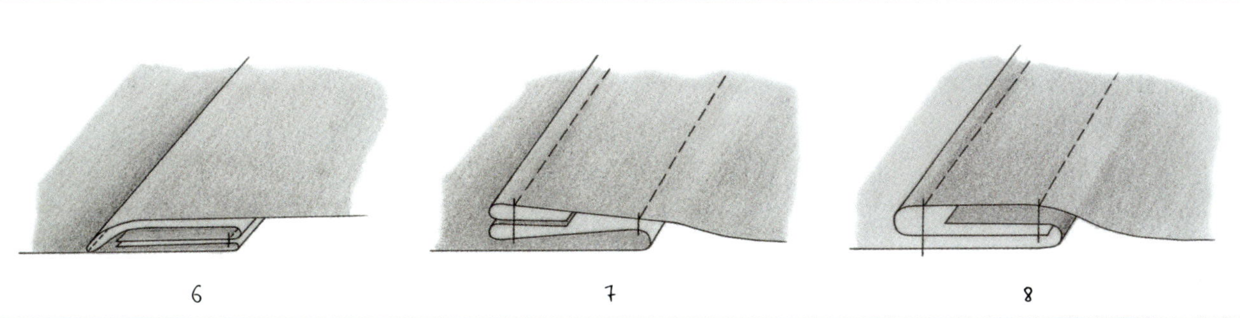

5. Für die Kellernaht wird die geheftete Flachnaht auseinandergebügelt und mit einem Stoffstreifen unterlegt. Auf beiden Seiten der Nahtlinie werden von der rechten Seite aus die Stofflagen aufeinandergesteppt. Nach dem Bügeln ziehen Sie dann den Heftfaden heraus, so dass die Naht aufspringen kann.

6. Für dünne, duftige Kleidung wählen Sie die Französische Naht. Beide Stofflagen links auf links zusammennähen. Nahtzugabe kürzen. Vor dem Wenden die Naht ausbügeln. Auf der linken Seite nähen Sie die zweite Naht, so dass die Schnittkanten der Nahtzugabe (erste Naht) ganz eingeschlossen sind.

7. Bei Rundungen arbeiten Sie die falsche Französische Naht. Legen Sie die Stofflagen rechts auf rechts und nähen Sie sie zusammen. Die Schnittkanten der etwa 1,5 cm breiten Nahtzugaben bügeln Sie zur Stepplinie hin und legen Bruchkante auf Bruchkante. Steppen Sie diese Kanten anschließend zusammen.

8. Für die strapazierfähige flache Kappnaht legen Sie den Stoff links auf links und steppen die Nahtlinie. Schneiden Sie eine Nahtzugabe auf 0,5 cm zurück. Schlagen Sie die längere Nahtzugabe um die zurück geschnittene Kante, und steppen Sie diese von der rechten Stoffseite aus schmalkantig ab.

9. Wird bei Ihrem Modell der Halsausschnitt oder das Armloch mit Futterstoff verstürzt oder mit einem Formstreifen belegt, dann nähen Sie eine Untersteppnaht. Dadurch vermeiden Sie, dass der Beleg hervorrutscht.

Schneiden Sie die Nahtzugaben stufenweise zurück, dann bis 2 mm vor die Stepplinie ein. Nähen Sie die Untersteppnaht von rechts, knapp an der Nahtlinie entlang, durch Formstreifen und Nahtzugaben hindurch.

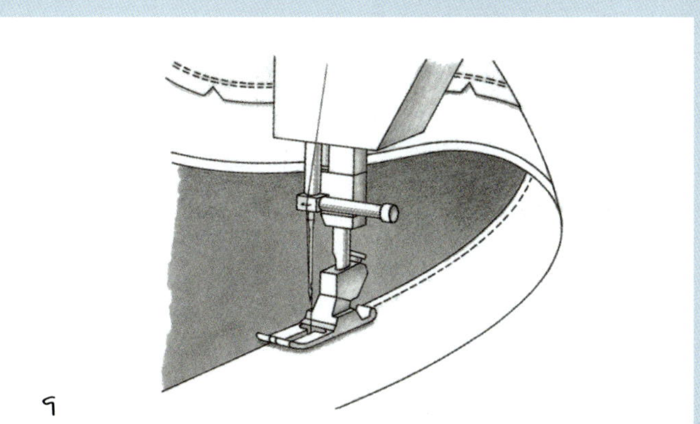

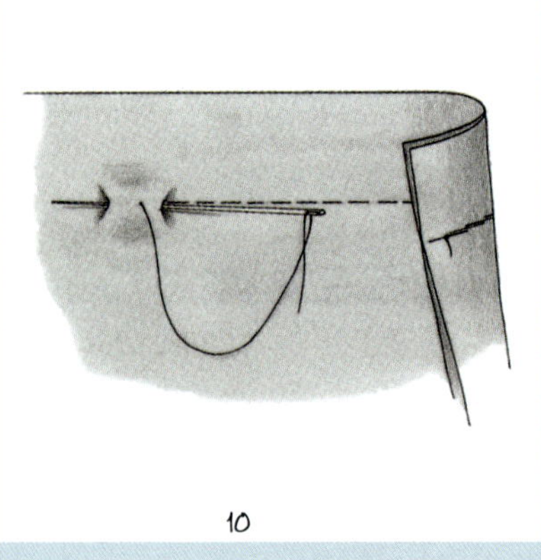

10. Von Hand werden heute nur noch kurze (meist aufgeplatzte) Nahtstrecken geschlossen. Verwenden Sie für eine Flachnaht den Steppstich. Nadel einstechen, einige Gewebefäden mit ihr aufnehmen, ausstechen. Zurück zur Ausstichstelle des letzten Stiches, einstechen zum neuen Stich.

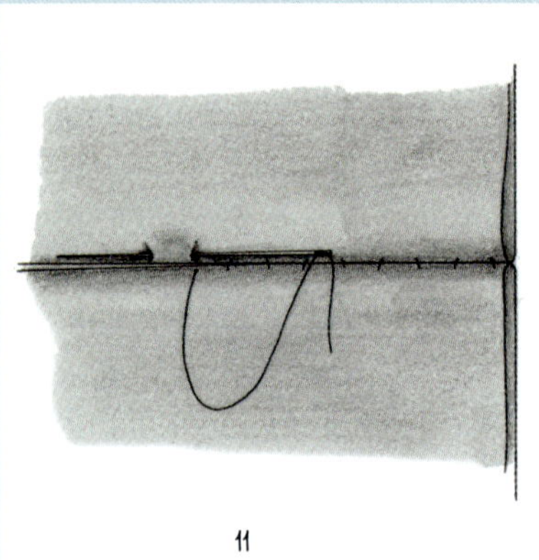

11. Kann die Ausbesserung einer Naht nur von der rechten Seite erfolgen, arbeiten Sie den hohlgenähten Staffierstich von rechts nach links. Führen Sie die Nadel durch eine Bruchkante, wechseln Sie dann nach dem Ausstich zur gegenüberliegenden Bruchkante.

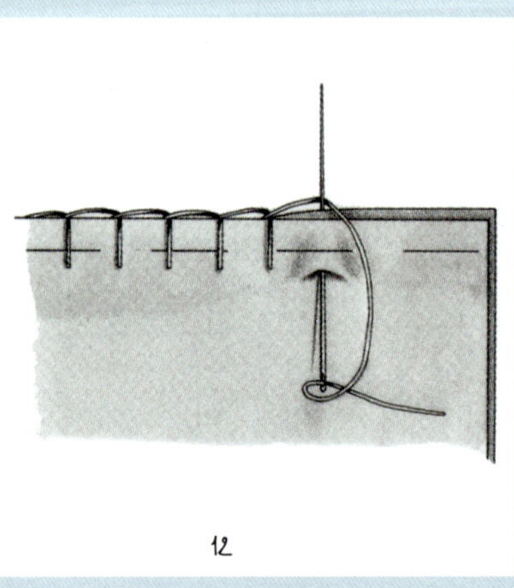

12. Auch mit dem Feston- oder Languettenstich können Sie kleine Nahtstrecken zum Beispiel an einem T-Shirt von der linken Stoffseite aus schließen. Stechen Sie hinter der Nahtlinie in den Stoff, und führen Sie die Nadel rechtwinkelig zur Kante. Legen Sie den Faden unter die Nadel, so dass sich eine Schlinge bildet, wenn der Faden herausgezogen wird.

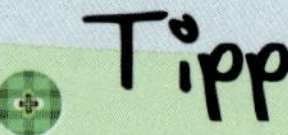

Bei dünnen Stoffen oder Stoffen, die sich leicht verziehen, legen Sie beim Nähen Seidenpapier unter. Der Stoff wird besser durch die Maschine transportiert, gleichzeitig verhindert das Papier ein „Verletzen" des Stoffes durch die Stichplatte. Nach dem Nähen entfernen Sie das Seidenpapier vorsichtig, zuerst auf der einen, dann auf der anderen Stoffseite.

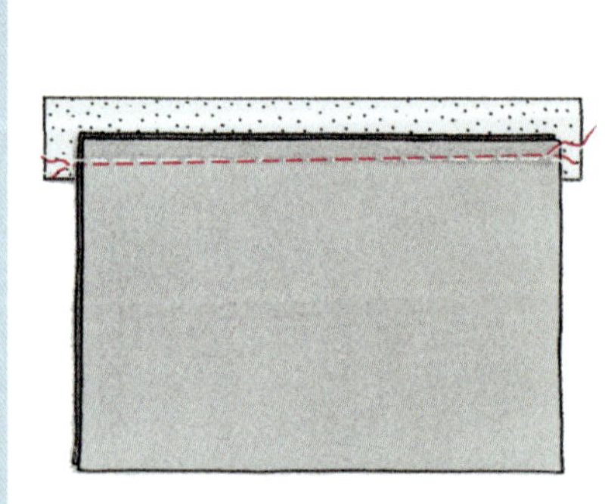

Abstepp-arbeiten

Mit dekorativen Steppnähten können Sie das Kleidungsstück verschönern, Details betonen, besondere Effekte erzielen oder Nahtränder flach halten. Arbeiten Sie die Zierstepperei immer auf der rechten Seite.

Sollen Nähte besonders plastisch wirken, so steppen Sie mit Maschinenstick- oder -Stopfgarn. Bekommen Sie kein farblich passendes Garn, fädeln Sie den Nähfaden doppelt ein. Als Unterfaden verwenden Sie immer normales Nähgarn. Auch die Oberfadenspannung entsprechend regulieren. Je größer der Stich, desto höher die Oberfadenspannung. Je nach gewünschtem Effekt, nach Garn und nach Stoffmaterial stellen Sie die Stichlänge ein. Bei weichen Stoffen empfiehlt sich die größte Stichlänge.

Setzen Sie den Klarsichtnähfuß ein. Bei sehr dicken Stoffen schalten Sie die Nähmaschine auf doppelten Stofftransport. Das Führungslineal und die auf der Stichplatte eingravierten kleinen Führungslinien erleichtern das exakte, gleichmäßige Absteppen. Die Ziernaht knappkantig oder in füßchenbreitem Abstand zur Kante arbeiten.

Das knappkantige Absteppen wird durch Änderung der Nadelposition erleichtert. Stellen Sie je nach Bedarf die rechte und die linke Nadelstellung ein.

Verwenden Sie immer eine einwandfreie Nadel, da sonst Ziehfäden im Gewebe entstehen. Die Nadelstärke muss dem Material angepasst sein.

1. Schon eine einfache Naht kann durch Zierstiche betont werden. Bügeln Sie die Naht auseinander und steppen Sie in gleichen Abständen zur Nahtlinie durch den Oberstoff und die Nahtzugaben hindurch.

2. Den optischen Effekt einer Kappnaht erreichen Sie, wenn Sie beide Nahtzugaben zu einer Seite hin bügeln und dann durch Oberstoff und Nahtzugaben hindurch füßchenbreit von der Nahtlinie entfernt eine Ziernaht steppen.

3. Für das Absteppen von Kragenecken befestigen Sie in jeder Kragenecke einen Faden. Ziehen Sie zum Nähen der ersten Stiche den Faden in Nährichtung, dadurch unterstützen Sie den Stofftransport.

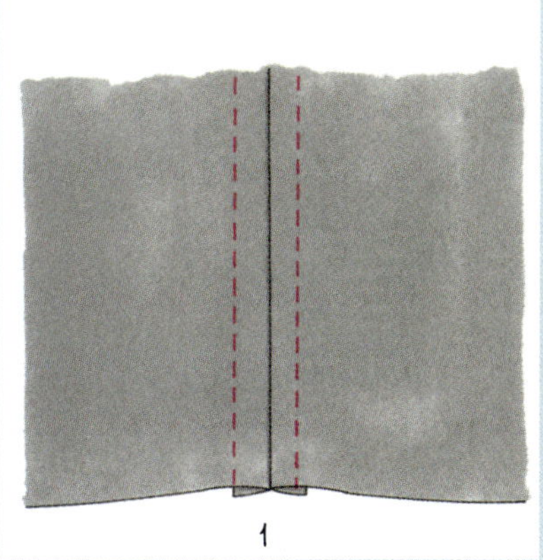

1

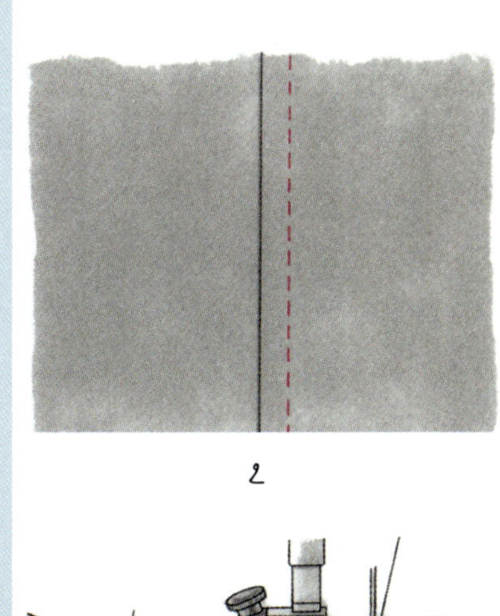

2

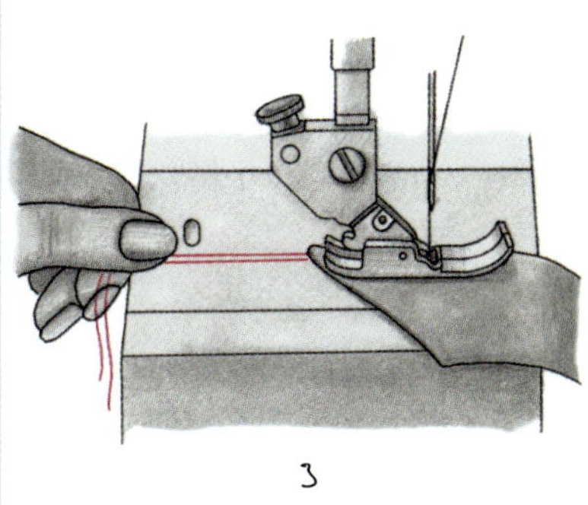

3

Bügeln

Richtiges Bügeln ist das A und O in der Schneiderei. Bügeln Sie immer zwischen den einzelnen Arbeitsschritten. Dann hat das Kleidungsstück schon bei der Anprobe ein gutes Aussehen und der Sitz kann besser überprüft werden.

Bügeln bedeutet das Glätten von Nähten und Falten in Kleidungsstücken oder Stoffen unter Einwirkung von Feuchtigkeit, Wärme und Druck. Seit sich die Regulierbügeleisen durchgesetzt haben, ist das Einstellen der zulässigen Bügeltemperatur für die Hobbyschneiderin kein Problem mehr.

Neben den Regulierbügeleisen erleichtern heute die Dampfbügeleisen das Bügeln. Das meist störende feuchte Tuch wird nur noch bei sehr empfindlichen Wollstoffen oder zum „Glanz abziehen" gebraucht. Dampfbügeleisen gibt es in schwerer und in leichter Ausführung, mit allen können Sie auch trocken bügeln. Die Bügelkomfortausstattung verfügt zum Beispiel über einen abnehmbaren Tank, eine Sprayeinrichtung, den extra starken Dampfstoß, die Feinschliffsohle und die Kontrollleuchte.

Welches Wasser für Ihr Dampfbügeleisen geeignet ist, richtet sich nach dem Härtegrad des Wassers. Hat Ihr Leitungswasser keine höhere Gesamthärte als 3 mmol (17° deutsche Härte), kann es für Dampfbügeleisen verwendet werden. Ist Ihr Leitungswasser härter, bereiten Sie es mit Schnellentkalker auf, der das Leitungswasser von Kalk und gelösten Metallsalzen befreit.

Destilliertes Wasser muss prinzipiell mit Leitungswasser im Verhältnis 1:1 gemischt werden. Bei Verwendung reinen destillierten Wassers wird die Dampferzeugung erschwert, und es kann zum Wasseraustritt (Tropfenbildung) aus der Sohle kommen.

Verwenden Sie niemals Zusätze wie Stärke, Weichspüler, Parfüm oder Appretur. In der Verdampfungskammer bilden sich Rückstände, die das Gerät schädigen und zu Verunreinigungen des Bügelgutes führen. Gießen Sie bei einer längeren Bügelpause das Restwasser aus.

Die richtige Pflege schont Bügeleisen und Stoff. Achten Sie darauf, dass Ihr Bügeleisen immer eine glatte Bügelsohle hat. Benutzen Sie keine rauen Untersetzer zum Abstellen des Eisens, kratzen und schaben Sie nicht mit einem Messer auf der Sohle. Ist sie verschmutzt, nehmen Sie zum Reinigen ein Metallpflegemittel ohne Schleifmittel, auf keinen Fall scharfe und scheuernde Reinigungsmittel. Wischen Sie von Zeit zu Zeit das abgekühlte Bügeleisen mit einem feuchten Tuch ab.

Neben einem guten Bügeleisen und einem in der Höhe verstellbaren Bügelbrett gibt es noch weitere Hilfsmittel, die Ihnen das Bügeln erleichtern.

Das Ärmelbrett ist unentbehrlich für das Bügeln von Ärmeln und Hosenbeinen. Aber auch Nahtstellen

Pflegesymbol	Temperatur	Fasern
●	80–105 °C	Polyamid, Polyacryl, Viskose, Polyester
●●	130–165 °C	Wolle, Seide
●●●	165–220 °C	Leinen, Baumwolle

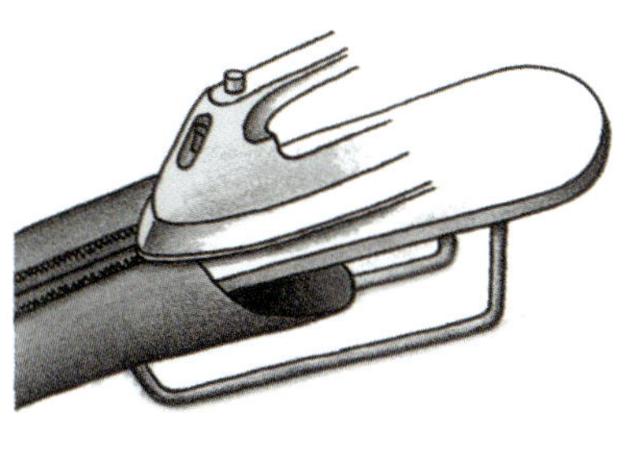
Ärmelbrett

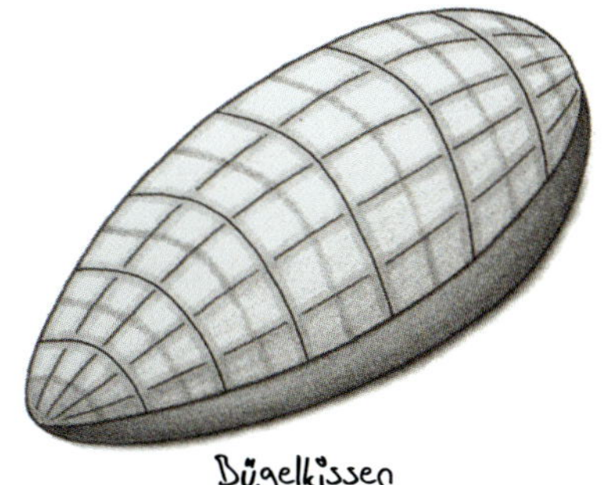
Bügelkissen

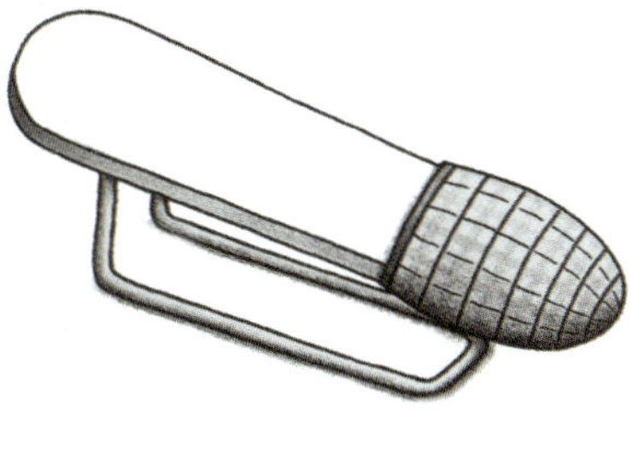
Bügelhandschuh mit Ärmelbrett

in engen Kleidungsstücken werden glatt auf das Ärmelbrett gelegt.

Ein eiförmiges, festgestopftes Bügelkissen ist ideal für leicht gerundete Nähte, zum Beispiel für Ärmeleinsatz- oder Teilungsnähte. Auch lassen sich Brustabnäher und stark gerundete Hüftnähte mit Hilfe eines Bügelkissens leichter formen. Das Bügelkissen ist auf einer Seite mit Wollstoff bezogen, so dass die Feuchtigkeit besser gehalten wird, die Rückseite ist mit Baumwollstoff bezogen. So können Sie auch bei höheren Temperaturen darauf bügeln.

Den dick gestopften Bügelhandschuh schiebt man mit der Hand in enge Stellen des Kleidungsstückes, um darüberbügeln zu können.

Stoffe und ihre Bügeleigenschaft

Ehe Sie Ihr Kleidungsstück bügeln, probieren Sie an einer Stoffprobe aus, wie sich der Stoff bügeln lässt. Dabei sollten Sie nicht nur auf die richtige Temperatur achten, sondern auch auf Stoffeigenschaften, die sich durch das Bügeln verändern können. Wenn das Bügeleisen leicht über das Gewebe gleitet, hat es die richtige Temperatur. Ist sie zu hoch, kann es bei Synthetiks leicht passieren, dass das Eisen anklebt.

Denken Sie auch daran, dass zum Beispiel die Metallfäden bei Brokat keinen Dampf vertragen; sie werden matt. Bügeln Sie Brokat mit einem trockenen Bügeltuch bei niedriger Temperatur. Eingehaltene Weite kann bei Brokat nicht eingebügelt werden.

Crêpestoffe drücken sich leicht durch, laufen unter Dampfeinwirkung etwas ein und kräuseln sich. Bügeln Sie deshalb bei diesen Stoffen nur ganz leicht über die Nähte, und legen Sie unter die Nahtkanten Seidenpapier.

Damit die kleinen Florhärchen nicht flachgebügelt werden, bügeln Sie Streich- und Flauschstoffe immer nur von der linken Seite. Bei sehr edlen Wollstoffen legen Sie außerdem noch ein trockenes Flanelltuch auf die zu bügelnde Fläche.

Sind bei einem permanent gebügelten Stoff Nähte, Kanten und Falten einmal fixiert, lassen sich die Bügelknicke nicht mehr entfernen. Daher geheftete Nähte nur leicht bügeln, erst nach dem Nähen und dem Herausziehen der Heftfäden dauerhaft bügeln.

Kleidungsstücke aus Doubleface werden mit Kappnähten verarbeitet. Sie müssen auf beiden Seiten gebügelt werden. Um die Nähte plätten zu können, ohne dass Glanz entsteht, benutzten Sie zusätzlich zu Ihrem Dampfbügeleisen ein feuchtes Tuch. Bügeln Sie mit mittlerem bis starkem Druck.

Dehnbare Stoffe, wie Maschenware, verziehen sich leicht und die Nahtzugaben drücken sich bei zu starkem Bügeldruck auf der rechten Seite durch. Legen Sie Ihr Teil ganz glatt auf das Bügelbrett oder den Bügeltisch, und schieben Sie Seidenpapier unter die Nahtzugaben.

Tafte, weiche und durchsichtige Stoffe werden ohne Dampf bei niedriger Temperatur gebügelt. Die zu bügelnden Stellen noch mit einem trockenen Bügeltuch abdecken, um eventuelle Wasserflecken zu vermeiden.

Um Ledernähte auseinanderzulegen, drücken Sie die Nähte mit der Spitze des kalten Bügeleisens auseinander. Eventuell benutzen Sie einen Textilkleber, um die Nahtzugaben flachzuhalten.

Bügeltipps und Bügeltechnik

- Setzen Sie das Bügeleisen nicht zu fest auf, sondern lassen Sie es gleiten.
- Es ist wichtig, nach jedem Arbeitsgang zu bügeln. So werden zum Beispiel Brust- oder Schulterrückenabnäher vor dem Schließen der Schulter- und der Seitennähte gebügelt und die Seitennähte, ehe man die Saumzugabe umsteckt.
- Bügeln Sie nicht über Stecknadeln, Sie zerkratzen sonst die Bügelfläche des Eisens, auch können kleine Löcher in Ihrem Stoff entstehen.
- Bürsten Sie Kreidelinien immer vor dem Bügeln aus.
- Die Kanten, Falten und Nähte müssen immer glatt und gerade auf dem Bügelbrett liegen.
- Sollten Sie einmal trotz aller Vorsichtsmaßnahmen „Glanz gebügelt" haben, gibt es Möglichkeiten, diesen Schaden zu beheben. Es gibt eine Dampfbürste, mit der Sie nicht nur Glanz abziehen, sondern auch Ihre Oberbekleidung wieder glätten und das Gewebe auffrischen können. Halten Sie die betriebsbereite Bürste über die Glanzstelle und sprühen Sie Dampf darauf. Mit der flachen Hand die eingesprühte Stelle leicht „beklopfen", damit die Feuchtigkeit noch tiefer ins Gewebe eindringt. Lassen Sie Ihr Kleidungsstück flach auf dem Bügelbrett liegen, bis das Teil vollständig getrocknet ist.

Sollten Sie keine Dampfbürste besitzen, verwenden Sie zusätzlich zu Ihrem Dampfbügeleisen ein feuchtes Tuch, das Sie auf die Glanzstelle legen. Halten Sie das heiße Bügeleisen darüber, auf keinen Fall darauf stellen. Lassen Sie die Feuchtigkeit des Tuches und den Dampf des Bügeleisens in die Glanzstelle einziehen; eventuell den Vorgang mehrmals wiederholen.

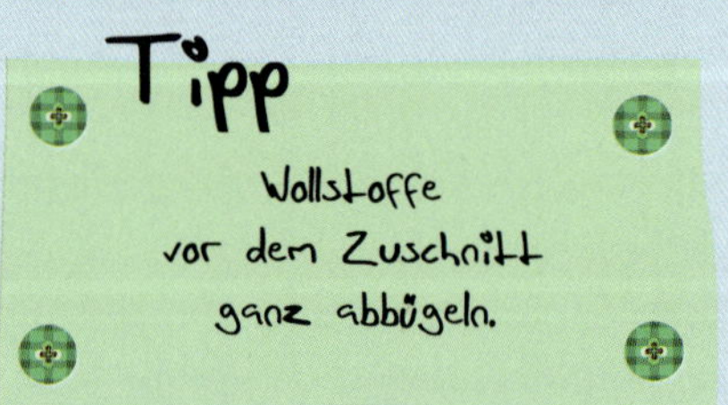

Tipp

Wollstoffe vor dem Zuschnitt ganz abbügeln.

Klopfen Sie auch bei dieser Methode mit der flachen Hand auf die mit Dampf behandelte Stelle und lassen Sie das Kleidungsstück ruhen, bis es völlig trocken ist.

1. Bügeln Sie die Nähte zuerst flach (über Stichlinie und Nahtzugabe), ehe Sie sie auseinanderbügeln.

Bügeln Sie feste, dicke Stoffe so lange, bis die Feuchtigkeit ganz verdampft ist. Bleibt noch eine „Restfeuchte" im Stoff, kann es passieren, dass Ihr Kleidungsstück Beulen und Wellen bekommt.

2. Abnäher werden zuerst flachgebügelt, dann zu einer Seite hin (Körpermitte oder Körperseite) umgebügelt. Die Abnäher in einem Futterrock bügeln Sie entgegengesetzt zu denen des Oberrockes; auf diese Weise wird die Taillennaht im Bereich der Abnäher nicht so dick.

3. Abnäher in dicken Stoffen schneiden Sie bis 3 cm vor die Spitze auf. Ist der Abnäher sehr tief

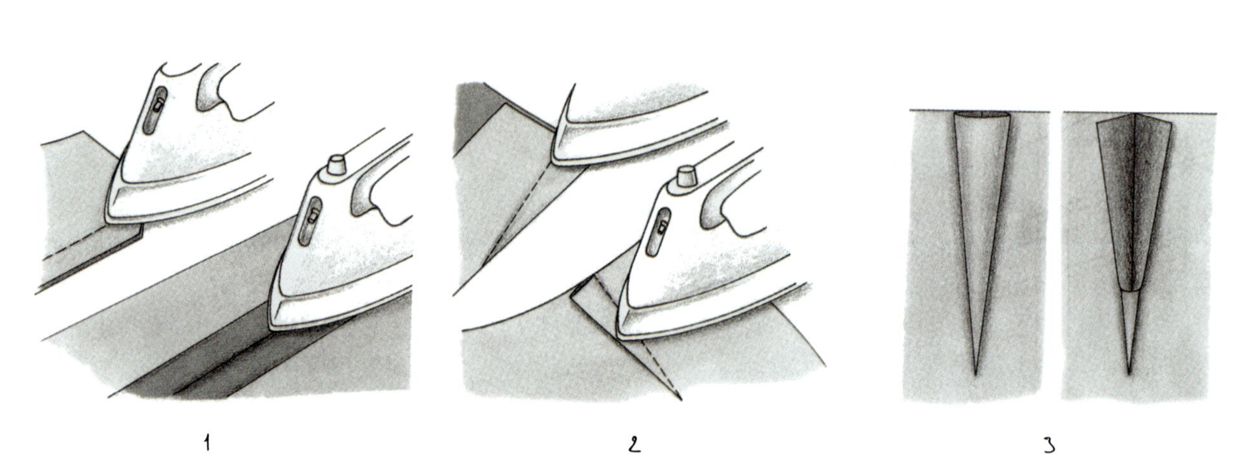

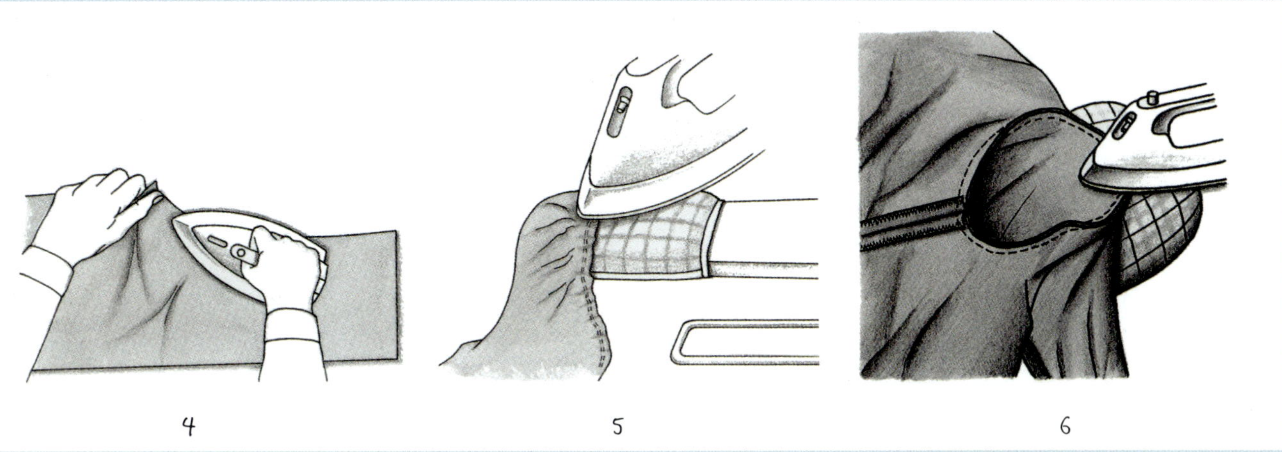

4 5 6

eingelegt, schneiden Sie die Nahtzugaben zurück, dann bügeln Sie ihn auseinander. Abnäher in feinen Stoffen werden auf den Kopf gebügelt, das heißt, man bügelt den Abnäher flach auseinander.

4. Wenn auf dem Schnitt „Dehnen" angegeben ist, erfolgt dies vor dem Zusammennähen der Teile. So wird zum Beispiel die hintere Schrittnaht einer Hose mit dem Dampfbügeleisen etwas gedehnt. Wichtig ist, dass gleiche Schnittteile gleich weit gedehnt werden.

5. Eine Armkugel hält man immer etwas ein. Ziehen Sie 2 Kräuselfäden ein (Vorstich). Ziehen Sie die Kräuselfäden leicht an, die Weite gleichmäßig verteilen und etwas einbügeln. Mit Hilfe eines Bügelkissens können Sie schon vor dem Einsetzen des Ärmels die Armkugel formen.

6. Die Naht eines eingesetzten Ärmels mit Kugel wird nicht auseinandergebügelt. Die Nahtzugaben versäubert man zuerst zusammen. Auf einem Bügelkissen bügeln Sie anschließend die Nahtzugaben von der Ärmelinnenseite zum Ärmel hin sorgfältig um.

7. Bei abgerundeten Teilungsnähten bügeln Sie zuerst flach über die Stichlinie und die Nahtzugaben. Dann schneiden Sie die Zugaben im Abstand von 1 bis 2 cm vorsichtig bis kurz vor die Stepplinie ein. Anschließend bügeln Sie die Zugaben auseinander.

8. Die Saumzugabe bei einem Glockenrock hat sehr viel Weite. Ziehen Sie zunächst 2 Kräuselfäden 1 cm unterhalb der Schnittkante ein, die Fäden leicht anziehen, die Saumzugabe von der Saumkante zur Schnittkante hin (mit wenig Druck) leicht bügeln.

9. Stoffe, bei denen sich die Nahtzugaben durchdrücken, noch einmal unter der Nahtzugabe bügeln. Bei sehr empfindlichen Stoffen (Woll- oder Seidenstoffen) legen Sie während des Flachbügelns einen Papierstreifen unter die Nahtzugaben.

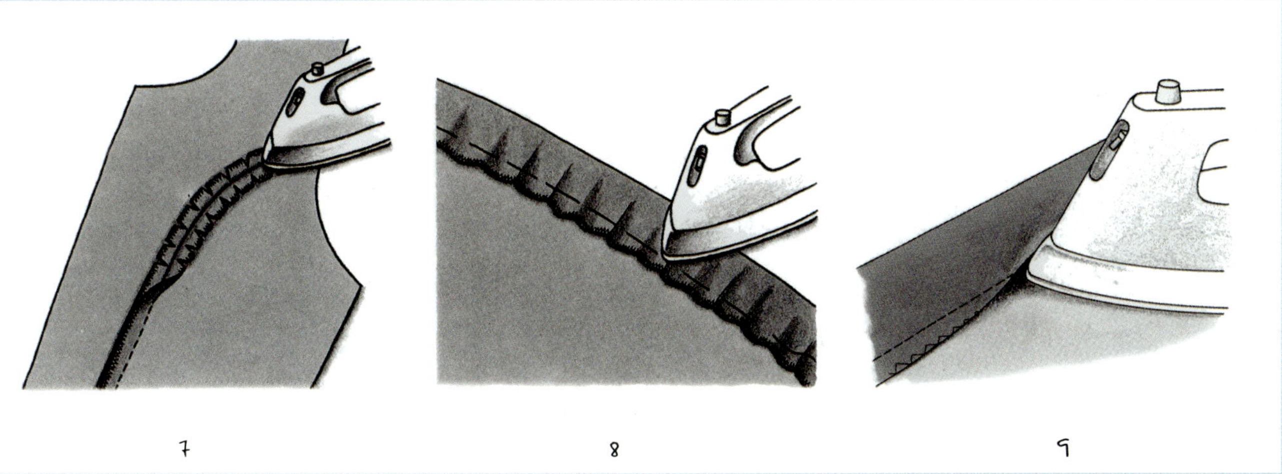

7 8 9

Einlage als Verstärkung

Einlagestoffe werden in Kleidungsstücke gearbeitet, damit diese einen besseren Sitz bekommen und die Formbeständigkeit erhöht wird.
Als Einlagen verwendet man meist dünne, filzartige Vliesstoffe. Die bekannteste Einlage ist die Vlieseline®, die man aufbügeln kann. Neben Vlieseline gibt es den gewebten, aufbügelbaren Nessel, seltener verwendet wird die einzunähende Rosshaareinlage.

1. Nicht aufbügelbare, meist sehr schwere Einlagestoffe werden zunächst auf das Vorderteil einer Jacke oder eines Mantels geheftet und dann im Kantenbruch mit kleinen Hexenstichen angenäht.

2. Bei Vorderteilen ohne Revers schneiden Sie die Einlage so groß, dass sie bis an die vordere Kante heranreicht. Steppen Sie diese Einlage mit der Maschine an. Fixieren Sie sie zusätzlich an der Halslinie und an der Ärmelansatznaht. Schwere Einlagestoffe sollten Sie zudem noch mit wenigen Stichen am Oberstoff pikieren.

Der Verbrauch von Vlieseline ist sehr gering, da nicht auf den Fadenlauf oder die Richtung geachtet werden muss. Anders bei gewebten Einlagestoffen; sie müssen (bezogen auf den Fadenlauf) genauso zuge-

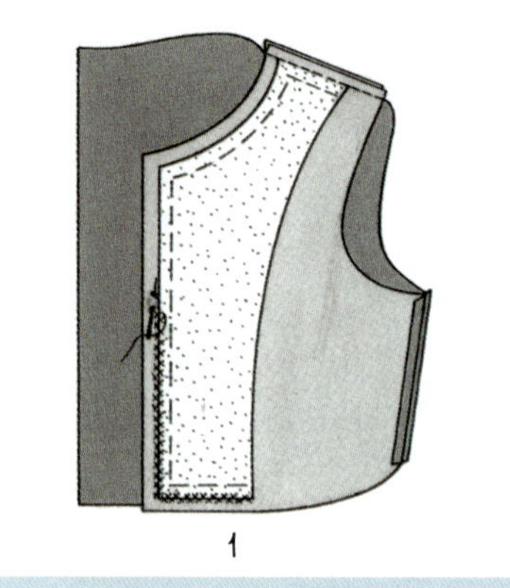

1

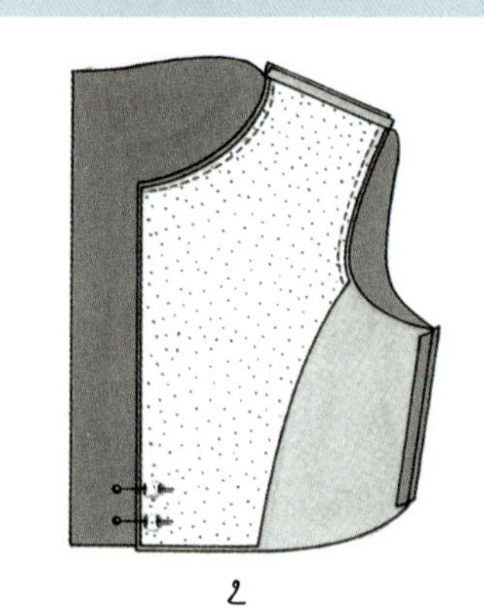

2

Den Zeichnungen entnehmen Sie, welche Schnittteile bei den einzelnen Kleidungsstücken immer unterlegt werden.

Tipp

Bevor Sie die aufbügelbare Vlieseline verarbeiten, machen Sie immer eine Bügelprobe auf einem Stoffrest. Die gängigsten Vlieselinearten lassen sich mit einer Bügeltemperatur von 150 °C (Wolle) aufbügeln, ohne zu schmelzen. Die Einlage wird Schritt für Schritt aufgepresst. Drücken Sie dabei an jeder Stelle etwa 10 Sekunden auf. Schieben Sie das Bügeleisen nicht, da sich die Einlage verziehen kann. Vor der Weiterverarbeitung lassen Sie das verstärkte Teil mindestens 20 Minuten abkühlen. Bügeln Sie Vlieseline ohne Dampf auf.

schnitten werden wie der Oberstoff. Größe und Form der Einlage richten sich nach dem zu verstärkenden Schnittteil des Oberstoffes.

3. Die Vorderteile leichter Blusen und Kleider werden nur mit einem schmalen Streifen entlang der Verschlusskante unterlegt, dabei sollte die Einlage mindestens 1 cm über die Knopfköcher hinausreichen.

4. Jacken und Mäntel verstärken Sie mit breiteren Einlagestreifen, oder Sie unterlegen gegebenenfalls das ganze Vorderteil.

5. Zur Verstärkung der Knopfleisten wird die aufbügelbare Vlieseline ohne Nahtzugabe zugeschnitten und auf die linke Seite des Beleges aufgebügelt.

6. Kragen und Manschetten sind ein Blickfang an Ihrem Kleidungsstück. Soll ein Kragen weich fallen, bügeln Sie die Vlieseline nur auf den Unterkragen auf. Wenn sich Nähte durchdrücken, können Sie dies verhindern, indem Sie Unter- und Oberkragen verstärken.

7. Möchten Sie eine feste, steife Manschette arbeiten, dann bügeln Sie auf die ganze Manschette Vlieseline, bei weicher Verarbeitung endet die Einlage im Bruch. Nähen Sie die Einlage an den Kanten mit fest und schneiden Sie die Einlage bis knapp zur Stepplinie zurück.

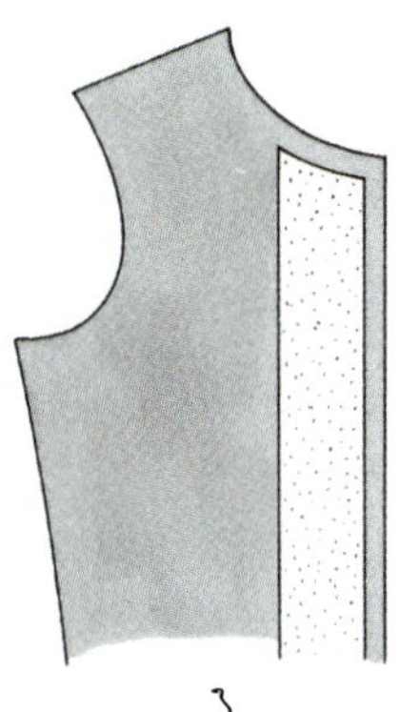
3

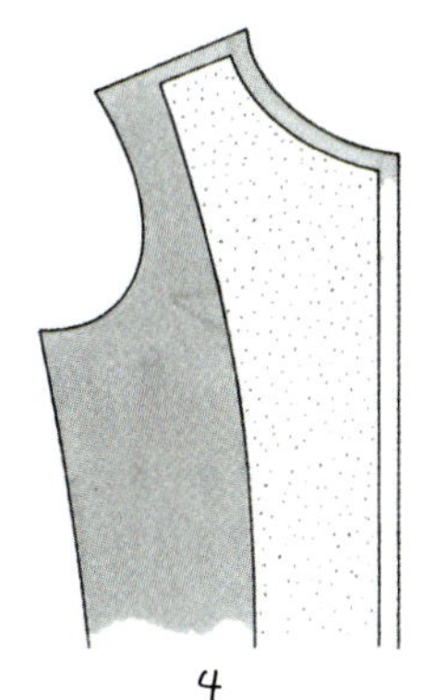
4

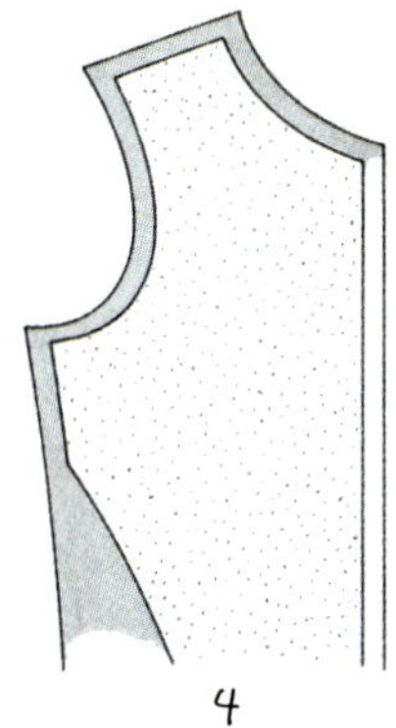
4

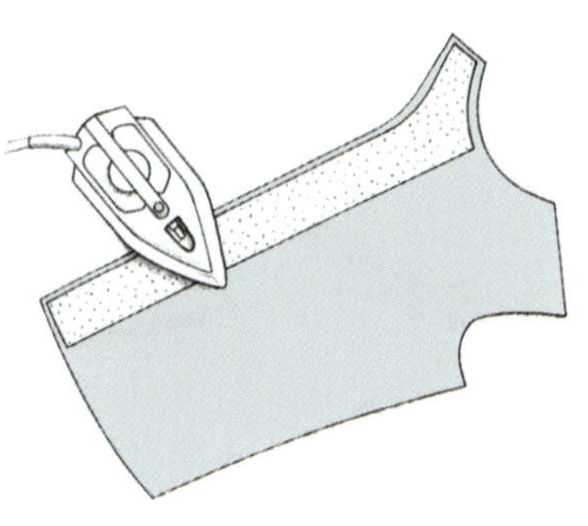
5

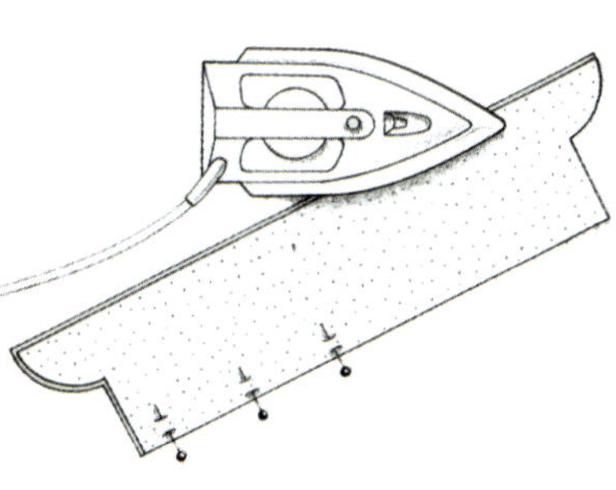
6

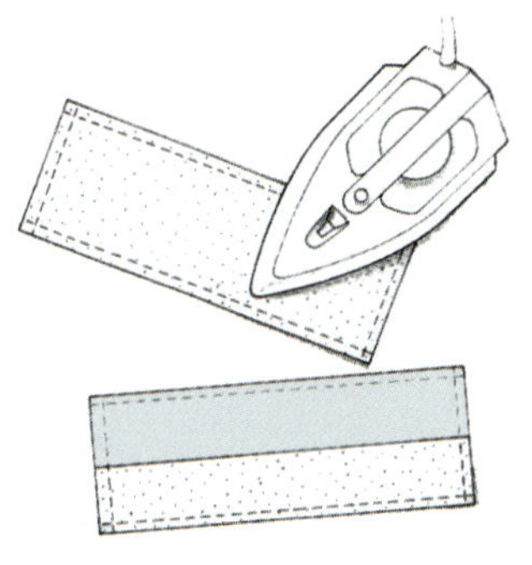
7

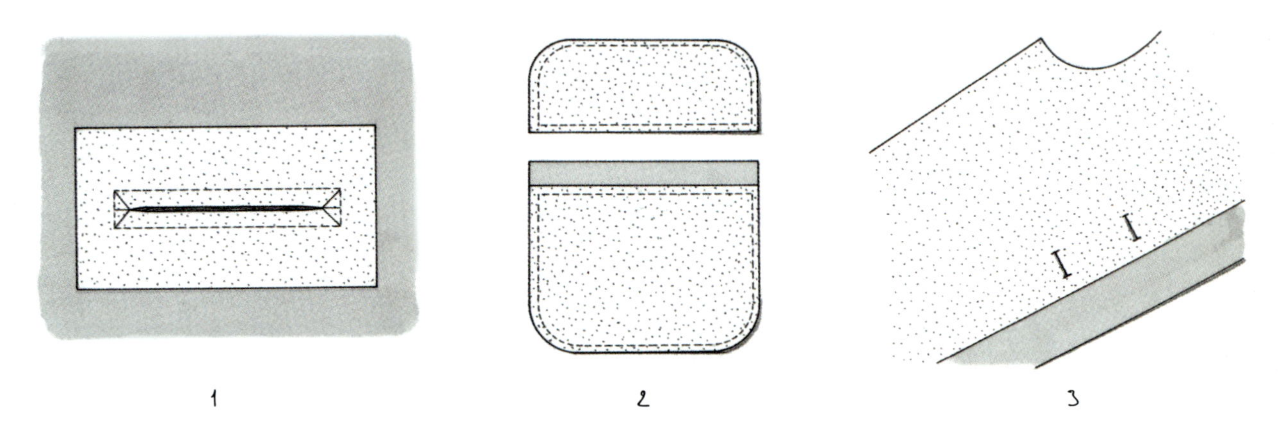

1. Auch bei Paspel-, Patten- und Leistentaschen verstärken Sie die Tascheneingriffe mit einem Streifen Vlieseline. Da dieses Material nicht ausfranst, können die kleinen Dreiecke bis an die Stepplinie eingeschnitten werden.

2. Auch aufgesetzte Taschen, Klappen und Leisten verstärken Sie mit Vlieseline. Dadurch vermeiden Sie ein Durchdrücken der Nahtzugabe. Fassen Sie die Einlage beim Nähen mit, schneiden Sie sie bis knapp an die Stepplinie zurück.

3. Für ein Paspelknopfloch wird die Vlieseline von links aufgebügelt. Ist der Schrägstreifen für das Knopfloch auf die rechte Seite des Kleidungsstücks geheftet, steppen Sie das Knopfloch mit kleinen Stichen (siehe auch Seite 100).

4. Für die Saumbefestigung ohne Nadel und Faden verwenden Sie Saumfix. Es ist waschbar und reinigungsbeständig. Bereiten Sie den Saum wie gewohnt vor. Legen Sie Saumfix in den Saum, dann drücken Sie das Bügeleisen Schritt für Schritt je 10 Sekunden auf. Prüfen Sie nach dem Erkalten die Haftfestigkeit.

5. Bei rund geschnittenen Säumen bügeln Sie vor der Verwendung von Saumfix die Überweite gut ein. Stoßband und Schrägband werden noch vor dem Einbügeln von Saumfix angenäht.

6. Ist der Saum nicht gerade, wollen Sie ihn sicherlich lösen. Bügeln Sie mit einem feuchten Tuch darüber und ziehen Sie den erwärmten Saum vom Oberstoff ab.

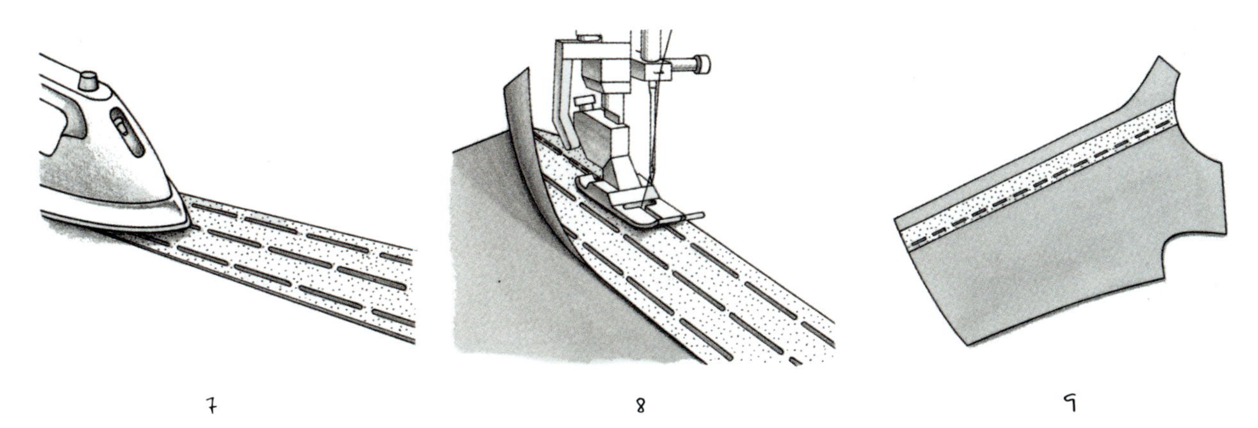

7. Für Rock- und Hosenbünde verwenden Sie als Verstärkung ein Einlageband („Bundfix"). Diese Bügeleinlage mit drei Stanzlinien gibt es in drei verschiedenen Breiten. Bügeln Sie den Bundfix auf Ihren Bundzuschnitt auf.

8. Verstürzen Sie Bundüber- und -untertritt und bügeln Sie die obere Bundkante entlang der Stanzlinie um. Nähen Sie den Bund entlang der Stanzlinie an Ihren Rock oder Ihre Hose. Bügeln Sie die Naht und falten Sie den Bund im Bruch; steppen Sie die offene Bundkante auf.

9. Mit dem speziellen Stanzband für Kanten, Blenden und Schlitze ist das Umlegen der Kanten problemlos. Bei Teilen mit angeschnittenem Beleg sollten die Ausstanzungen genau im Kantenbruch liegen. Beim Ausbügeln legt sich die Kante exakt in der Stanzlinie um.

10. Zum Applizieren, zum Flicken und zum Verstärken gibt es ein wasch- und reinigungsbeständiges Haftvlies. Mit der beschichteten Seite wird das Vliesofix auf die linke Seite des Applikationsstoffes mit trockener Hitze aufgepresst.

11. Auf die Papierseite des Vliesofix zeichnen Sie das Motiv mit Hilfe einer Schablone auf und schneiden es aus. Ziehen Sie danach das Papier ab.

12. Legen Sie das Motiv mit der beschichteten Seite auf den Oberstoff und bügeln Sie es mit dem Dampfbügeleisen auf. Dabei das Bügeleisen nur aufdrücken, auf keinen Fall schieben, da sonst das Motiv verrutschen könnte.

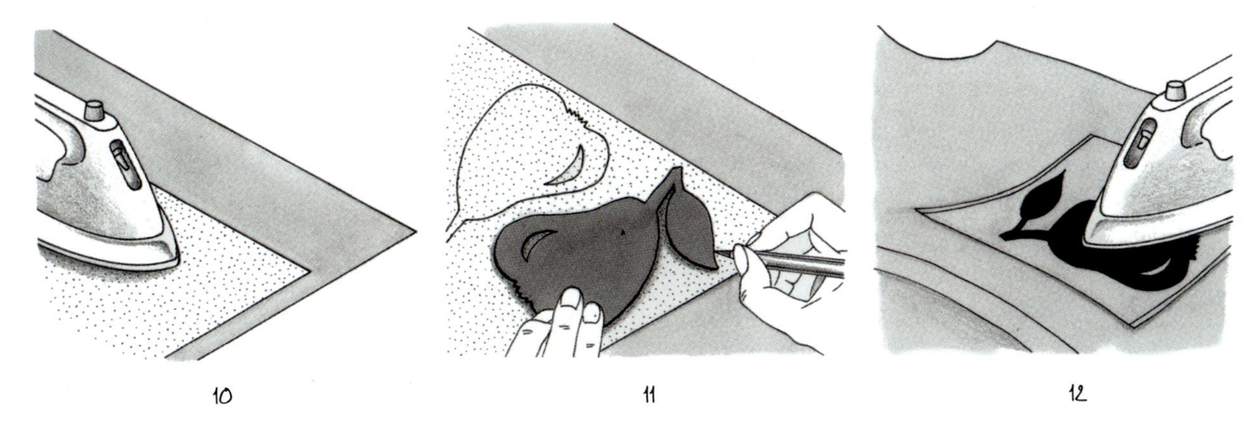

Schulter-polster

Schulterpolster gleichen ungleich hohe, eckige oder abfallende Schultern aus. Schulterpolster gibt es in verschiedenen Formen, Stärken und Materialien zu kaufen. Sie können sie aber auch aus Polyestervlies und Futterstoff selber herstellen.

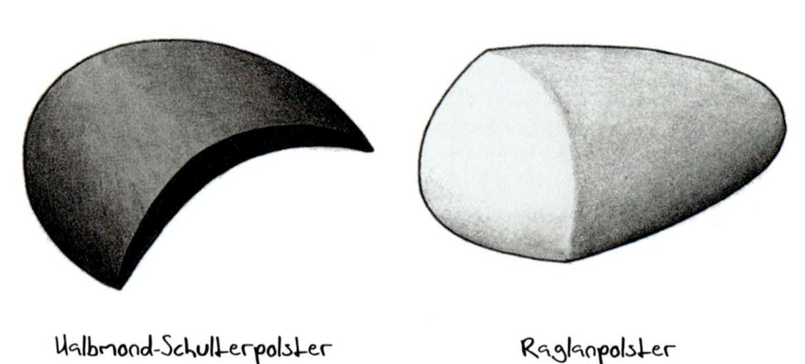

Halbmond-Schulterpolster   Raglanpolster

Für Raglan- oder Kimonoärmel sind die Schulterpolster oval geformt. Auch sie gibt es in verschiedenen Stärken, Größen und Materialien zu kaufen. Das Raglanschulterpolster muss über Ihre Armkugel hinausreichen.

1. Auf Schulterpolster für Blusen oder Pullover nähen Sie am besten Klettband auf, und zwar mittig auf die Polster und auf die jeweiligen Schulternahtzugaben. So können Sie ein Polsterpaar für mehrere Kleidungsstücke verwenden und es vor der Wäsche herausnehmen.

2. Stecken Sie das Polster von außen unter die Schulternaht. Probieren Sie das Kleidungsstück an und kontrollieren Sie den Sitz.

3. Wenden Sie das Kleidungsstück nach links. Befestigen Sie das Polster jeweils mit lockeren Riegeln an der Nahtzugabe.

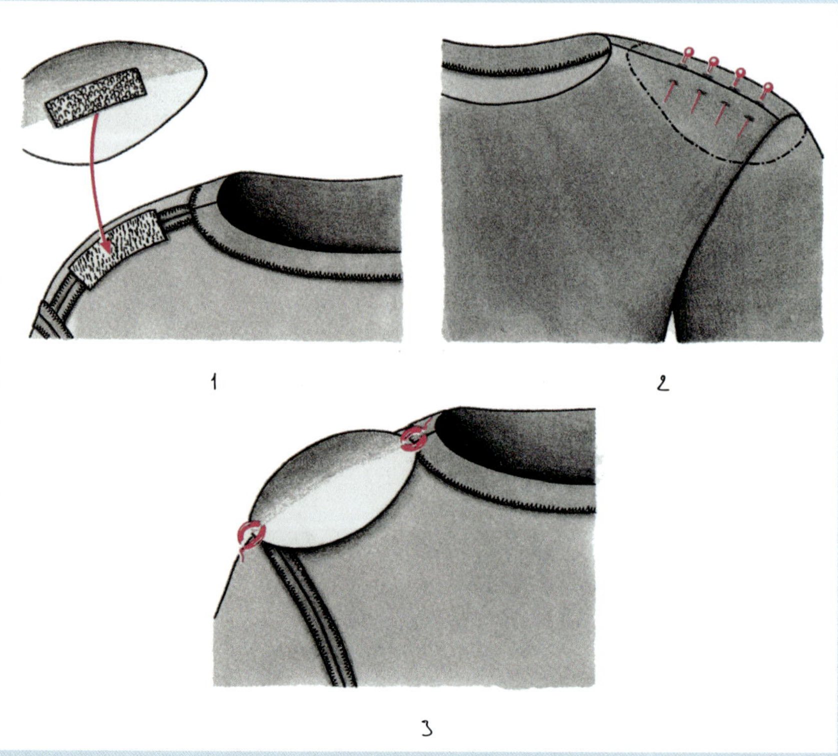

Nähen eines Schulterpolsters

Die Arbeitsschritte 1 bis 3 zeigen, wie ein Schulterpolster gearbeitet wird, die Schritte 4 bis 5 zeigen, wie man sie einsetzt.

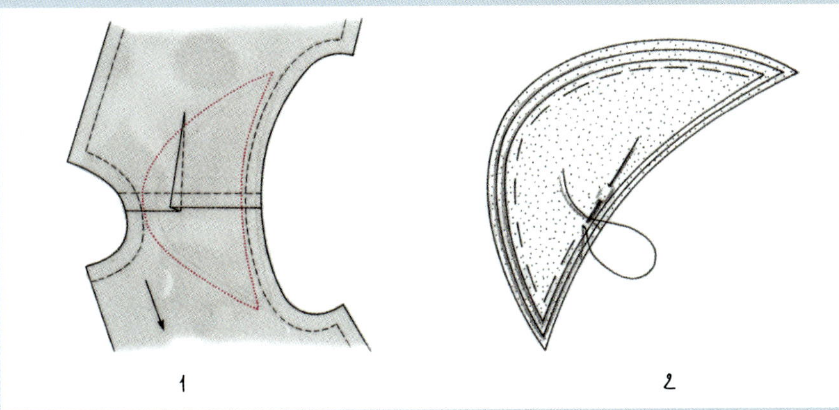

1. Legen Sie das Vorder- und das Rückenteil des Papierschnittes an der Schulternaht übereinander, dabei die Schulterabnäher einlegen. Legen und stecken Sie Kopierpapier und Papier unter die zusammengesteckte Schulter.

Zeichnen Sie die Form des Schulterpolsters auf, indem Sie die Rundungen des Armloches nachziehen. In Höhe der Schulternaht ragt das Polster etwa 1 cm über die Naht hinaus, an der breitesten Stelle des Polsters sollte die Entfernung vom Halsausschnitt 2 cm betragen.

2. Schneiden Sie nach dem so gewonnenen Papierschnitt mehrere Lagen Polyestervlies zu. Die Lagen sollten jedoch immer etwas kleiner werden. Steppen Sie diese anschließend zusammen.

3. Wird das Kleidungsstück nicht gefüttert, beziehen Sie die Schulterpolster vor dem Einsetzen mit Futterstoff. Schließen Sie die Kante jedoch erst nach der Anprobe mit Zickzackstichen.

4. Probieren Sie das Kleidungsstück an und legen Sie das Polster so ein, dass es 1 cm über die Nahtlinie des Armloches reicht. Ist die Schulter noch zu flach, eine weitere Lage Vlies einschieben.

5. Mit Hexenstichen befestigen Sie das Schulterpolster an den Nahtzugaben des Armloches. Nähen Sie die vordere Kante des Polsters mit einem lockeren Riegel an der Schulternaht fest.

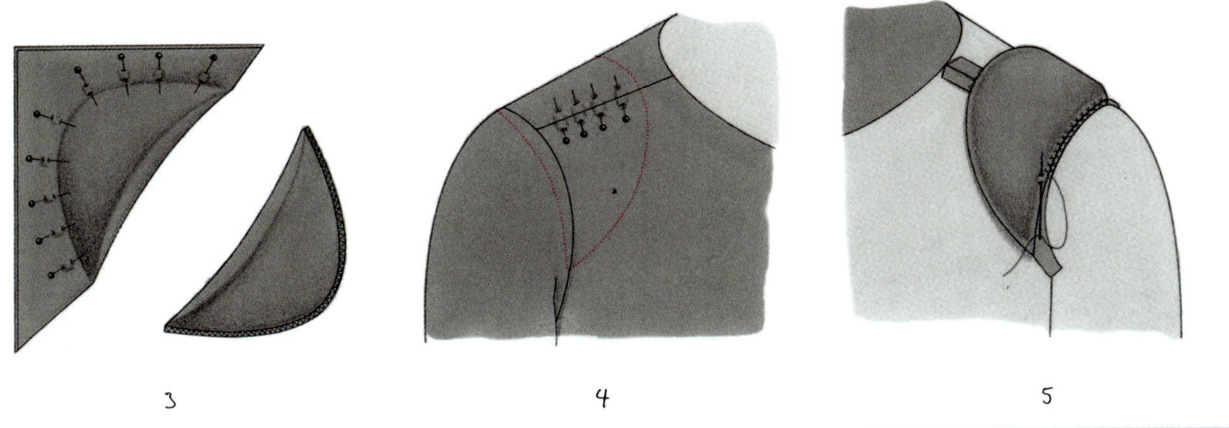

Futter einsetzen

In Jacken und Mänteln wird Futter eingenäht, um die Nahtzugaben zu verdecken und das An- und Ausziehen zu erleichtern. Unter weite Röcke arbeitet man einen extra Futterunterrock. Bei engen Röcken wird der perfekte Sitz durch das Futter noch verbessert. Achten Sie auch beim Futter auf eine genaue und ordentliche Verarbeitung, denn ein Verarbeitungsfehler im Futter kann Falten im Oberstoff verursachen.

Das Futter wird nach den normalen Schnittteilen mit Nahtzugabe, jedoch ohne Saumzugabe zugeschnitten und nach dem Bügeln in das Kleidungsstück eingesetzt. Alle erforderlichen Anforderungen müssen Sie auch am Futter vornehmen.

In einen Rock setzen Sie das Futter mit der Nähmaschine ein, in Jacken oder Mäntel entweder mit der Maschine oder wie in der klassischen Schneiderei ganz von Hand.

Füttern eines Rockes

1. Schneiden Sie das Rockfutter wie den Oberrock zu. Nähen Sie die Teile zusammen und lassen Sie seitlich Gehschlitze. In diese werden vor dem Bügeln des Futterrocks kleine Dreiecke eingesetzt. Den Futterrock säumen.

2. Für die Dreiecke schneiden Sie aus Futterstoff ein Quadrat von 5 cm und falten es zum Dreieck. Legen, stecken und nähen Sie das (doppellagige) Dreieck an die umgebügelten Nahtzugaben am oberen Schlitzende.

3. Ziehen Sie den Futterrock links auf links in den Rock. Dabei müssen Seitennähte und Abnäher aufeinander liegen. Heften Sie die Taillenlinie durch und arbeiten Sie den Bund an den Rock. Schlagen Sie den Saum des Futterrockes doppelt ein und steppen Sie mit einem mittleren Geradstich.

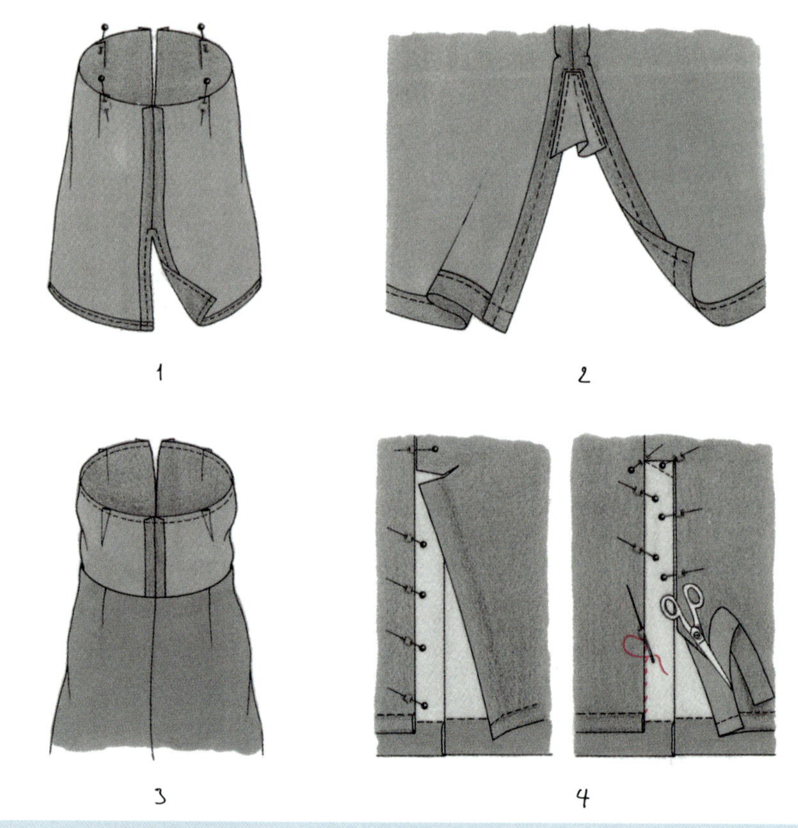

4. Hat der Rock Gehschlitze, muss man das Futter an sie annähen. Bei dessen Zuschnitt wird in der Länge des Schlitzes die Breite des Schlitzober- und des Schlitzuntertrittes mit 1 cm Nahtzugabe herausgeschnitten. Die oberen Ecken des Futterschlitzes schneidet man schräg ein. Bügeln Sie die Nahtzugaben nach innen und staffieren Sie das Futter an.

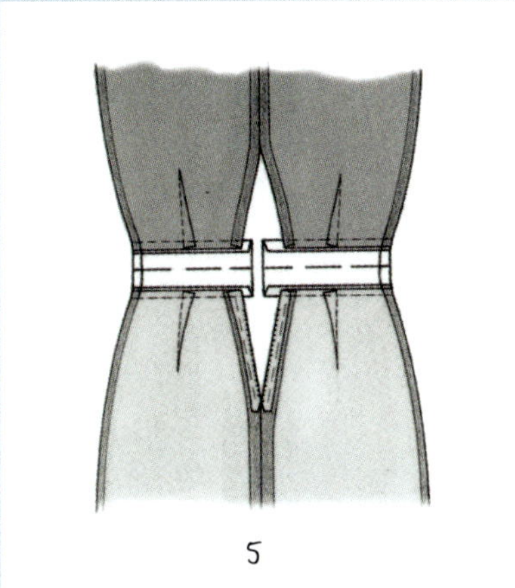
5

5. In der Konfektion wird der Rockbund offenkantig an den Oberrock genäht. Nähen Sie den Futterrock rechts auf rechts an die untere Bundkante. Verstürzen Sie die Schmalseiten des Bundes und stülpen Sie den Futterrock in den Oberrock. Bügeln Sie die Nahtzugaben des Oberrockes in den Bund, die Nahtzugaben des Futterrockes entgegengesetzt in den Futterrock. Dadurch wird die Taillennaht nicht zu dick. Steppen Sie von rechts in der Ansatzlinie des Rockbundes durch alle Stofflagen hindurch.

Füttern einer Weste

1. Schneiden Sie das Futter der Weste wie den Oberstoff zu, jedoch ohne Ausschnittbelege und vordere Belege. Nähen Sie die Abnäher und die Schulternähte jeweils im Oberstoff und im Futter, die Seitennähte bleiben offen. Bügeln Sie anschließend die Schulternähte.

Legen Sie Futter und Oberstoff rechts auf rechts, stecken und heften Sie beides entlang der Armlöcher zusammen. Beachten Sie, dass alle Nähte und Nahtlinien aufeinandertreffen. Nähen Sie die Armlochnähte. Bügeln Sie die Armlochnähte flach zusammen und schneiden Sie die Nahtzugaben in den Rundungen ein (a).

2. Heften Sie das Futter an den Armlöchern nach innen. Achten Sie darauf, dass an den Armlöchern ein Vorstoß (Oberstoff) von 2 mm entsteht. Damit das Futter am Arm beim Tragen nicht hervorrutscht, steppen Sie es mit einer Untersteppnaht an der Nahtzugabe fest.

Stecken, heften und nähen Sie nun die Seitennähte von Ober- und Futterstoff in einem Arbeitsgang. Die Armlochkanten treffen dabei aufeinander (b).

Bügeln Sie die Seitennähte zuerst flach, dann auseinander. Wenden Sie die Weste. Staffieren Sie das Futter von Hand an die Ausschnittbelege, an die vorderen Belege und an die untere Saumkante an.

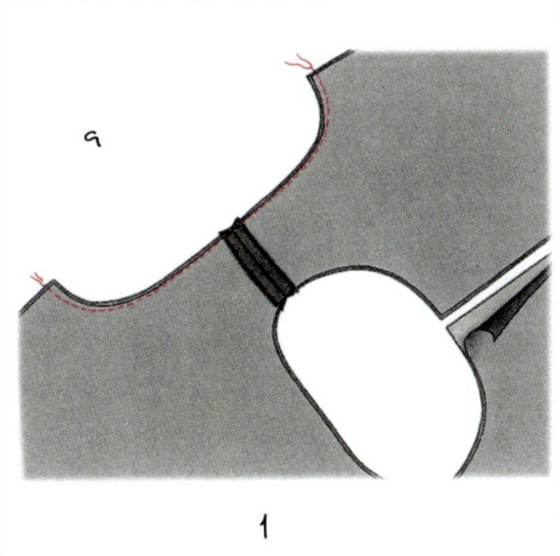

1

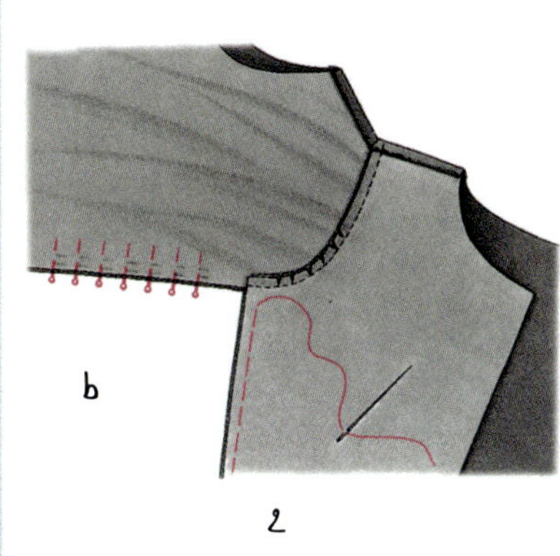

2

1

2

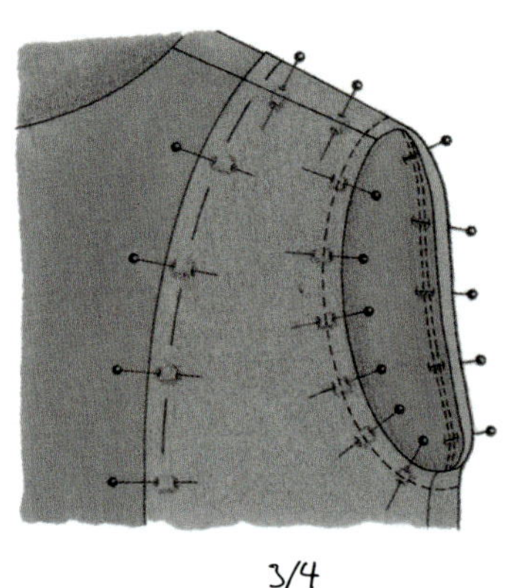

3/4

Füttern eines Blazers oder einer Jacke

1. Ehe Sie die Ärmel eines Blazers oder einer Jacke einnähen, stecken Sie die „Futterweste“ rechts auf rechts an die vorderen Belege und den rückwärtigen Halsausschnitt an und heften Sie es fest. An der markierten Linie steppen Sie das Futterteil an.

2. Bügeln Sie die Verbindungsnaht und drehen Sie das Futter nach innen. Stecken Sie die Nähte des Kleidungsstückes und des Futterteiles aufeinander, eventuell heften. Das Futter muss glatt und locker im Kleidungsstück liegen. Es darf nicht gezogen werden.

3. Zuerst stecken und dann heften Sie die Armausschnitte des Kleidungsstückes und des Futters zusammen. Schulter- und Seitennaht müssen übereinstimmen.

Arbeitet man ein Schulterpolster in die Jacke ein, bleibt das Futter über der Armkugel in der Breite des Polsters offen. Es wird dann über das Polster gezogen und mit Hexenstichen abgenäht.

4. Stecken und heften Sie die ungefütterten Ärmel des Kleidungsstückes ein, achten Sie dabei unbedingt auf die Markierungspunkte. Nähen Sie die Ärmel von der Ärmelseite aus ein (siehe auch Seite 113). Durch das Mitsteppen des Futters wird ein Ausdehnen des Armloches verhindert.

5. Nach dem Bügeln der Armlochnaht wenden Sie den Oberstoffärmel nach links, ebenso den Futterärmel. Nähen Sie die Nahtzugaben der Ärmel mit großzügigen Vorstichen zusammen.

6. Ziehen Sie den Futterärmel nach unten über den Oberstoffärmel und heften Sie ihn am Ärmelsaum an. Die Kräuselnähte über der Armkugel des Futterärmels werden auf die benötigte Kugelweite des fertigen Armloches zusammengezogen.

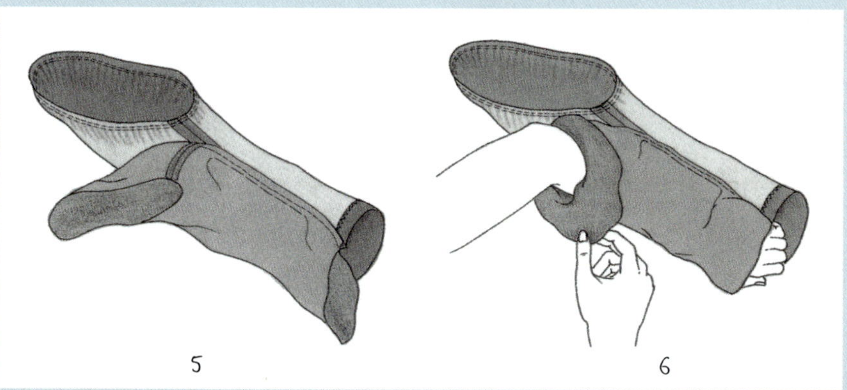

5 6

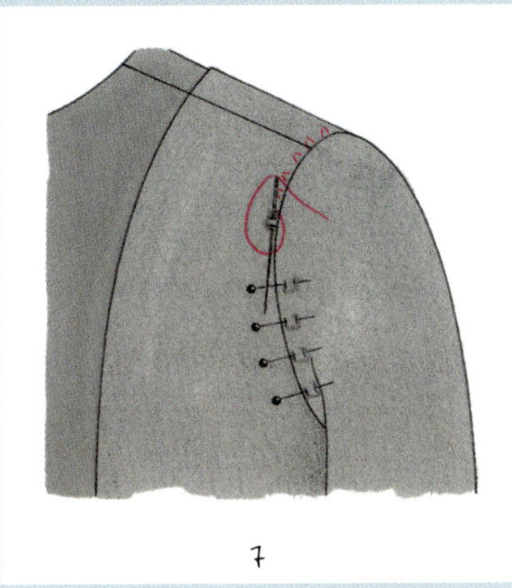
7

7. Schlagen Sie die Nahtzugabe des Futterärmels ein und stecken Sie ihn entlang der Nählinie des Armloches fest. Nähen Sie den Futterärmel mit kleinen Staffierstichen an das Armloch an.

Am unteren Ärmelsaum wird das Futter eingeschlagen und etwa 3 cm über der Saumkante des Oberstoffärmels mit kleinen Stichen angesäumt.

Einstaffieren von Hand

8. Wird das Futter mit der Hand einstaffiert, entfällt das Verstürzen des Futterteiles mit dem Kleidungsstück. Man legt dann das Futter links auf links in das Kleidungsstück. Dabei müssen die Nähte und alle Markierungspunkte genau übereinanderliegen.

Schlagen Sie die Nahtzugaben des Futters ein und schieben Sie es in der Länge etwas nach oben. Stecken Sie es rundherum fest. Mit hohlen Saumstichen wird das Futter eingenäht.

Das Einnähen des Futterärmels und die Saumverarbeitung sind bei beiden Verarbeitungsmöglichkeiten gleich.

9. Bleibt das Futter lose im Kleidungsstück hängen, wird es vor dem Einsetzen mit der Maschine gesäumt. Bügeln Sie den Saum.

10. Soll das Futter angesäumt werden, legen Sie an der unteren Kante eine Bewegungsfalte ein und säumen es über der Saumkante an die Saumzugabe an.

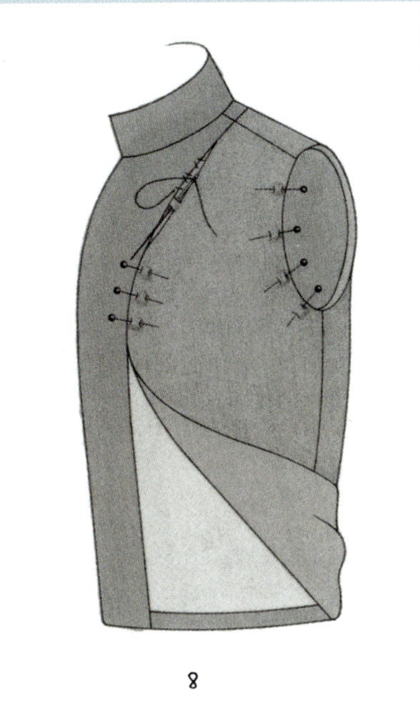
8

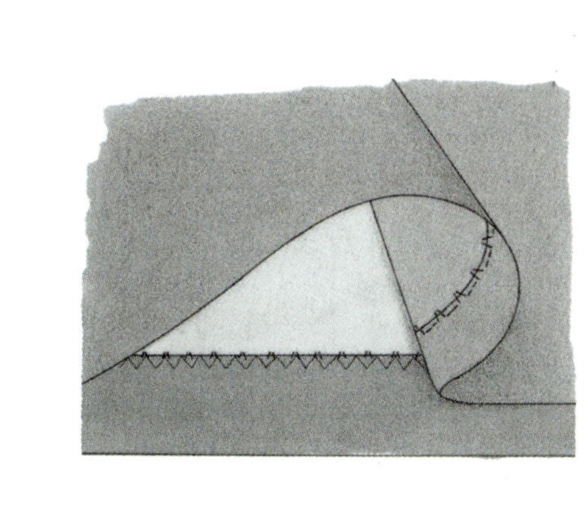
9

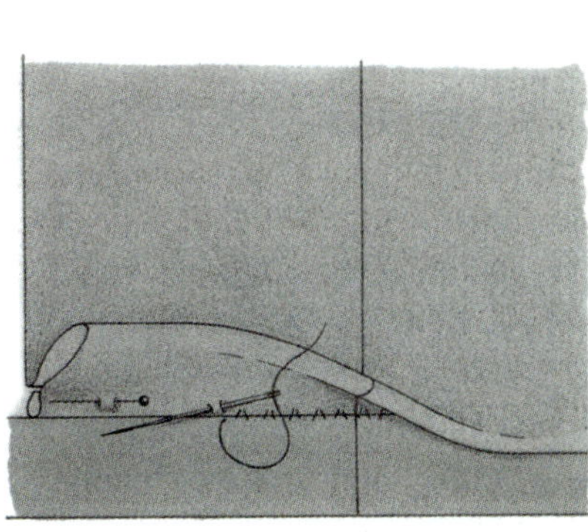
10

Säume

Säume sollen so unauffällig wie möglich sein. Die Saumstiche dürfen daher auf der rechten Seite kaum zu sehen sein, es sei denn, der Saum ist gleichzeitig Verzierung. Bei jedem Saum markieren Sie sich zuerst die Bruchkante. Breite und Art des Saumes richten sich nach der Schnittform und der Art des Stoffes. Üblicherweise betragen Saumbreiten 3 bis 6 cm.

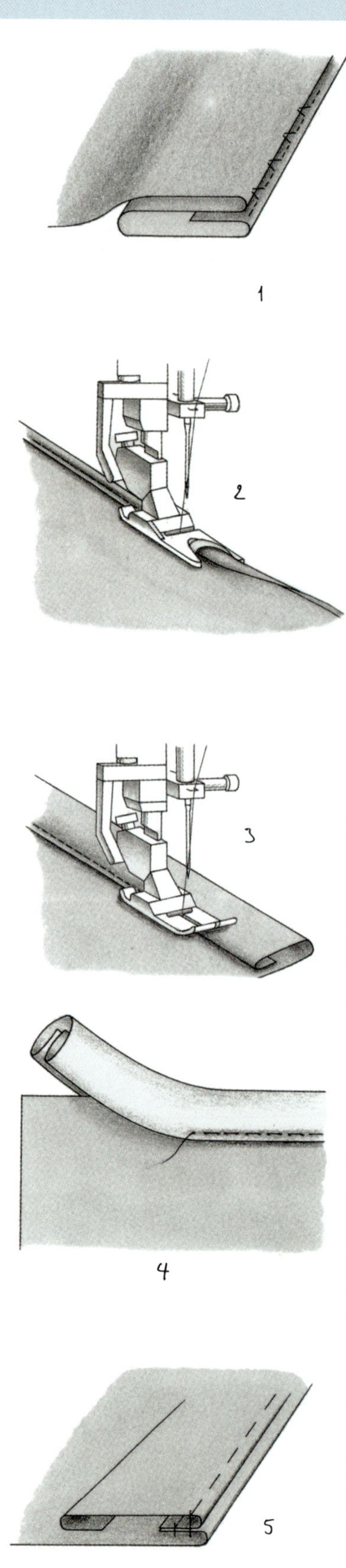

Säumen mit der Maschine

Mit einer guten Mittelklassenähmaschine können Sie verschiedene Saumarten nähen. Probieren Sie immer zuerst anhand einer Nähprobe, ob die Stichlänge und die Fadenspannung richtig eingestellt sind.

1. Für den Maschinensaum die Schnittkante versäubern, den Saum an der Saumlinie umbügeln, und 0,5 cm von der Saumkante entfernt heften. Den Stoff unter den Blindstichfuß legen, so dass die umgeschlagene Kante am Anschlag des Fußes vorbeiläuft. Die Nadel darf nur einen Faden vom Oberstoff erfassen.

2. Für den Rollsaum, der sich bei dünnen Stoffen anbietet, brauchen Sie ein spezielles Füßchen. Schlagen Sie die Kante 4 mm weit um. An den Enden Fäden nähen, mit deren Hilfe der Stoff dann in die Tüte des Rollsäumers gezogen wird (vergleiche auch Seite 65). Die eingerollte Saumkante knapp absteppen.

3. Den aufgesteppten Saum arbeitet man nur, wenn auch an anderen Partien des Kleidungsstückes Ziersteppnähte auftreten. Stecken und bügeln Sie die Länge zunächst um. Schlagen Sie die Schnittkante 1 cm breit ein, nun den Saum stecken und heften, dann knappkantig mit einem mittleren Geradstich steppen.

4. Die Saumzugabe kann bei stark ausfransenden Stoffen mit Schrägstreifen eingefasst werden. Die Schrägstreifen rechts auf rechts an die Schnittkante nähen. Wiederum von rechts in der Rille der ersten Naht die offene Bruchkante des Schrägstreifens feststeppen. Den Saum mit Hohlstichen annähen.

5. Einen falschen Saum arbeiten Sie, wenn die Saumzugabe sehr knapp ist. Farblich passenden Futterstoff 85 cm breit von rechts ansteppen. Das Futter nach innen schlagen, die Saumumbruchkante sorgfältig heften. Anschließend den Futterstreifen 1 cm weit einschlagen und hohl annähen.

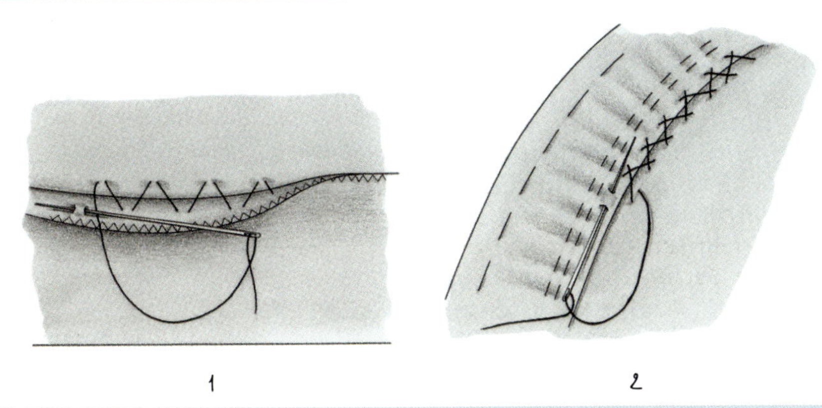

Säumen von Hand

Mit etwas Übung können Sie von Hand einen unsichtbaren Saum nähen. Schlagen Sie die Saumzugabe um und heften Sie die untere Saumkante im Abstand von 0,5 cm. Die Saumstiche werden verdeckt zwischen Saum und Oberstoff von rechts nach links, etwa 0,5 cm unterhalb der Saumkante genäht.

1. Mit der Nadel fasst man einen Faden des unter dem Saum liegenden Stoffes. Dann wird die Nadel im Wechsel zwischen Stoff und Saum weitergeführt. Die Stiche im Abstand von etwa 6 mm arbeiten. Ziehen Sie den Faden nicht fest an, sondern lassen Sie einen kleinen Spielraum, um beim Fertigbügeln Ihres Kleidungsstückes mit der Bügeleisenspitze unter die Saumkante fahren zu können (siehe dazu auch Seite 69).

2. Für das Säumen von Rundungen sollte die Saumzugabe nicht mehr als 3 cm betragen. Bügeln Sie sorgfältig die Saumzugabe um und heften Sie die untere Saumkante. Die Weite der Schnittkante muss nun eingehalten werden. Legen Sie dafür die Saumzugabe in kleine Falten oder kräuseln Sie sie leicht ein.

3. Mit einem Hexenstich säumt man elastische und schwere Stoffe. Er ist haltbarer und reißt bei leichtem Dehnen des Stoffes nicht gleich. Sie können den Hexenstich ebenso wie den Saumstich zwischen Saum und Oberstoff hohl nähen. Die einzelnen Stiche von rechts nach links gegen die Nährichtung arbeiten.

4. Im Oberstoff jeweils nur 1 oder 2 Gewebefäden erfassen, dann im Wechsel zwischen Saum und Oberstoff einstechen. Beim Säumen von Hosenbeinen empfiehlt es sich, die Saumkante fest an den Oberstoff zu nähen. Stechen Sie unterhalb der Zickzackversäuberung ein und arbeiten Sie kleine Stiche in gleichmäßigem Abstand.

5. Für die schnelle Art der Saumverarbeitung benötigen Sie Saumfix, ein aufbügelbares Haftvlies. Die Saumzugabe entlang der Umbruchlinie umbügeln, Saumfix unter die Saumzugabe legen und Saum festbügeln. Achten Sie darauf, dass Sie mit dem Bügeleisen das Haftvlies nicht direkt berühren.

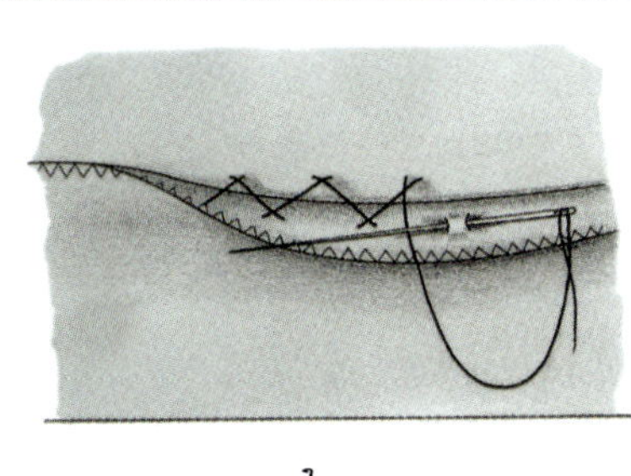

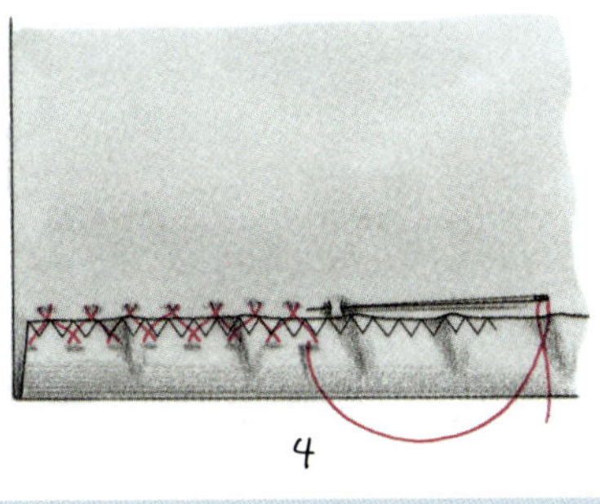

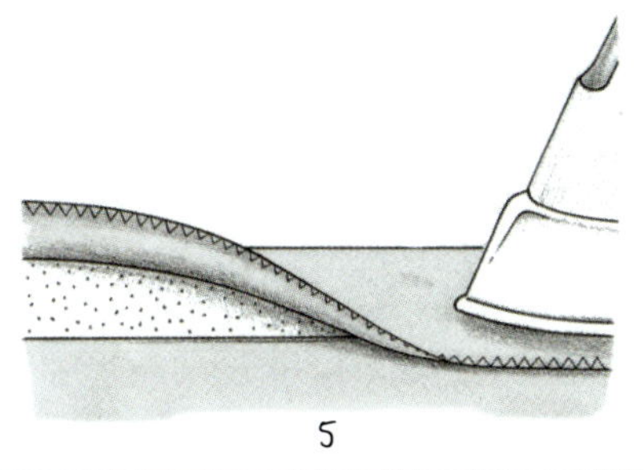

Kragen

Aus drei Kragengrundformen entstehen alle anderen Variationen der Kragen, ganz der jeweiligen Mode entsprechend. Die drei Grundformen sind: Flachkragen, Umlegekragen und Stehkragen.

Der Bubikragen, als Beispiel für den Flachkragen, liegt flach auf dem Kleidungsstück auf. Er wird mit einem Schrägstreifen oder einem Formstreifen (Versäuberung) angesetzt. Der Flachkragen kann sich aus einem doppelt gelegten Kragenteil oder aus Ober- und Unterkragen zusammensetzen.

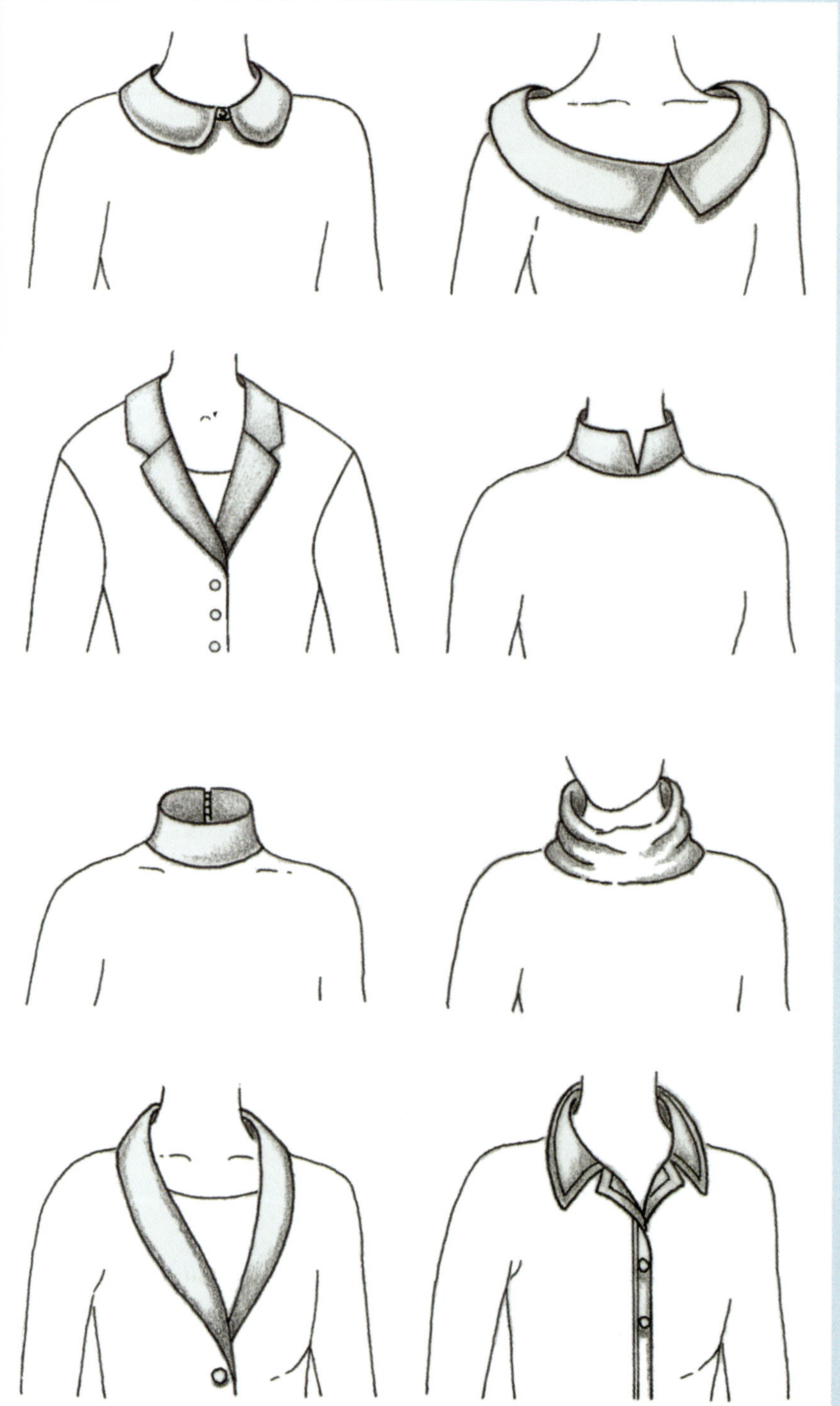

Der Umlegekragen steht zunächst am Halsausschnitt hoch und legt sich entlang der Umbruchlinie um, so dass er wieder auf dem Kleidungsstück aufliegt oder steht. Zu den Umlegekragen gehören der Hemdblusenkragen, der Reverskragen, der Schulter- und der Schalkragen.

Der Stehkragen kann aus einem sehr schmalen Bündchen bestehen, er kann aber auch sehr breit sein, wie zum Beispiel beim halsfernen Rollkragen. Einen zweiteiligen Stehkragen können Sie auch mit leicht abgerundeten Ecken zuschneiden, zum Beispiel für das Bündchen bei Hemdblusenkragen mit Steg. Bei abgerundeten Stehkragen müssen Ober- und Unterkragen extra geschnitten werden.

Alle Kragen bestehen aus drei Teilen: dem Ober- und dem Unterkragen und dem Einlagestoff. Ein Kragen soll fertig genäht sein, ehe Sie ihn am Halsausschnitt des Kleidungsstückes befestigen.

Flachkragen

Bei Flachkragen ist die hintere Mitte identisch mit dem Fadenlauf. Der Oberkragen ist rundherum 2 mm größer als der Unterkragen. Die Einlage wird mit wenigen Ausnahmen auf den Unterkragen gearbeitet.

1. Legen Sie die Kragenhälften rechts auf rechts und nähen Sie den Kragen entlang der Nahtlinie. Die Ansatzlinie bleibt offen.

2. Schneiden Sie die Nahtzugabe stufenweise zurück, schrägen Sie die Ecken ab und schneiden Sie die Rundungen bis 2 mm vor die Nahtlinie ein.

3. Wenden Sie den Kragen und bügeln Sie die Nahtkanten so, dass der Oberkragen einen Vorstoß von 2 mm hat; dann die Kante heften. Damit der Oberkragen etwas mehr Fülle erhält, wölben Sie ihn etwas und stecken einige Stecknadeln quer zur Ansatzlinie, eventuell noch mit Staffierstichen fixieren.

4. Den fertigen Kragen stecken Sie rechts auf rechts (Unterkragen) an die Halsausschnittlinie. Arbeiten Sie immer von der hinteren zur vorderen Mitte hin. Anschließend heften Sie den Kragen an.

5. Heften Sie einen Form- oder einen Schrägstreifen als Beleg mit an die Halsausschnittlinie und nähen Sie ihn mit an. Schneiden Sie die Nahtzugaben stufenweise zurück, anschließend bis 2 mm vor die Nahtlinie in einem Abstand von 1,5 cm einschneiden.

6. Bügeln Sie die Nahtzugaben zum Beleg hin. Auf der Belegseite nähen Sie knapp neben der Ansatznaht eine Untersteppnaht. Bügeln Sie den Beleg nach innen und säumen Sie ihn an den Schulternähten und der hinteren Mitte an das Kleidungsstück an.

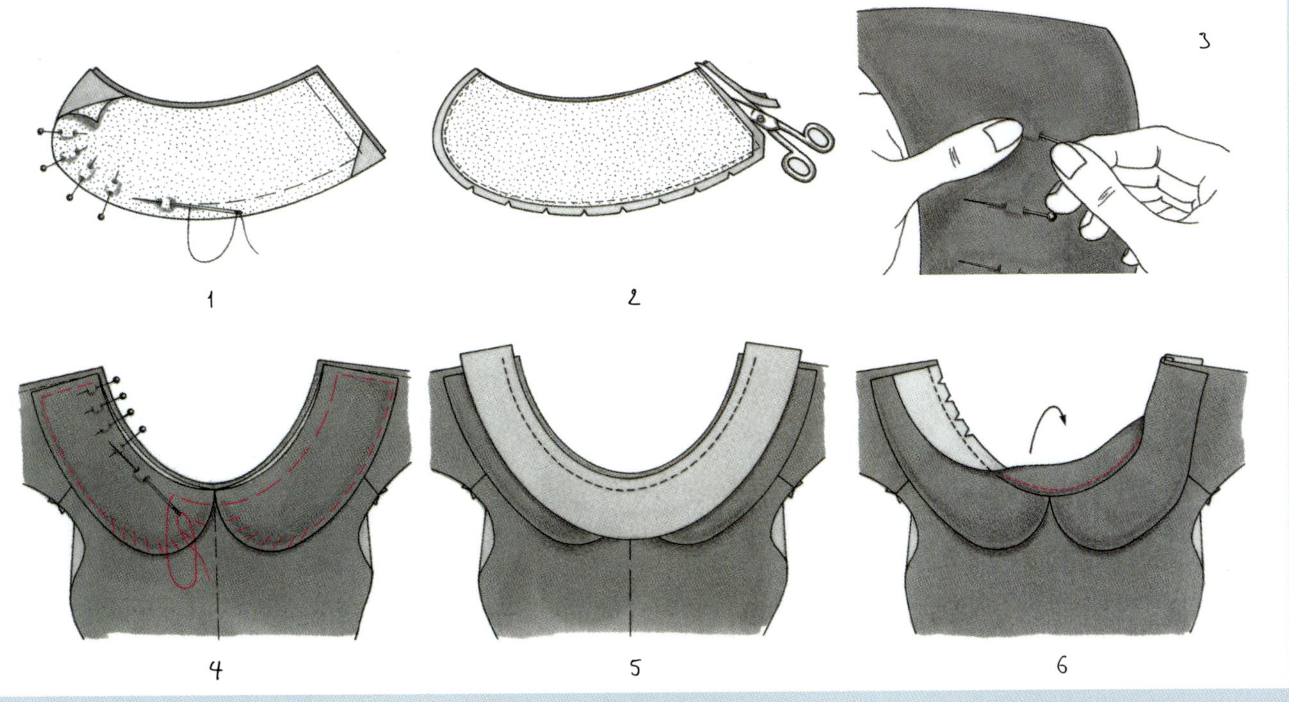

Umlegekragen

Vom Verlauf der Bruchlinie hängen Stand und Umfallbreite ab. Der Unterkragen bei einem Reverskragen kann zum Beispiel im Schrägfadenlauf zugeschnitten werden. Wichtig: der Oberkragen ist etwas größer als der Unterkragen.

1. Belegen Sie den Unterkragen mit Einlagestoff. Stecken und heften Sie Ober- und Unterkragen rechts auf rechts aufeinander, dehnen Sie den Unterkragen dabei leicht. Nähen Sie den Kragen entlang der Nahtlinie zusammen, die Ansatzlinie bleibt offen.

2. Es empfiehlt sich, die Ecken des Kragens mit kleinen Stichen zu steppen, um ein späteres Ausreißen zu vermeiden. Schneiden Sie anschließend die Nahtzugaben stufenweise zurück und schrägen Sie eventuell die Ecken leicht ab.

3. Bügeln Sie die Nahtzugaben zum Unterkragen hin. Verstürzen Sie Ober- und Unterkragen und streichen Sie die Naht gut aus. Arbeiten Sie Rundungen wie auch Ecken sorgfältig heraus. Heften Sie den Kragen vor dem Bügeln sorgfältig entlang der Kragenkante. Der Oberkragen sollte einen Vorstoß von 2 mm haben.

4. Bügeln Sie nun die Kanten des Kragens und formen Sie den Umlegekragen auf einem Bügelkissen. Heften Sie ihn entlang der Umbruchlinie. Ist das Kleidungsstück gefüttert, näht man den Kragen offenkantig an die Halsausschnittlinie. Die Schnittkanten von Ober- und Unterkragen werden deshalb vor dem Anstecken fest aufeinander geheftet.

5. Legen Sie den Kragen so an die Halsausschnittlinie, dass der Unterkragen zur Oberseite des Kleidungsstückes schaut. Stecken Sie den Kragen jeweils von der hinteren zur vorderen Mitte an.

6. Den Beleg des Revers oder der Knopfleiste stecken Sie rechts auf rechts dagegen. Heften Sie knapp neben der Halsausschnittlinie von der vorderen Mitte aus durch alle Stofflagen hindurch.

7. Entlang der Halsausschnittlinie steppen Sie Kragen und Beleg an.

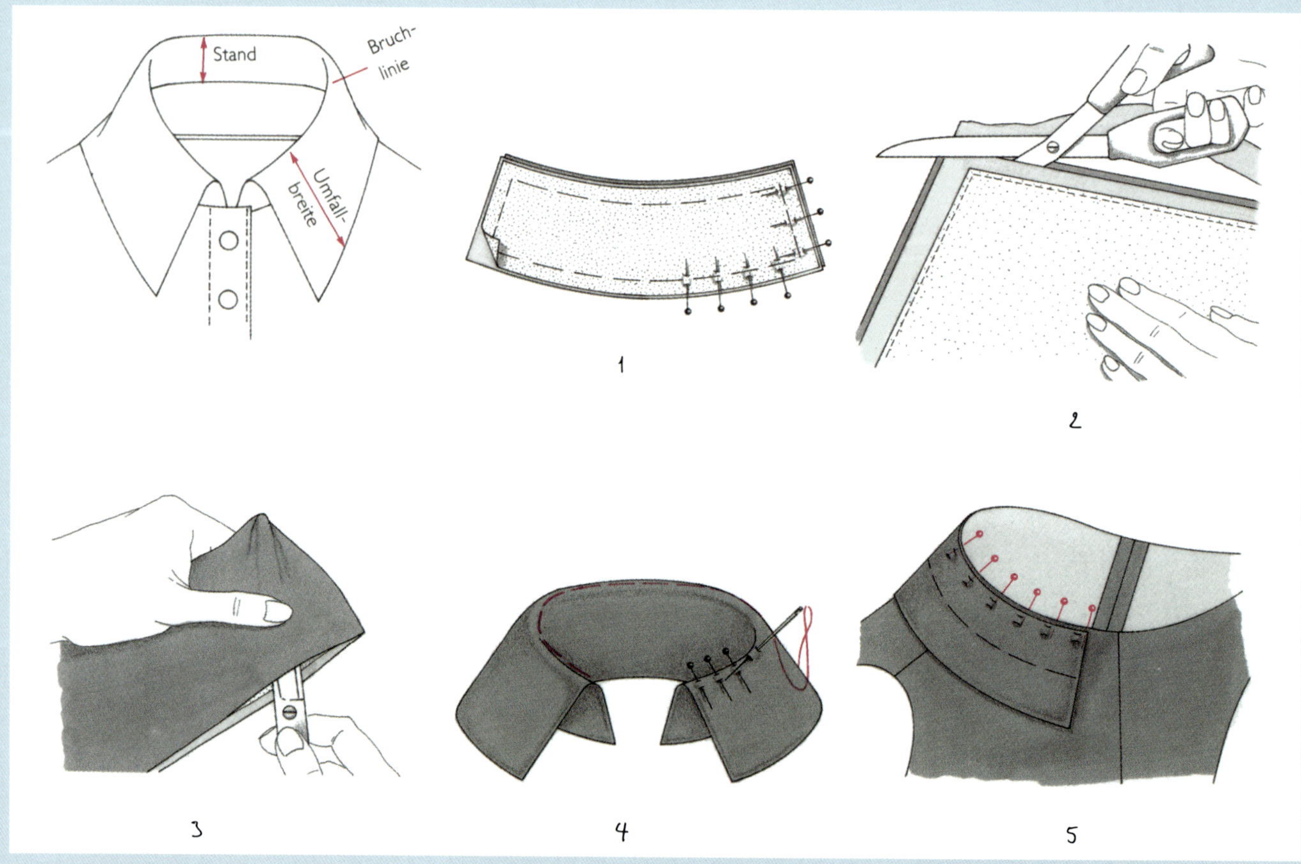

Schneiden Sie die Nahtzugaben stufenweise zurück. Damit die Naht nicht spannt, schneiden Sie die Rundungen bis 2 mm vor die Nahtlinie ein. Bügeln Sie die Nahtzugaben zum Kleidungsstück hin.

8. Mit Staffierstichen säumen Sie das Futter an der Stepplinie der rückwärtigen Halsausschnittkante an, von der Schulternaht aus wird das Futter am Beleg befestigt.

9. Bei einem nicht gefütterten Kleidungsstück (zum Beispiel einer Bluse) die Ansatzkante nicht heften. Zuerst den Oberkragen rechts auf links annähen, anschließend den Unterkragen hohl an die Nahtlinie säumen. Dies ist vor allem bei dickeren Stoffen zu empfehlen.

10. Soll der Kragen jedoch hin und wieder hochgeschlagen getragen werden, so steppen Sie den Unterkragen rechts auf rechts an die Halsausschnittlinie an. Stecken und heften Sie den Beleg des Vorderteils an den Oberkragen und nähen Sie ihn an. Wenden Sie ihn nach innen.

11. Schlagen Sie die offene Ansatzkante des Oberkragens 1 cm ein und heften Sie sie an. Nähen Sie den Oberkragen mit kleinen Staffierstichen entlang der Nahtlinie fest. Berücksichtigen Sie bereits beim Zuschnitt den Einschlag (Nahtzugabe) der Oberkragenansatzkante.

Tipp

Jeder Kragen muss vor dem Annähen an das Kleidungsstück fertiggestellt werden. Wenn Sie also den Kragen besticken oder mit Bändchen, Schrägstreifen oder Tressen einfassen wollen, so müssen Sie diese Arbeit vor dem Annähen an das Kleidungsstück vornehmen. Kragen müssen auch nach der Wäsche korrekt sitzen. Deshalb ziehen Sie den Kragenstoff und auch den Einlagestoff durch heißes Wasser und bügeln ihn anschließend aus.

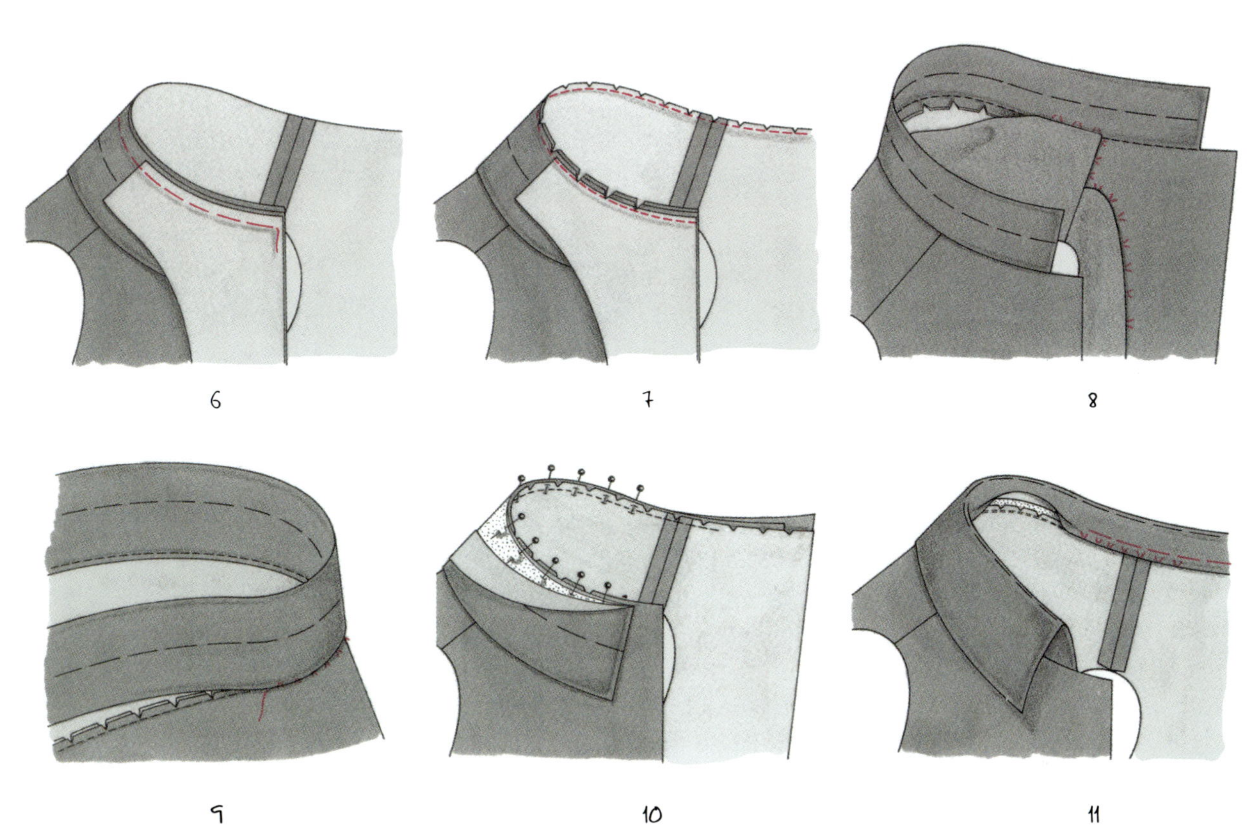

Klassischer Reverskragen

Beim klassischen Schneiderreverskragen braucht der Oberkragen nur wenig mehr Weite, da er vorn flach aufliegt. Er wird meistens bei gefütterten Jacken und Mänteln gearbeitet.

1. Verstärken Sie den Unterkragen (linke Stoffseite) und die Belege mit aufbügelbarem Einlagestoff.

2. Stecken, heften und nähen Sie den Unterkragen von Kragenansatzpunkt zu Kragenansatzpunkt rechts auf rechts an den Halsausschnitt. Schneiden Sie die Nahtzugabe in der Rundung, im Abstand von 1,5 bis 2 cm, bis kurz vor die Nahtlinie ein.

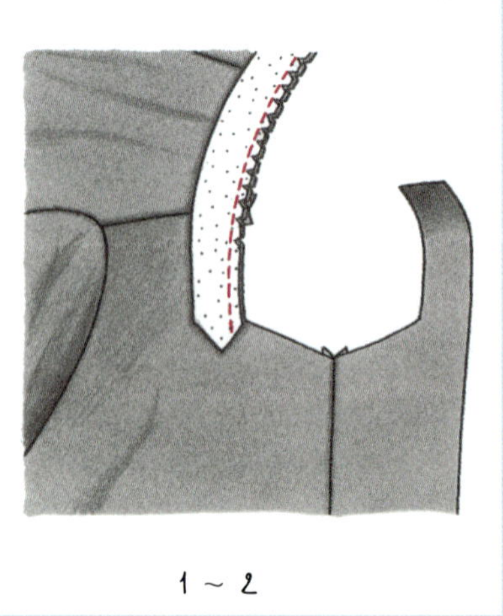

1 ~ 2

3. Den Oberkragen stecken, heften und nähen Sie jeweils vom Kragenansatzpunkt bis zur entsprechenden Schulternaht rechts auf rechts an die Belege. Bügeln sie die Nahtzugaben der Kragenansatznähte auseinander.

4. Stecken, heften und nähen Sie den Oberkragen rechts auf rechts auf den Unterkragen, und schieben Sie dabei die Überlänge des Oberkragens in Richtung Außenkante, damit sich der Kragen besser wölbt.

5. Ab dem Kragenansatzzeichen stecken, heften und nähen Sie rechts auf rechts die Belege an. Schieben Sie auch hier die Überlänge der Belege etwas an.

6. Schneiden Sie die Nahtzugaben stufenweise zurück und schrägen Sie die Ecken ab. Vor dem Verstürzen bügeln Sie noch über die Nahtlinie von Kragen und Beleg.

7. Wenden Sie den Kragen und den Beleg nach rechts. Fixieren Sie die Kanten mit Heftstichen. Achten Sie darauf, dass Oberkragen und Revers an der Kragenkante einen Vorstoß von 2 mm haben.

Ist die Jacke gefüttert, wird der Oberkragen am hinteren Halsausschnitt flach über die Unterkragennaht gelegt und von rechts in der Halsausschnittlinie mit kleinen Vorstichen durchgenäht. Auf dieser Naht staffiert man das Futter an.

Bei einem ungefütterten Kleidungsstück schlagen Sie die Saumzugabe (schon beim Zuschnitt etwas zugeben) des Oberkragens ein. Säumen Sie den Oberkragen von Hand an den hinteren Halsausschnitt.

Tipp

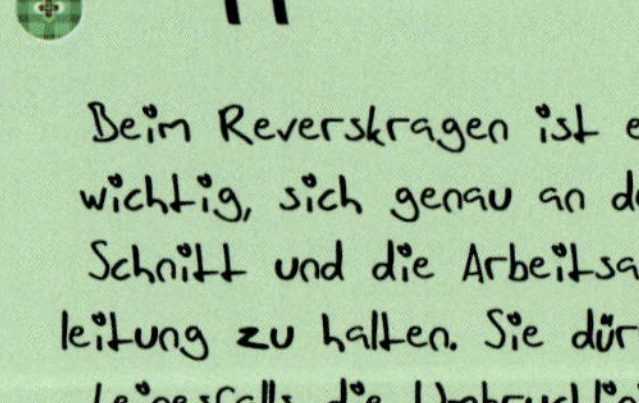

Beim Reverskragen ist es wichtig, sich genau an den Schnitt und die Arbeitsanleitung zu halten. Sie dürfen keinesfalls die Umbruchlinie des Revers verlegen, denn sie bestimmt die Schnittform des Kragens.

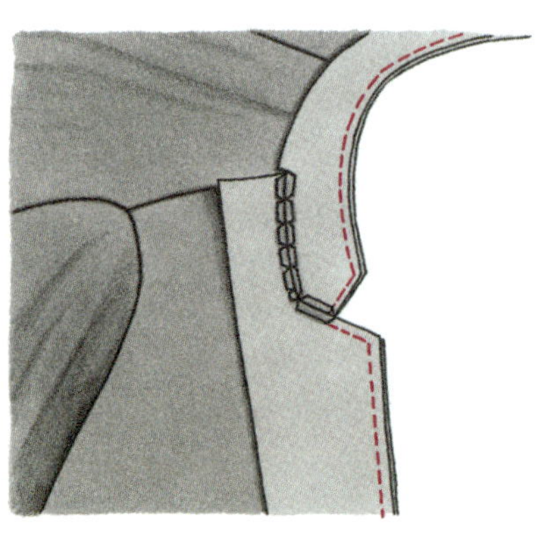

3 ~ 6

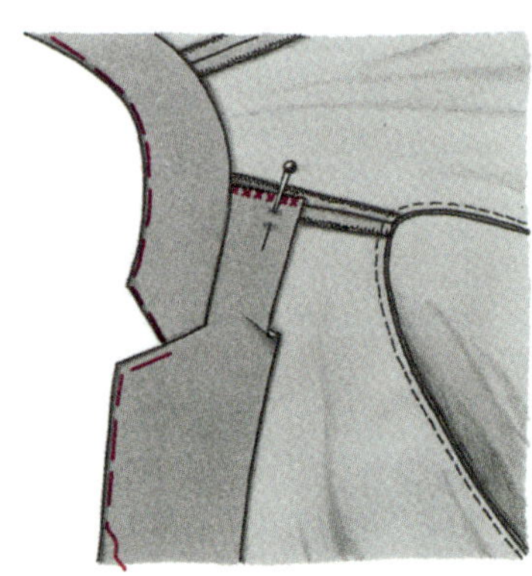

7

Kragen mit Steg

Der klassische Hemdblusenkragen ist ein Kragen mit Steg. Ebenso wie der eigentliche Kragen besteht auch der Steg aus zwei Teilen.

1. Bügeln Sie auf den Unterkragen und das äußere Stegteil von links Einlagestoff auf. Wenn der Kragen sehr steif sein soll, bügeln Sie auf alle vier Schnittteile Einlagestoff auf.

2. Stecken, heften und nähen Sie Ober- und Unterkragen an den Außenkanten aufeinander. Schneiden Sie die Nahtzugaben stufenweise zurück und schrägen Sie die Ecken ab (a).

Wenden Sie den Kragen, heften und bügeln Sie die Kanten mit einem Vorstoß von 2 mm, eventuell die Kragenkanten absteppen (b).

3. Stecken und heften Sie den Kragen zwischen die oberen Kanten der Stegteile, dabei liegt das verstärkte Stegteil an der Unterkragenseite (c).

Achten Sie darauf, dass alle Markierungspunkte genau aufeinandertreffen. Steppen Sie dann die Stegteile an den vorderen Schmalseiten und an der oberen Kante aufeinander, der Kragen wird dabei zwischengefasst. Schneiden Sie die Nahtzugaben zurück und in den Rundungen (im Abstand von 1 bis 2 cm) ein.

4. Schlagen Sie nun den Steg herunter, heften und bügeln Sie die Kanten sorgfältig.

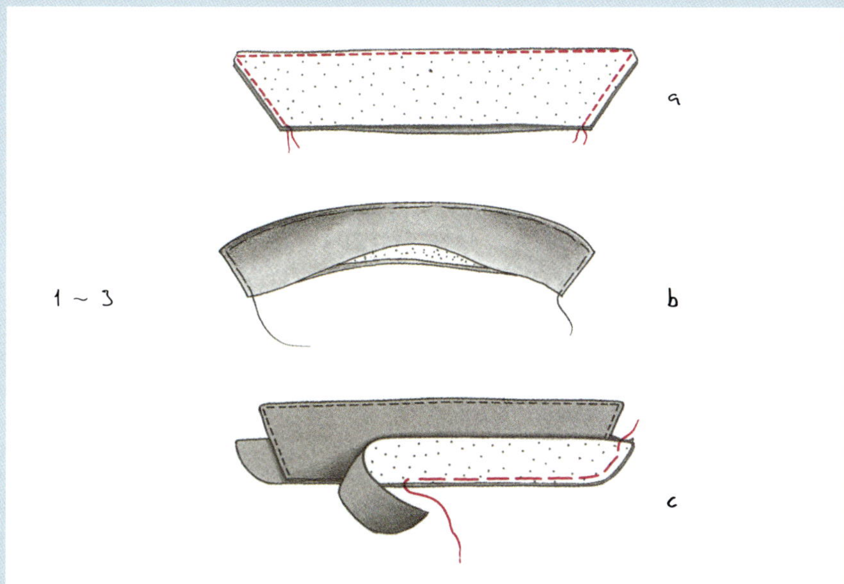

5 Nähen Sie den verstärkten Steg rechts auf rechts an den Halsausschnitt. Er schließt genau mit der vorderen Kante Ihrer Bluse ab. Bügeln Sie die Nahtzugabe in den Kragen.

6. Schlagen Sie die Saumzugabe des inneren Stegteiles ein und säumen Sie es über der Naht an. Eventuell steppen Sie den Steg noch ab. Arbeiten Sie ein Knopfloch in den Stegübertritt.

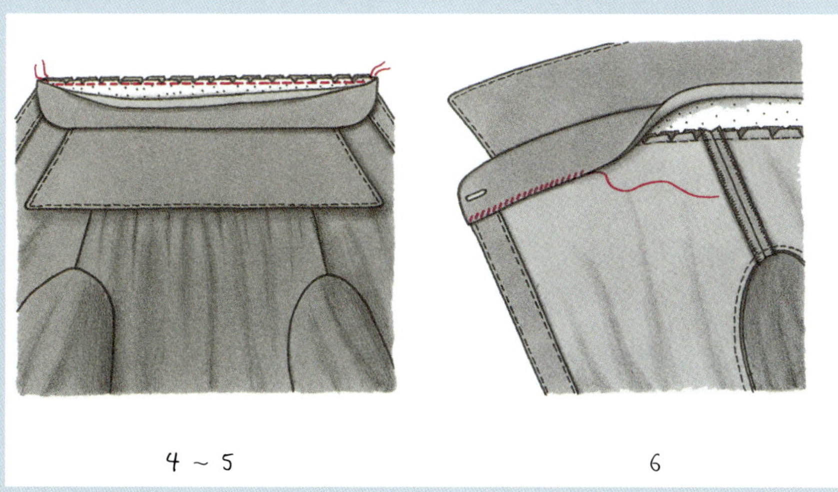

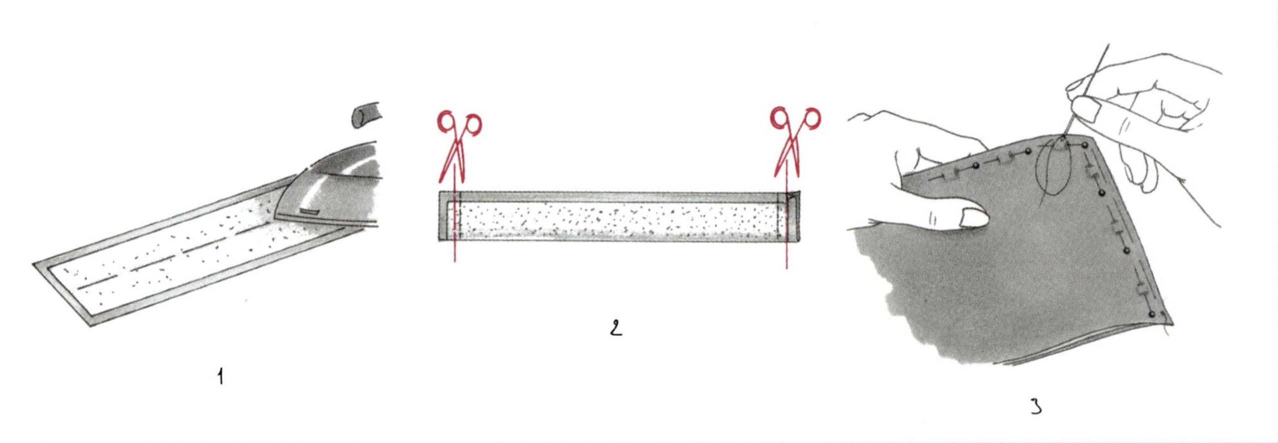

Stehkragen

1. Einteilige Stehkragen werden aus einem geraden Stück Stoff gearbeitet. Sie können je nach Stoffart auf Ober- und Unterkragen eine Einlage anbringen, damit der Kragen fest steht und nicht zusammenfällt. Für den umgeschlagenen Stehkragen wird die Einlage nur bis zur Bruchlinie aufgebügelt.

2. Falten Sie den Stoffstreifen entlang der Bruchlinie rechts auf rechts und nähen Sie die Enden zusammen. Schrägen Sie die Ecken ab und verstürzen Sie den Kragen.

3. Die Seitennähte exakt in die Kante schieben und den Kragenrand (Bruchkante und Seitennähte) ringsherum stecken, besser jedoch heften; die Ansatzkante bleibt dabei offen.

4. Die Ansatzkante des Oberkragens stecken Sie an die Halsausschnittkante, heften sie und steppen sie entlang der Nahtlinie an. Schneiden Sie die Nahtzugaben stufenweise zurück, dann bügeln Sie sie zum Kragen hin. Säumen Sie den Unterkragen an die Ausschnittkante.

5. Alle Kragen können je nach Stoffart mit Abstand zur äußeren Kante schmalkantig oder füßchenbreit abgesteppt werden. Mehrfaches Absteppen ist ebenfalls möglich.

6. Einen zweiteiligen Stehkragen mit einer leicht geschwungenen Ansatzlinie arbeiten Sie auf die gleiche Art, nur wird statt des Stoffbruches eine zusätzliche Naht gefertigt.

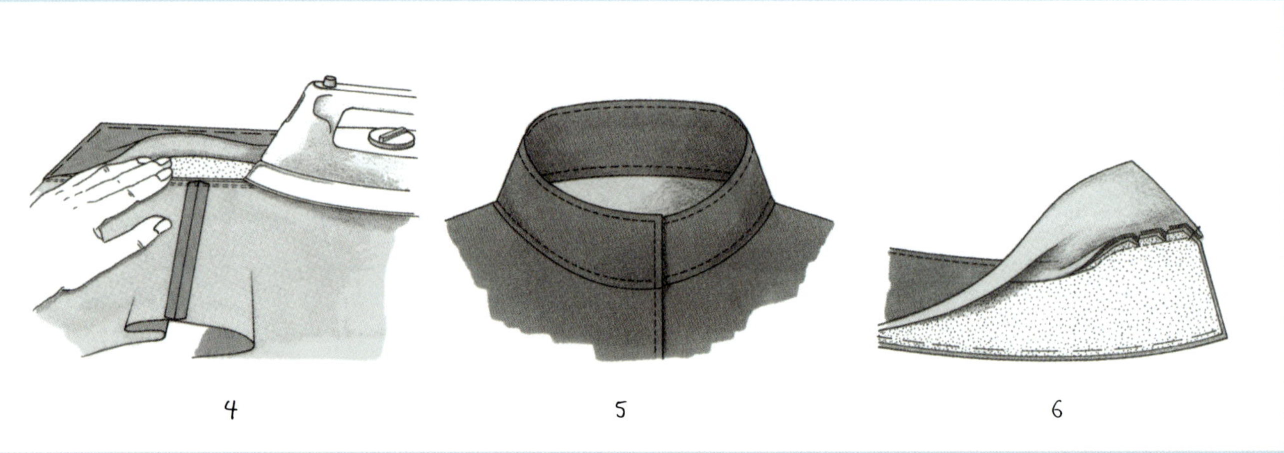

Rollkragen

Das beste Material für Rollkragen sind gewirkte Stoffe oder Schlauchwaren. Sie lassen sich dehnen und passen sich gut der Halsform an.

Der Rollkragen kann eng am Hals anliegend oder sehr weit und locker fallend, meist halsfern, gearbeitet werden. Bei einem eng anliegenden Rollkragen setzt man einen Verschluss ein. Für den weiten Rollkragen muss auch der Halsausschnitt weit ausgeschnitten sein. Die Kragenhöhe (-breite) bei einem weiten Rollkragen ist größer als bei einem anliegenden; insgesamt ist der Rollkragen breiter als ein Stehkragen.

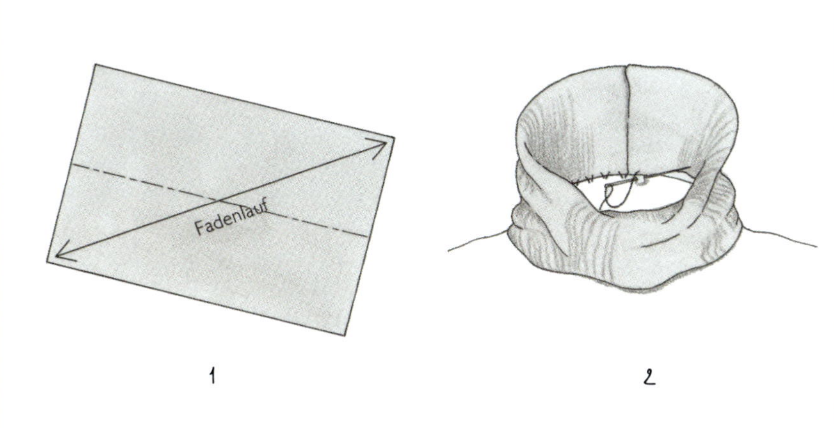

1. Wenn Sie den Rollkragen aus gewebtem Stoff arbeiten, müssen Sie ihn unbedingt im schrägen Fadenlauf zuschneiden. Er legt sich dann besser um. Verzichten Sie möglichst auf Einlagestoff, denn der Rollkragen soll ja weich fallen.

2. Bei gewebten Stoffen nähen Sie den einfachen Kragenkreis rechts auf rechts an die Halsausschnittkante. Bügeln Sie die Naht. Schlagen Sie die offene Ansatzkante des Innenkragens 1 cm ein und staffieren Sie sie an die Halsansatzlinie des Oberteiles an.

3. Für den Rollkragen aus Wirkstoff ohne Verschluss schneiden Sie sich einen geraden Streifen zu, der länger ist als Ihr Kopfumfang. Die Breite entspricht der doppelten Kragenhöhe plus Nahtzugabe. Nähen Sie den Kragen mit der Overlocknaht zu einem Kreis zusammen und bügeln Sie die Naht.

4. Legen Sie den Kragen längs in den Stoffbruch und teilen Sie ihn in vier Teile. Diese Markierungen entsprechen in etwa den Ansatzpunkten (rückwärtige und vordere Mitte und Schulternähte) des Oberteiles.

5. Stecken Sie den doppelten Kragen rechts auf rechts an die Halsausschnittkante, so dass die Kanten des Ausschnittes und des Kragens bündig sind. Mit der Overlocknaht nähen Sie den Kragen an.

Arbeiten Sie mit der Hand, so verwenden Sie den Staffierstich. Dabei den Kragen nur leicht dehnen.

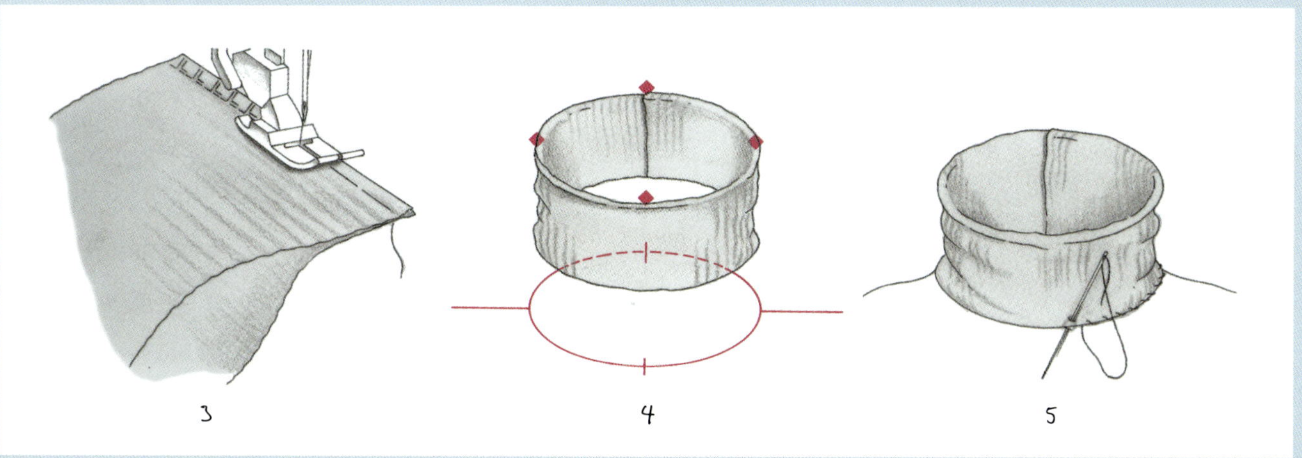

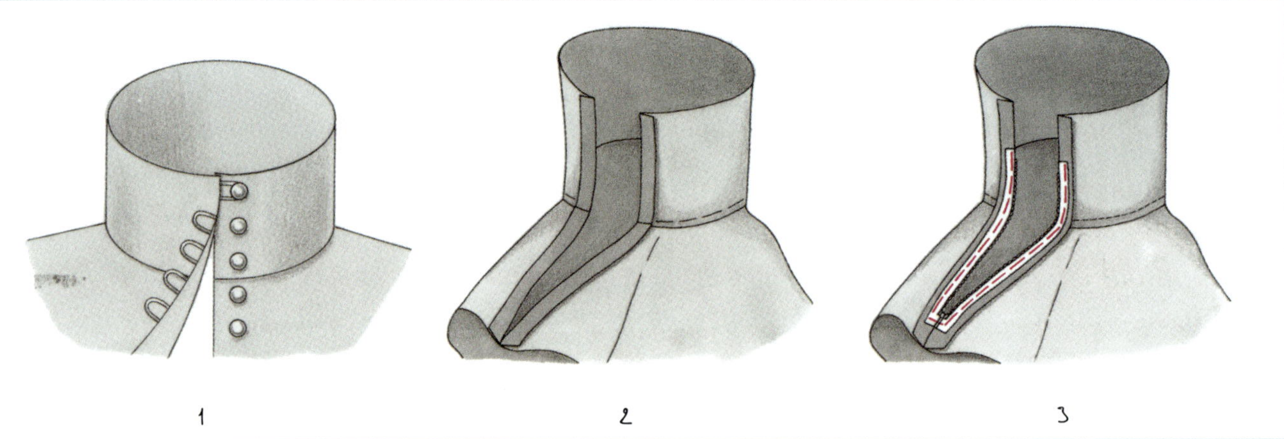

Für den engen Rollkragen gibt es verschiedene Verschlussmöglichkeiten. Meistens wird ein farblich passender Reißverschluss sichtbar eingenäht.

1. Eine andere Möglichkeit, einen Rollkragen zu schließen, ist der Schlingenverschluss. Er stellt gleichzeitig einen Schmuck an Ihrem Kleidungsstück dar. Dabei werden in den Übertritt des Kragens kleine Schlingen gearbeitet und auf den Untertritt kleine Knöpfe genäht.

2. Bevor Sie den Kragen ansetzen, müssen die Nahtzugaben des Reißverschlussschlitzes im Oberteil und die seitlichen Nahtzugaben des Kragens umgebügelt und geheftet werden.

3. Nähen Sie den einfachen Kragen rechts auf rechts an die Halsausschnittkante. Stecken und heften Sie den Reißverschluss so unter den Schlitz, dass er an der Bruchkante des Kragens beginnt.

4. Schneiden Sie die oberen Ecken des Reißverschlussbandes ab. Legen Sie den Kragen nach links um. Stecken und heften Sie ihn kantenbündig an die Reißverschlusszähne.

5. Nähen Sie mit dem Reißverschlussfuß den Reißverschluss ein. Staffieren Sie die Krageninnenkante an die Halsansatzlinie an.

Tipp

Einen hohen Rollstehkragen formt man am besten am Hals ab. Ein gerader Papierstreifen wird oben mehrere Male eingeschnitten und am Hals so übereinandergesteckt, bis die ideale, nach oben anschließende Form gefunden ist.

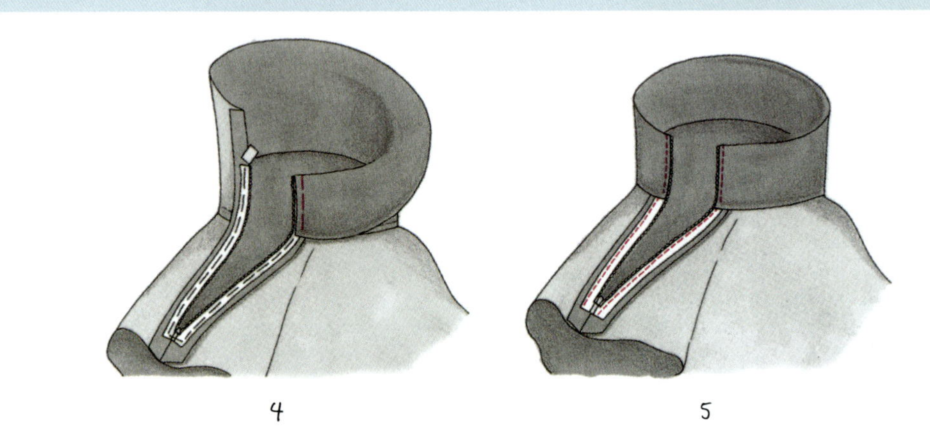

Verstürzte Abschlüsse

Hals- und Armausschnitte, Verschlusskanten sowie Schlitze werden entweder gesäumt oder mit „verstürzten Abschlüssen" versäubert. Das Versäubern erfolgt mit Schrägstreifen, Formbelegen oder angeschnittenen Belegen.

Schrägstreifen

Angesetzte Schrägstreifen tragen weniger auf als Formstreifen. Sie haben die Möglichkeit, fertige Schrägstreifen in der Breite von 5 cm zu verwenden oder einen Schrägstreifen aus Oberstoff oder Futterstoff zuzuschneiden.

1. Wichtig ist der Schrägfadenlauf, damit sich der Stoff leichter den Rundungen anpasst.

2. Benötigen Sie einen sehr langen Schrägstreifen, so nähen Sie die einzelnen Streifen im geraden Fadenlauf zusammen. Bügeln Sie den Schrägstreifen längs zusammen, so dass er eine Breite von 2,5 cm erhält. Für runde Ausschnitte bügeln Sie den Schrägstreifen zusätzlich in Form.

Die Länge des Schrägstreifens ergibt sich für den Halsausschnitt aus der Länge der Halsausschnittlinie plus 5 cm Zugabe zum Versäubern.

3. Stecken Sie die Schnittkanten des doppelt liegenden Schrägstreifens rechts auf rechts an den Halsausschnitt. Nähen Sie ihn entlang der Nahtlinie fest. Schneiden Sie die Nahtzugaben stufenweise zurück und bis 2 mm vor die Nahtlinie ein.

4. Schlagen Sie den Schrägstreifen nach innen und bügeln Sie die Ausschnittkante so um, dass ein Vorstoß des Oberstoffes von 2 mm bleibt.

Nähen Sie den Schrägstreifen mit kleinen, losen Saumstichen auf der Innenseite des Oberteils an.

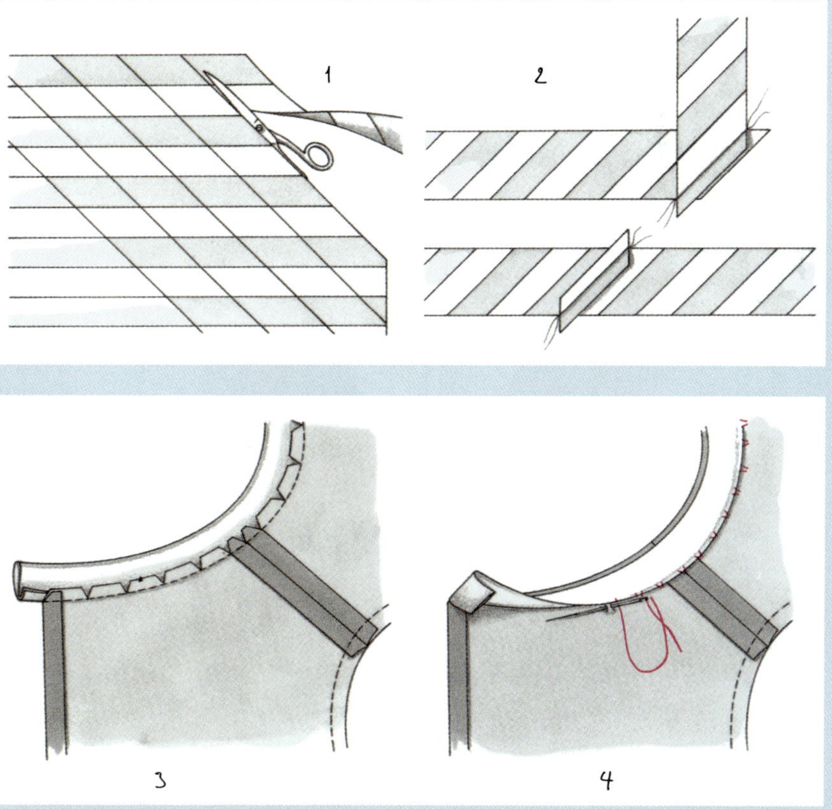

Formstreifen

Einen runden, eckigen, ovalen oder V-förmigen Halsausschnitt versäubern Sie mit einem Formstreifen. Dieser ist im Allgemeinen 3 bis 4 cm breit und wird nach dem gleichen Schnitt und im gleichen Fadenlauf wie der zu versäubernde Ausschnitt (ebenfalls aus dem Oberstoff) zugeschnitten. Je nach Stoffart verstärken Sie ihn mit aufbügelbarem, dünnem Einlagestoff.

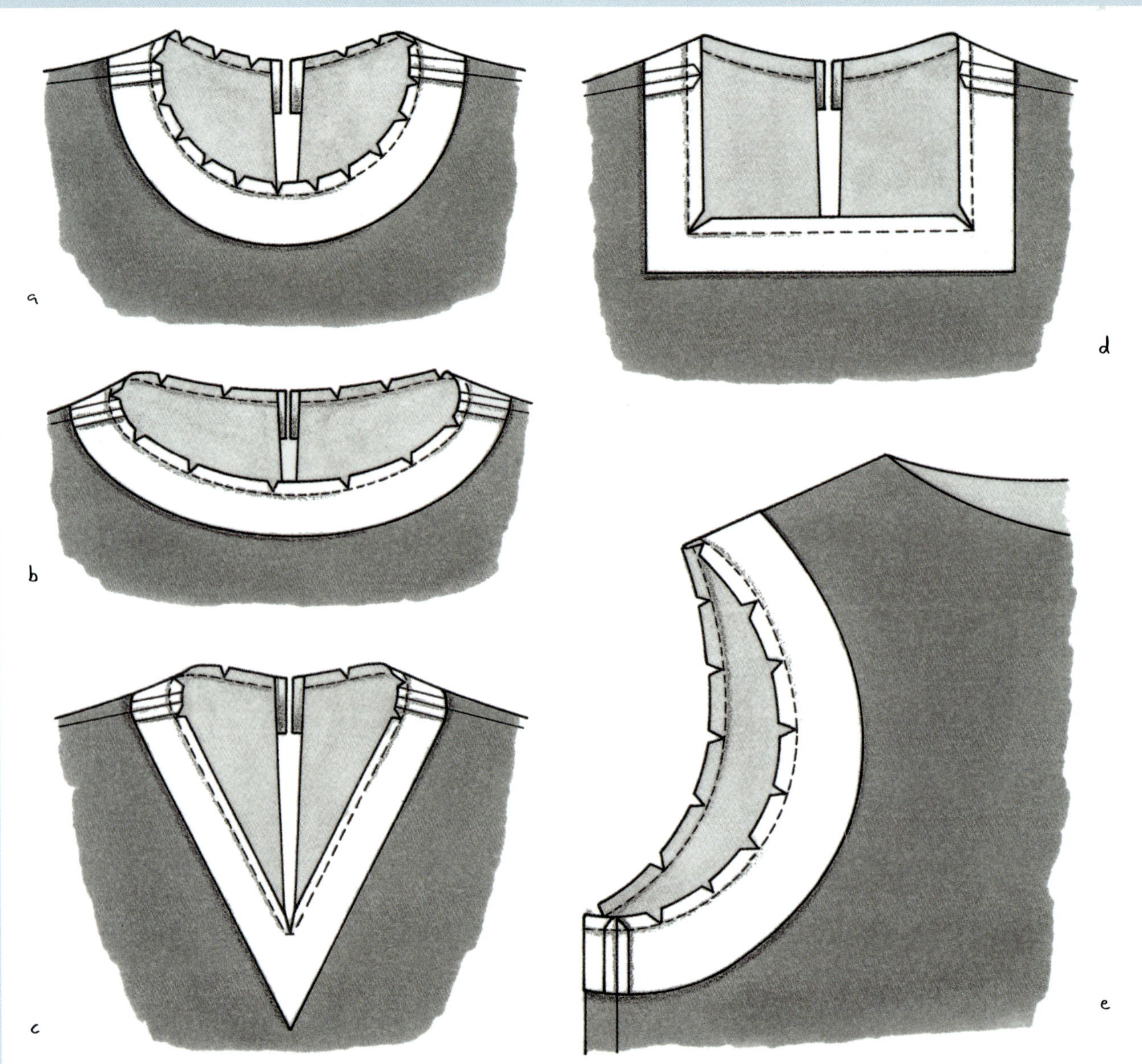

Formstreifen zum Versäubern eines weiten (a) oder engen (b) Halsausschnittes, eines V-Ausschnittes (c), eines eckigen Ausschnittes (d) oder des Armloches (e).

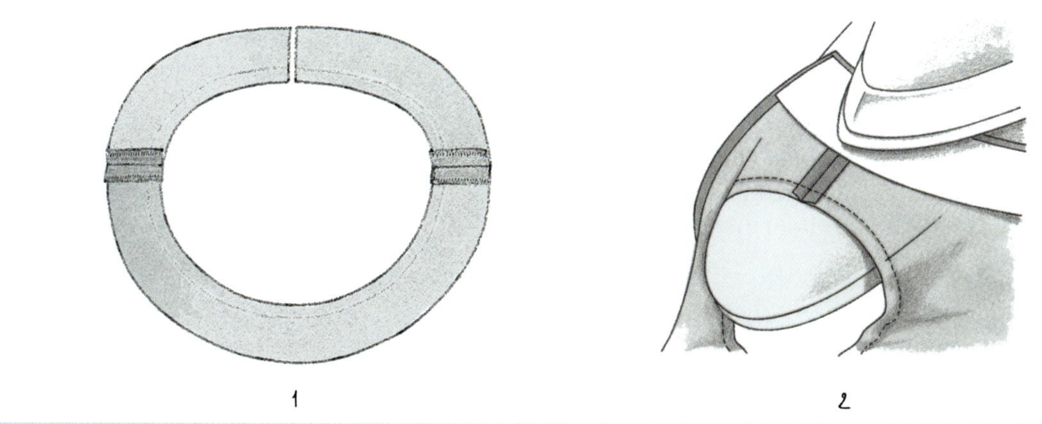

1 2

1. Besteht der Formstreifen aus mehreren Teilen, zum Beispiel aus zwei Rückenteilen und einem Vorderteil, so schließen Sie zuerst die Nähte, die den Schulternähten entsprechen. Bügeln Sie sie.

Legen Sie dann den Formstreifen rechts auf rechts auf den Ausschnitt (Schnittkante auf Schnittkante, Schulternähte auf Schulternähte, vordere Mitte auf vordere Mitte), und nähen Sie entlang der Nahtlinie.

Mit einer spitzen Schere schneiden Sie die Nahtzugaben an den Rundungen bis 2 mm vor die Nahtlinie (Abstand 1,5 cm) vorsichtig ein.

Bei eckigen oder V-förmigen Ausschnitten schneiden Sie die Ecken oder Spitzen ein (siehe auch Zeichnungen Seite 92).

2. Wenden Sie den Formstreifen nach links und bügeln Sie ihn so um, dass ein Vorstoß des Oberstoffes von 2 mm bleibt. Wenn vorhanden, verwenden Sie für diesen Arbeitsschritt ein Bügelkissen.

3. Nähen Sie eine Untersteppnaht, damit der Formstreifen nicht nach außen rutscht. Nähen Sie von rechts knapp neben der Nahtlinie entlang, durch Formstreifen und Nahtzugaben hindurch.

4. An den Schulternähten nähen Sie den Formstreifen mit Hexenstichen fest. In der hinteren Mitte mit in die Verschlusskante einarbeiten.

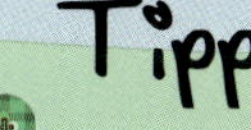

Die Versäuberung der Schnittkanten eines Armausschnittes erfolgt entsprechend den Arbeitsschritten 1 bis 4. Die Einlage bei einem Formstreifen für den Armausschnitt fällt weg.
Mit Hexenstichen befestigen Sie den nach innen gebügelten Formstreifen an Schulter- und Seitennähten. Je nach Modell können Sie statt mit der Untersteppnaht den Hals- und den Armausschnitt auch schmalkantig von rechts mit einer Ziersteppnaht absteppen.

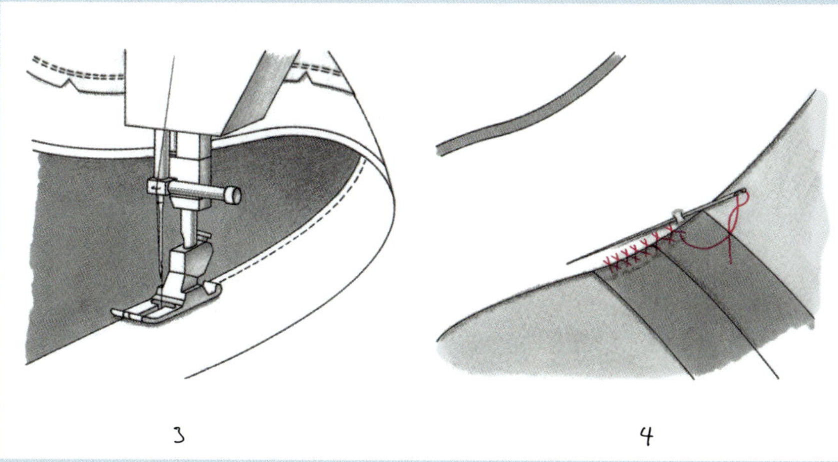

3 4

Verschluss-kanten

Verschlusskanten können direkt am Schnittteil angeschnitten oder als Beleg extra zugeschnitten werden. Knopflochleisten bestehen meistens aus Über- und Untertritt.

Verschlusskante mit Beleg

Wenn kein Kragen an das Kleidungsstück gearbeitet wird, schneiden Sie einen Formstreifen für den rückwärtigen Halsausschnitt zu.

1. Nähen Sie den angeschnittenen Beleg und den Formstreifen an den Schulternähten zusammen. Je nach Stoffart verstärken Sie den Beleg mit Einlagestoff.

2. Schlagen Sie den Beleg und den Formstreifen auf die rechte Stoffseite. Stecken und heften Sie beides am Halsausschnitt fest. Die Markierungspunkte und die Schulternähte liegen aufeinander.

3. Den Beleg nähen Sie am Halsausschnitt fest. Die Nahtzugaben werden stufenweise zurück geschnitten und bis 2 mm vor die Nahtlinie im Abstand von 1,5 cm eingeschnitten. Schrägen sie die vorderen Ecken ab. Bügeln Sie die Naht auf einem Ärmelbrett flach.

4. Wenden Sie den Beleg auf die linke Seite. Wichtig ist nun, dass Sie die Ecken vorsichtig mit einer Nadel herausziehen. Heften und bügeln Sie die Verschlusskante. Befestigen Sie den Beleg mit Hexenstichen an den Schulternähten.

Ist der Beleg extra geschnitten, hat die vordere Kante eine Naht. Legen Sie den Beleg und den angesetzten Formstreifen rechts auf rechts auf das Schnittteil, vordere Mitte und Schulternähte beachten. Steppen Sie beides fest. Um ein Ausreißen zu vermeiden, nähen Sie die Ecken mit kleinerer Stichlänge.

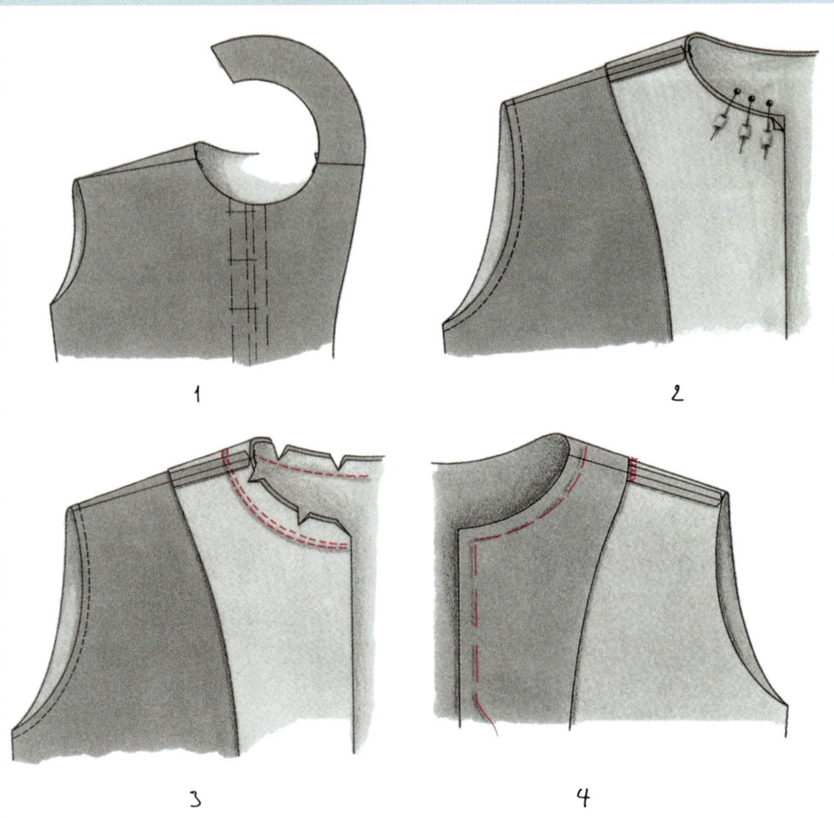

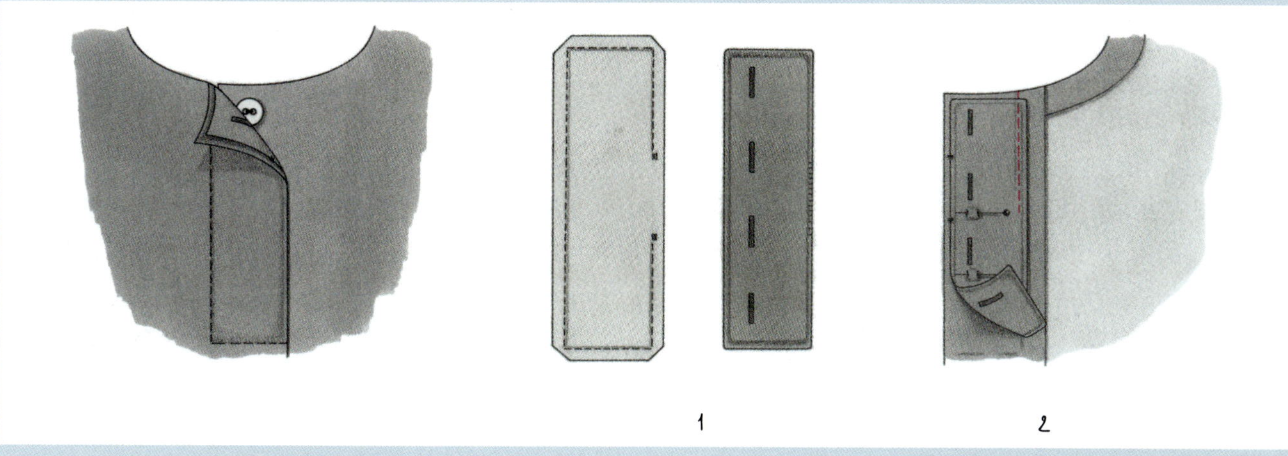

Verdeckte Knopfleiste

Zu den Verschlusskanten gehört auch die verdeckte Knopfleiste. Dabei arbeitet man den Untertritt des Beleges wie gewohnt. Die Knopfleiste wird bei dünnen Stoffen angeschnitten, bei dicken Jacken- und Mantelstoffen jedoch extra zugeschnitten.

1. Für die extra geschnittene Knopfleiste legen Sie die Schnittteile rechts auf rechts aufeinander und steppen sie zusammen. Verstürzen Sie die Leiste, die Ecken gut ausarbeiten. Fertigen Sie vor dem Annähen die Knopflöcher.

2. Heften Sie die fertige Leiste etwa 0,3 bis 0,5 cm von der Kante entfernt unter den Übertritt. Die Knopflöcher müssen exakt unter der vorderen Mitte liegen. Steppen Sie die Leiste von rechts durch die Verschlusskante an und entfernen Sie den Heftfaden.

3. Für die verdeckte Knopfleiste an Blusen wird ein Belegstreifen von 8 cm angeschnitten. Markieren Sie sich die Umbruchlinien, die a (1 cm), b (4 cm) und c (8 cm) von der Schnittkante entfernt sind.

4. Legen Sie den Stoff entlang der Linie c links auf links um; heften und bügeln Sie die Kante. Entlang der Linie b wird die innen liegende Knopflochleiste des Übertritts nochmals gefaltet. Heften Sie die Umbruchlinie b 2 mm von der Umbruchlinie c an und bügeln Sie sie.

5. Die Schnittkante der Knopflochleiste wird entlang der Linie a eingeschlagen, geheftet und angesteppt. Entfernen Sie den Heftfaden von b und arbeiten Sie senkrechte Knopflöcher in den innen liegenden Übertritt.

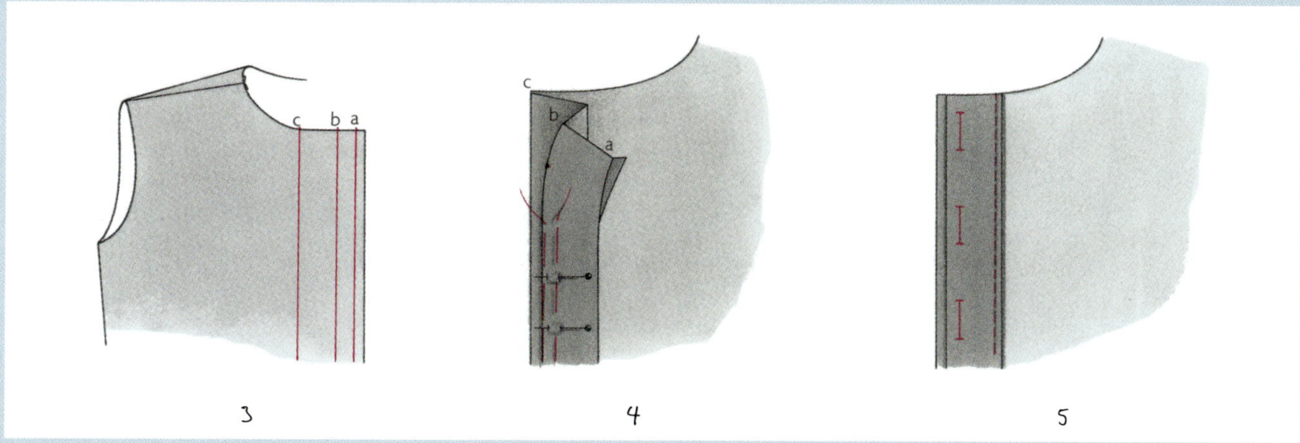

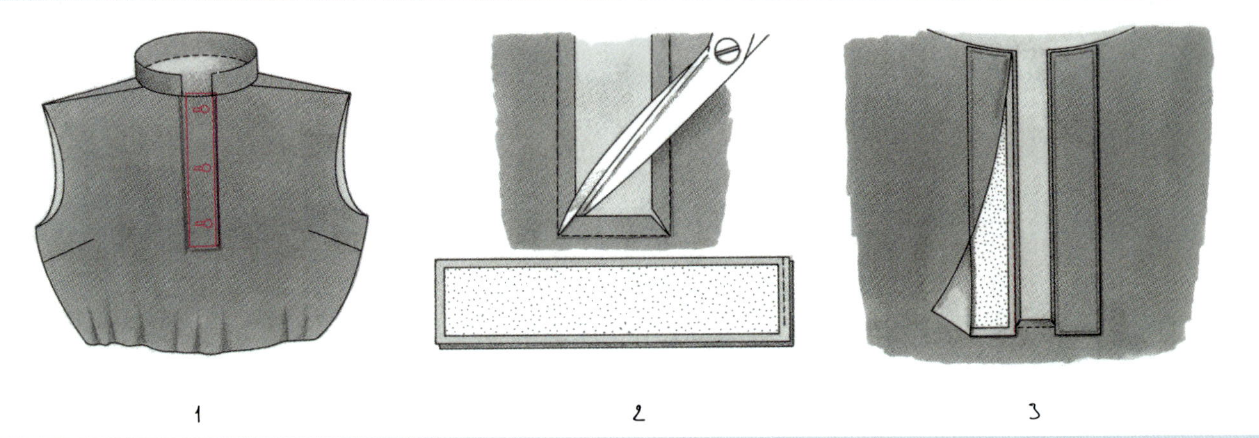

Schlitzblende

Soll ein Oberteil keine durchgehende Knopfleiste erhalten (zum Beispiel ein Hemdblusenkleid), so arbeiten Sie eine Schlitzblende.

1. Knopfloch- und Knopfleiste werden extra zugeschnitten. Die Breite entspricht der doppelten Schlitzbreite plus 2 cm Nahtzugabe, die Länge der Schlitzlänge plus 2 cm Nahtzugabe.

2. Die unteren Schlitzecken des Oberteiles werden bis zur Nahtlinie schräg eingeschnitten.

Legen Sie die Blendenteile rechts auf rechts und bügeln Sie sie. Eventuell verstärken Sie die Blendenteile mit Einlagestoff. Nähen Sie die obere Kante. Schrägen Sie die Ecken ab, verstürzen Sie die Blenden. Bügeln Sie anschließend die Kanten.

3. Legen Sie die Blenden offenkantig rechts auf rechts auf die Schlitzkanten. Stecken, heften und nähen Sie sie an. Schneiden Sie die Nahtzugaben zurück und bügeln Sie über die Nähte. Schlagen Sie anschließend die Blende zum Schlitz um und bügeln Sie die Nahtzugaben in die Blende.

4. Schlagen Sie die offenen Belegkanten ein und säumen Sie sie an die jeweilige Nahtlinie an.

5. Versäubern Sie die untere Kante der linken Blende mit Zickzackstich und stecken Sie die Kante an das Schlitzende. Nähen Sie sie an.

6. Legen Sie die rechte Blende über die linke. Schlagen Sie die Nahtzugabe der unteren Schlitzkante ein und nähen Sie sie mit hohlen Saumstichen fest. Bei dünneren Stoffen können sie die rechte Blende etwas länger zuschneiden und sie von rechts aufsteppen.

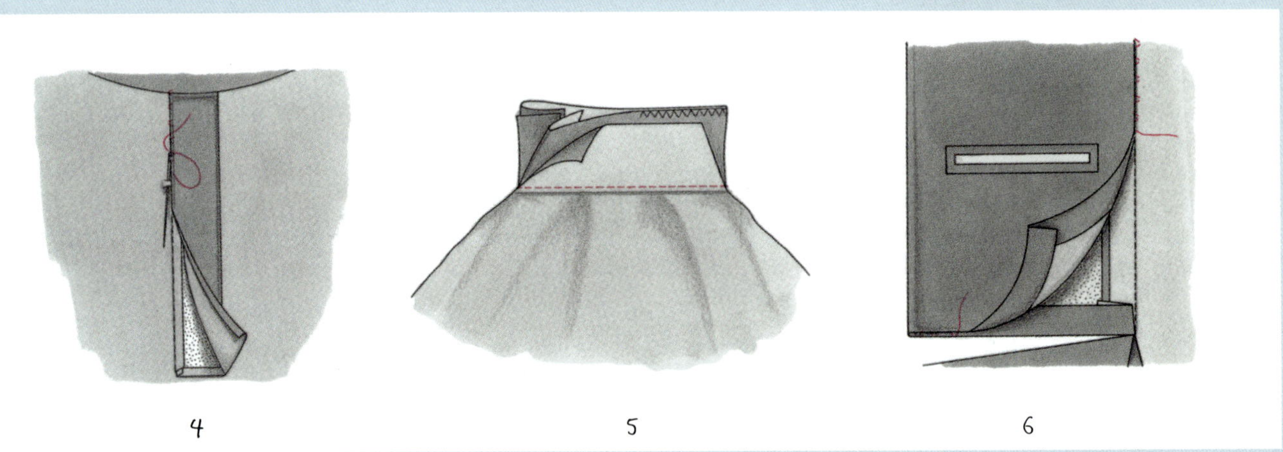

Knopflöcher

In der klassischen Schneiderei werden drei Arten von Knopflöchern in die Oberbekleidung eingearbeitet: das Maschinenknopfloch, das Augen- und das Paspelknopfloch. Neben diesen Grundknopflocharten gibt es noch das Knopfloch für Leder und Lederimitate und den Schlingenverschluss für Kugelknöpfe. Zu den geschürzten Knopflöchern gehören das hand- und das maschinengearbeitete Knopfloch. Bei beiden wird durch alle Stofflagen hindurch genäht.

Bei der Damenoberbekleidung werden Knopflöcher in die rechte Seite, bei der Herrenoberbekleidung in die linke Seite des Oberteiles gearbeitet, unerheblich, ob senkrechte oder waagerechte Knopflöcher.

1. Bevor Sie mit dem Nähen des Knopfloches beginnen, verstärken Sie die Knopfleiste mit Einlagestoff. Markieren Sie sich die Knopflochschlitze. Waagerechte Knopflöcher beginnen 2 mm vor der eingezeichneten Mitte, senkrechte Knopflöcher liegen genau auf der vorderen oder rückwärtigen Mitte.

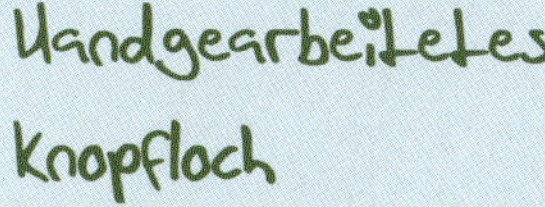

Handgearbeitetes Knopfloch

Für das handgearbeitete Knopfloch verwenden Sie je nach Material des Oberstoffes Baumwollgarn oder Nähseide. Ein Augenknopfloch nähen Sie mit Knopflochseide. Um das Knopfloch vor dem Ausreißen zu sichern und um eine gleichmäßige Stichreihe zu erhalten, steppen (Stichlänge 2) Sie vor dem Aufschneiden und dem Ausnähen des Knopfloches ein kleines Rechteck um die Markierung.

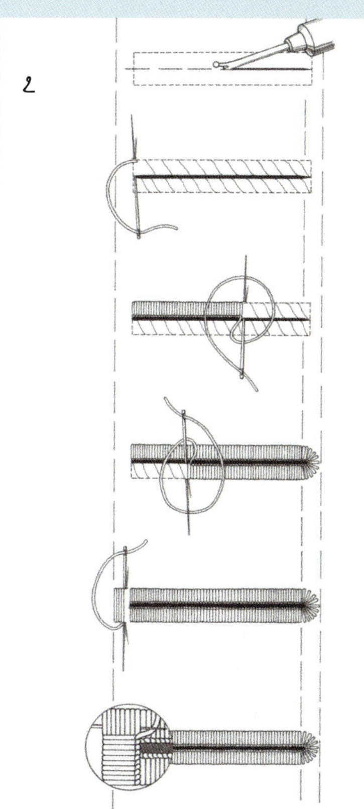
2

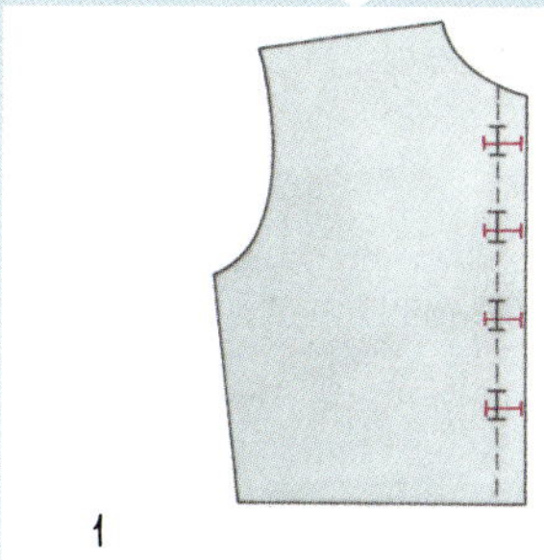
1

Nach dem Aufschneiden sichern Sie die Schnittkanten durch Umstechen. Arbeiten Sie das Knopfloch von rechts nach links. Stechen Sie durch den Schlitz und führen Sie die Nadelspitze an der Maschinennaht von hinten durch den Stoff. Legen Sie den Faden von links unter der Nadelspitze nach rechts und ziehen Sie den Faden an. Die Fadenverschlingung muss genau an der Schnittkante liegen. Arbeiten Sie die Stiche möglichst dicht.

An den Enden arbeiten Sie über die ganze Breite des Knopfloches einen Riegel. Nähen Sie 4 oder 5 lange Stiche, die zusätzlich mit Festonstichen gesichert werden.

Mäntel oder Jacken aus dickeren Stoffen versieht man mit Augenknopflöchern. An dem Ende des Knopfloches, das zur vorderen Mitte hin liegt, arbeiten Sie einen Halbkreis aus (siehe auch Zeichnung 2).

Die Knopflöcher werden heutzutage selten von Hand genäht, da es mit den modernen Nähmaschinen viel schneller geht.

Maschinengearbeitetes Knopfloch

Schon mit einer einfachen Nähmaschine können Sie Knopflöcher arbeiten. Verwenden Sie für die maschinengearbeiteten Knopflöcher spezielles Garn, das Sie in Fachgeschäften bekommen. Sie können aber auch dünnes Stick- oder Stopfgarn nehmen.

Achten Sie darauf, dass Sie beim Knopflochnähen die Oberfadenspannung der Maschine verringern (siehe Bedienungsanleitung Ihrer Maschine).

Einfach Maschinenknopflöcher bestehen aus zwei Reihen Zickzackstichen, deren Enden mit Riegeln verbunden sind. Das Knopfloch kann mit und ohne Einlauffaden genäht werden. Bei Knopflöchern in elastischen Stoffen sollten Sie auf jeden Fall einen Einlauffaden verwenden, damit die Knopflöcher ihre Form behalten und sich nicht ausdehnen.

Stichlänge und -breite sollten Sie zuvor an einem Probeknopfloch bestimmen.

Bei manchen Nähmaschinen wird die Stichbreite und Nadelposition selbsttätig eingeschaltet. Je nach Stoffart wählen Sie die Dichte des Zickzackstiches.

Nähen des Knopflochs

Legen Sie das Nähgut so unter den Fuß, dass die Stoffkante vor dem Nähfuß liegt. Bewegen Sie mit Hilfe des Handrades die Nadel abwärts und prüfen Sie, ob diese in der Mitte des Nähfußes steht.

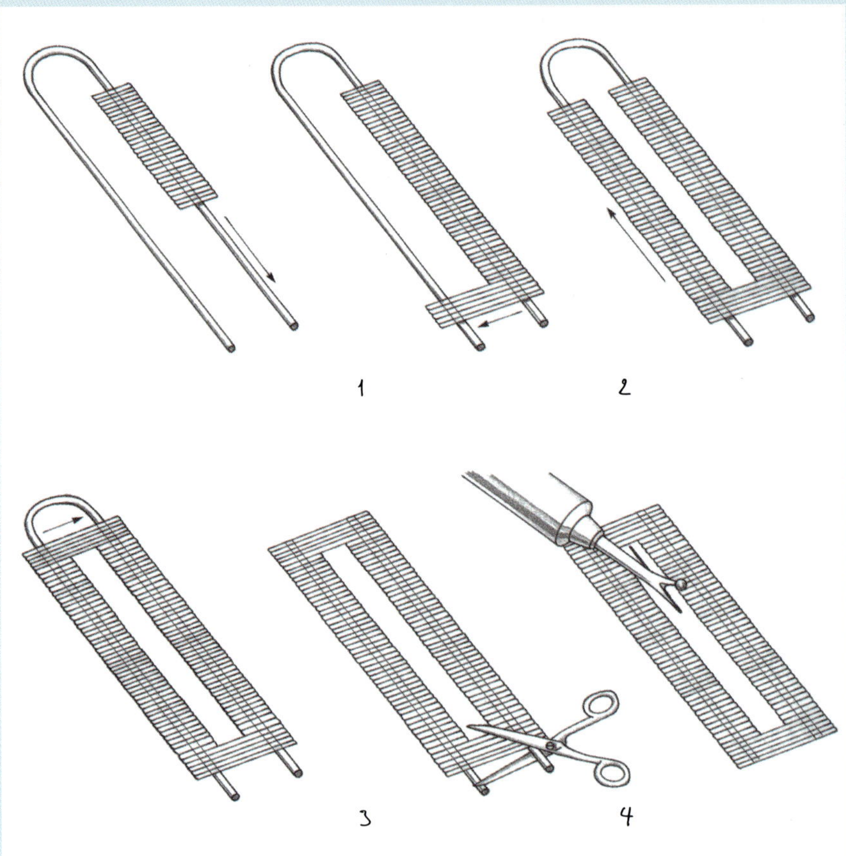

1. Nähen Sie die erste Raupe bis zum Ende und lassen Sie die Nadel auf der Mittellinie im Stoff stecken. Den Nähfuß heben und den Stoff um die Nadel herum (90°) drehen.

2. Senken Sie den Nähfuß wieder und stellen Sie die gewünschte Stichbreite für den Riegel ein. Nähen Sie fünf Riegelstiche. Halten Sie dabei den Stoff fest, er darf nicht transportiert werden. Heben Sie den Fuß kurz an und drehen Sie den Stoff wieder. Stellen Sie nun die Stichbreite für die zweite Raupe zurück.

3. Nähen Sie diese und beenden Sie das Knopfloch mit einem zweiten Riegel. Ziehen Sie die Fäden zum Vernähen auf die linke Seite.

Wird das Knopfloch mit einem Einlauffaden gearbeitet, so ziehen Sie diesen gleichmäßig. Kürzen Sie die Fadenenden, eventuell vernähen Sie sie.

4. Das Knopfloch selbst schneiden Sie mit dem Pfeil- oder dem Nahttrenner vorsichtig auf. Damit Sie die Riegel nicht verletzen, stecken Sie Stecknadeln davor. Schneiden Sie das Knopfloch in zwei Arbeitsgängen von den Riegeln zur Mitte hin mit dem Nahttrenner auf.

Nähmaschinen mit Knopflochautomatik ermöglichen ein genaueres Arbeiten der Knopflöcher. Verwenden Sie den Knopflochfuß.

1. An der linken Seite des Fußes befindet sich eine Zentimetereinteilung, so dass es möglich ist, mehrere Knopflöcher in der gleichen Länge zu nähen. Legen Sie den Knopf auf die Maßtabelle und bestimmen Sie die Knopflochlänge.

2. Hängen Sie den Einlauffaden ein und ziehen Sie die Schiene des Knopflochfußes bis zum Anschlag nach vorn. Nähen Sie die erste Raupe in der gewünschten Länge, drücken Sie die Riegeltaste und nähen Sie etwa fünf Riegelstiche. Für die zweite Raupe den Stoff nicht wenden, da die Maschine automatisch rückwärts näht.

3. Nachdem der Abschlussriegel genäht ist, ziehen Sie die Fäden auf die linke Seite und vernähen sie. Das Knopfloch mit dem Nahttrenner aufschneiden. Stecken Sie vor die Riegel Stecknadeln, damit sie beim Aufschneiden nicht verletzt werden.

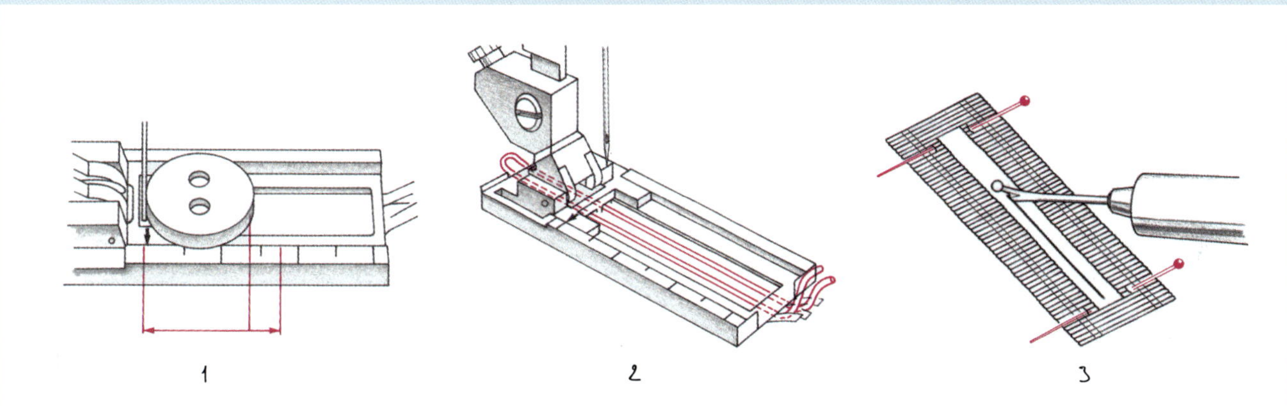

Augenknopfloch

In Jacken und Mäntel aus dickem Stoff werden Augenknopflöcher gearbeitet.

Auch diese können Sie auf den modernen Nähmaschinen nähen. Das maschinell gearbeitete Augenknopfloch kann in der Größe von 20 bis 32 mm gefertigt werden. Für das Nähen des Augenknopfloches verwenden Sie am besten dünnes Stick- oder auch Stopfgarn.

Die Knopflochlänge ergibt sich aus: Durchmesser plus Höhe des Knopfes plus 3 mm. Markieren Sie sich den Beginn der Knopflöcher (gleichmäßiger Abstand zur vorderen Kante). Die Knopflochlänge wird von diesen Punkten nach innen eingezeichnet. Verwenden Sie den normalen Nähfuß. Das Nähen des Augenknopfloches an Punkt A beginnen. Den Stoff gut führen, langsam nähen, während Sie das Auge arbeiten.

Schneiden Sie das Knopfloch mit dem Pfeil- oder Nahttrenner vorsichtig auf. Schneiden Sie die Rundung des Augenknopfloches mit einer spitzen Schere heraus.

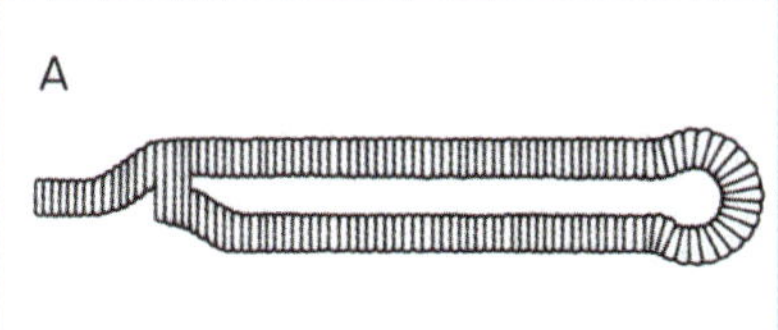

Paspelknopfloch

Das Paspelknopfloch ist ein sehr dekoratives Knopfloch. Sie sollten die Paspel aus einem Kontraststoff arbeiten oder mit einem kontrastfarbenen Garn absteppen.

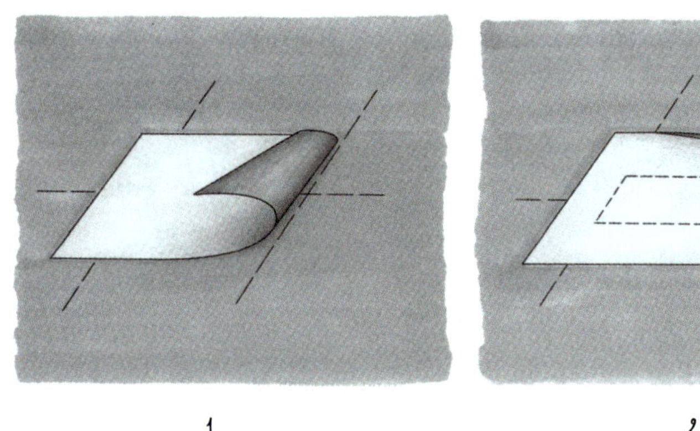

1. Für diese eingefassten Knopflöcher einzelne Rechtecke auf die Knopflochmarkierungen setzen, diese dann verstürzen. Markieren Sie sich auf dem Kleidungsstück die Lage der Knopflöcher. Für ein 3 cm großes Knopfloch, schneiden Sie sich einen Schrägstreifen von 6 cm Länge und 4 cm Breite zu.

Stecken Sie den Schrägstreifen rechts auf rechts auf den Stoff und markieren Sie nochmals auf dem Streifen die Größe des Knopfloches.

2. Stellen Sie einen kleinen Geradstich ein und nähen Sie ein Rechteck um die Markierung. Achten Sie darauf, dass die Stepplinie am Knopflochende nicht breiter als 6 mm ist. Ehe Sie das Knopfloch aufschneiden, prüfen Sie, ob alle Nähte gerade sind und parallel zueinander verlaufen.

3. Schneiden Sie das Knopfloch vorsichtig der Länge nach in der Mitte auf, jeweils 0,5 cm vor den Stepplinien den Schnitt beenden. Schneiden Sie kleine Dreiecke zu den Ecken hin ein. Verstürzen Sie den Schrägstreifen auf die linke Seite. Ziehen Sie die Ecken glatt und bügeln Sie darüber.

4. Falten Sie die Längsstreifen des Schrägstreifens so, dass die Kanten in der Mitte aneinander stoßen. Die Bruchkanten gut ausstreichen. Heften Sie die Paspelkanten mit großen Stichen aneinander, damit sie sich nicht verschieben.

5. Befestigen Sie das kleine Dreieck, das durch den Einschnitt entstanden ist, mit ein paar Stichen – eventuell auch von Hand – auf der Rückseite.

6. Nähen Sie von rechts in der Naht mit Steppstichen die langen Paspelstreifen fest. Mit Hexenstichen befestigen Sie den Rand des innen auf der Einlage liegenden Paspelstreifens.

7. Wird das Knopfloch mit einem Beleg unterlegt, so heften Sie ihn um das Knopfloch fest.

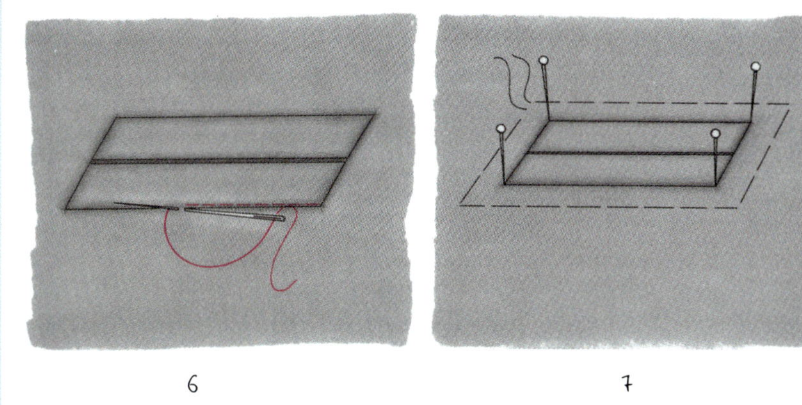

6 7

Stecken Sie von rechts je eine Stecknadel in die Ecken des Knopfloches.

8. Wenden Sie das Kleidungsstück und schneiden Sie vorsichtig den Knopflochschlitz in den Beleg. Schneiden Sie in den Enden bis schräg zu den Nadeln hin ein.

9. Schlagen Sie die offenen Schnittkanten so ein, dass sie mit den Nahtlinien des Knopfloches abschließen. Mit Staffierstichen nähen Sie den Beleg auf der Rückseite des Knopfloches fest.

Tipp

Knopflöcher werden grundsätzlich auf dreifacher Stofflage (Oberstoff, Einlage und Belegteil) gearbeitet. Bei stark fransenden Stoffen werden die langen Schnittkanten versäubert.
Denken Sie daran, das Paspelknopfloch sehr sorgfältig zu arbeiten, denn Knopflöcher sind ein Blickfang und müssen viel aushalten.

Knopflöcher in Leder

Knopflöcher in Leder einzuarbeiten ist sehr einfach, da es sich eigentlich nur um einen umnähten Schlitz handelt.

10. In Form eines Knopfloches wird ein Rechteck gesteppt, das man in der Mitte aufschneidet.

Ist die Verschlusskante mit einem Besatzstreifen unterlegt, umsteppen Sie das zuvor markierte Knopfloch in 3 bis 4 mm Abstand von der Mitte nochmals. Arbeiten Sie zusätzlich einen Riegel.

In Lederimitationen (zum Beispiel Alcantara) lassen sich sehr gut Paspelknopflöcher arbeiten, oder Sie nähen, wenn Sie möchten, Augenknopflöcher mit der Maschine. Legen Sie dazu Seidenpapier unter das Lederimitat.

In Plastik oder in Kunststoff arbeiten Sie besser nähfreie Druckknöpfe, Reißverschlüsse oder Knebelverschlüsse ein, denn Knopflöcher reißen in diesen Materialien zu schnell aus.

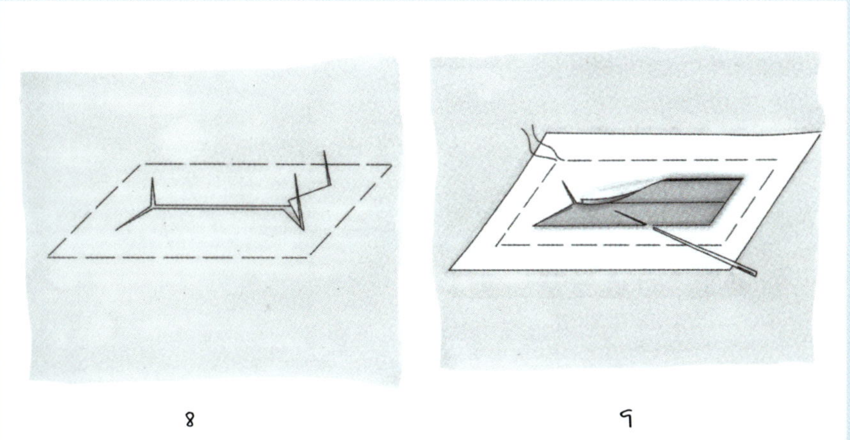

8 9

10

Schlingenverschluss

Der Schlingenverschluss für Kugelknöpfe ist ein hübscher Schmuck an eleganten Kleidungsstücken.

1. Schneiden Sie einen 2 bis 2,5 cm breiten Schrägstreifen zu. Legen Sie ihn zur Hälfte rechts auf rechts und steppen Sie ihn, je nach Stoffart, 3 bis 5 mm von der Bruchkante entfern, zusammen. Dehnen Sie den Schrägstreifen dabei leicht. Schneiden Sie die Nahtzugabe nicht ab, denn sie füllt das Röllchen.

Befestigen Sie einen doppelt eingefädelten Faden mit ein paar Stichen an der Stoffkante des Streifens. Schieben Sie die Nadel mit dem Öhr voraus durch den Schrägstreifen, der so gewendet wird.

2. Die Größe und der Abstand der Schlingen richten sich nach den Knöpfen. Je kleiner der Knopf, desto dichter die Schlingen. Die Knopflinie liegt genau auf der Nahtlinie (Oberteil/Beleg) des Kleidungsstückes.

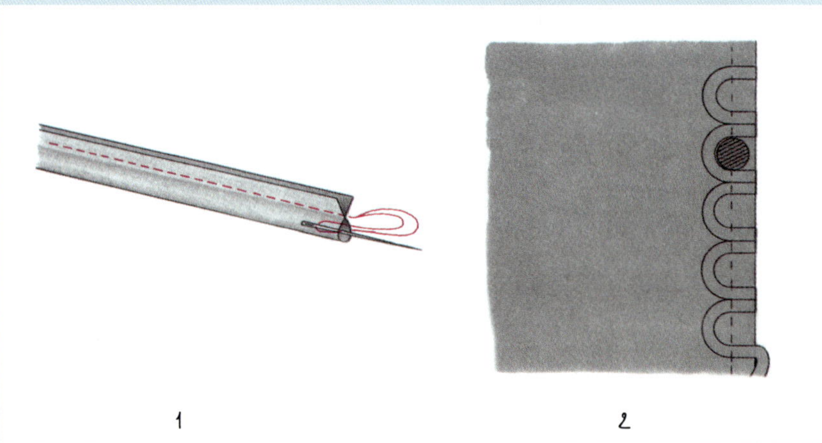

1 2

3. Halten Sie einen Knopf auf die Knopflinie und legen Sie den Schlauch um den Knopf. Geben Sie 1,5 cm in der Länge zu. Schneiden Sie sich entsprechend viele Schlingen. Die Schlingen werden von rechts an die Schnittkante des Oberteils gesteckt.

4. Nehmen Sie nun Klebeband zu Hilfe, damit die Schlingen sich nicht verschieben. Heften Sie die Schlingen an der Knopflinie fest, entfernen Sie das Klebeband. Stecken Sie den Beleg rechts auf rechts auf die Schlingen, die zwischen Oberstoff und Beleg liegen.

5. Nähen Sie den Beleg entlang der Nahtlinie fest. Schlagen Sie ihn nach innen, die Schlingen kommen so an die Bruchkante der vorderen Mitte.

Damit der Beleg nicht hervorrutscht, nähen Sie besser noch eine Untersteppnaht. Legen Sie anschließend die Schlingenkante auf die Knopflinie und markieren Sie die Knopfstellen.

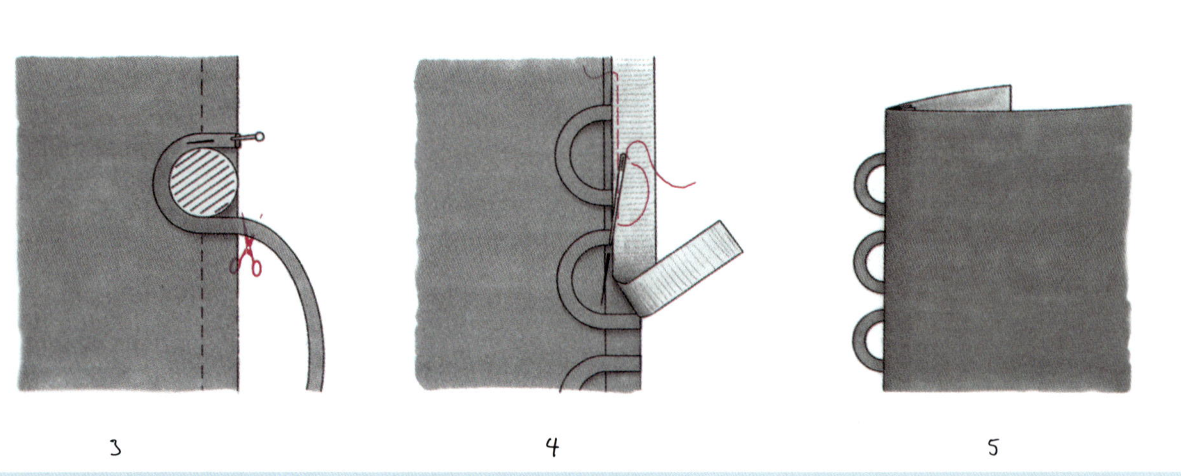

3 4 5

Knöpfe und andere Verschlüsse

Knöpfe können Sie von Hand oder mit der Nähmaschine annähen. Markieren Sie nach dem Zuschnitt die Knopflinie (vordere/hintere Mitte) auf dem Kleidungsstück. Knöpfe und andere Verschlüsse (Druckknöpfe, Nieten) werden jedoch erst nach Abschluss aller Näharbeiten angebracht.

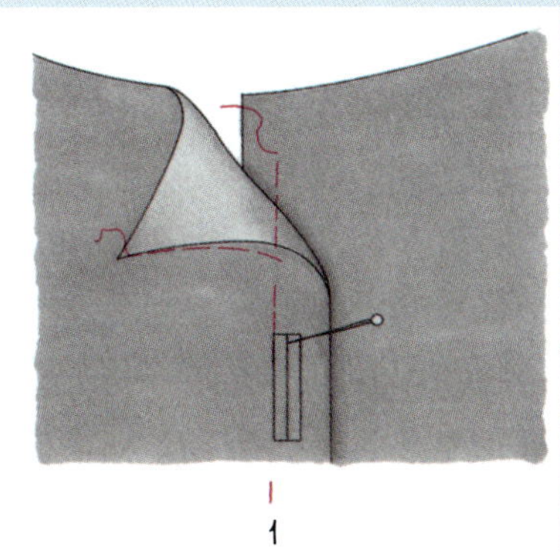

1

Wählen Sie zum Annähen einen farblich zum Oberstoff passenden Faden. Je nach Stärke des Stoffes, arbeiten Sie mit einfachem oder mit doppeltem Faden.

1. Stecken Sie die vorderen beziehungsweise die hinteren Mittellinien übereinander. Den Knopf genau auf die untere dieser Linien nähen. Stecken Sie eine Stecknadel durch das Knopfloch. Der Einstich dieser Nadel ist der Punkt, wo der Knopf sitzen muss.

Flache Knöpfe

2. Nähen Sie flache Knöpfe und Knöpfe an Jacken oder Mäntel mit einem Stiel an, damit sie sich dann besser auf- und zuknöpfen lassen. Halten Sie den Knopf während des Annähens etwas hoch und ziehen Sie den Faden nach dem Einstechen nicht zu fest an.

3. Nähen Sie 5 bis 6 Stiche durch die Löcher des Knopfes. Die Stiche einfach umwickeln oder durch Umstechen mit Schlingstichen festigen. Vernähen Sie, indem Sie das Fadenende durch den Stiel ziehen.

4. Streichhölzer oder Zahnstocher sind beim Annähen eines Knopfes mit Stiel sehr hilfreich. Legen Sie das Hölzchen über den Knopf. Die Stiche dennoch nicht zu fest anziehen. Ehe Sie den Stiel umwickeln, ziehen Sie es heraus.

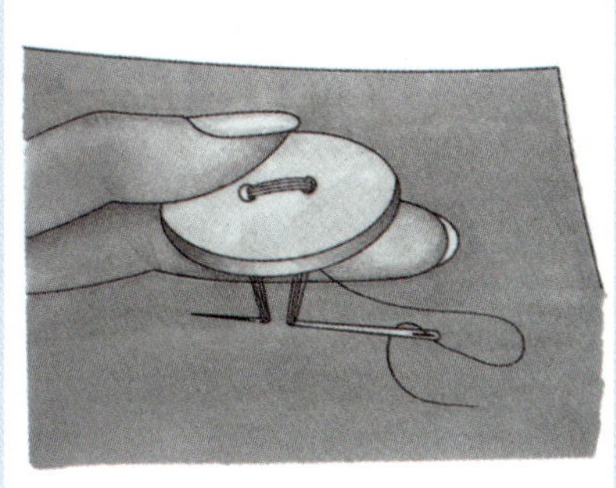

2

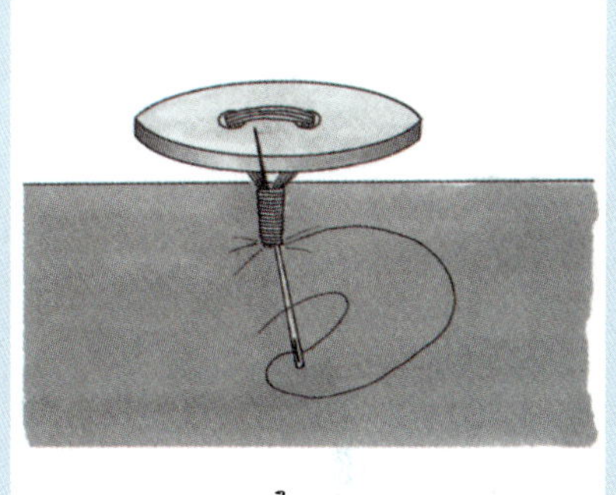

3

4

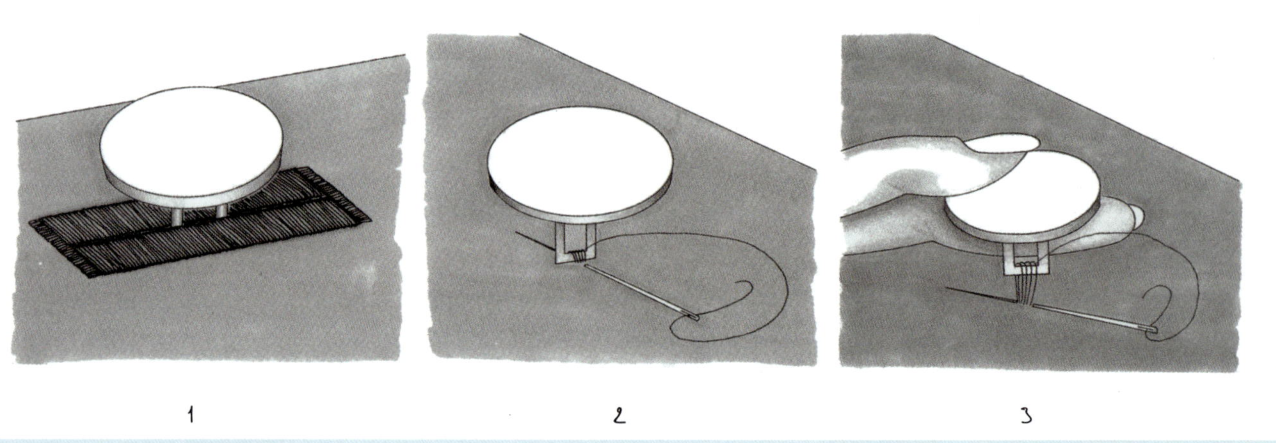
1 2 3

Stegknöpfe

1. Der Stegknopf kann nur von Hand angenäht werden. Bei dünnerem Oberstoff arbeiten Sie keinen Stiel. Durch den Steg an der Unterseite des Knopfes liegt dieser flach auf dem Knopfloch auf, ohne es auseinanderzuziehen.

2. Nähen Sie mit kleinen Stichen durch den Stoff und führen Sie den Faden über den Steg hinweg. Vernähen Sie den Faden zwischen dem Oberstoff und dem Beleg.

3. Bei sehr dicken Stoffen erhält auch der Stegknopf einen Stiel. Halten Sie den Knopf etwas hoch und nähen Sie 6 bis 8 Stiche durch Steg und Stoff hindurch. Diese Stiche dicht mit dem Faden umwickeln, sein Ende vernähen.

Zweilochknöpfe

Mit den modernen Nähmaschinen können Sie Zweilochknöpfe annähen. Die Stichbreite muss auf den Abstand der Löcher im Knopf eingestellt werden.

Nehmen Sie den Nähfuß ab und arbeiten Sie nach Nähmaschinenmodell mit oder ohne Knopfannähfuß weiter.

4. Legen Sie den Knopf auf die markierte Stelle und schieben Sie ihn mit dem Stoff unter den abgesenkten Nähfußhalter.

Prüfen Sie durch Drehen des Handrades, ob die Nadel in die linke und die rechte Knopfbohrung einsticht, ansonsten Stichlänge korrigieren. Versenken Sie den Transporteur und nähen Sie etwa acht Zickzackstiche. Sie vernähen mit einigen Stepp-(Gerad-) Stichen.

5. Wollen Sie den Knopf mit Stiel annähen, legen Sie ein Streichholz oder einen Zahnstocher über den Knopf. Sobald Sie genügend Stiche genäht haben, lassen Sie den Oberfaden 15 cm hängen, ziehen den Unterfaden durch, umwickeln den Stiel und vernähen die Fadenenden.

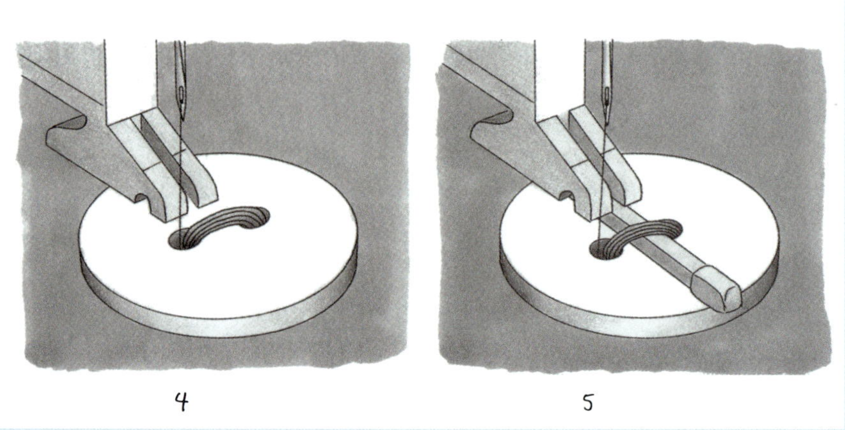
4 5

Tipp

Um ein Ausreißen des Stoffes zu verhindern, sollten Knöpfe auf doppeltem Stoff genäht werden. Ist dies nicht möglich, fassen Sie ein unterlegtes Stoffstück oder einen flachen Knopf (liegt auf der Stoffunterseite) mit. Beide Knöpfe mit einem „Stiel" verbinden.

Knöpfe beziehen

In den Packungen zum Knöpfebeziehen liegen Knopfoberteile (Knopfrohlinge), Knopfunterteile (Schließplatten) und zwei Werkzeuge. Die Knöpfe sind in den Größen von 11 bis 38 mm erhältlich.

Eine Schnittvorlage für das Zuschneiden des Stoffkreises, dessen Größe sich nach dem verwendeten Rohling richtet, befindet sich auf der Rückseite der Packung. Dünnen Stoff sollten Sie doppelt legen oder mit Futterstoff unterlegen. Sehr steifen Stoff zunächst feucht abbügeln, dann erst zuschneiden.

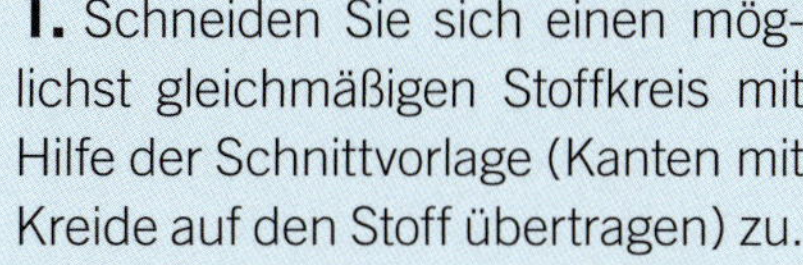

1. Schneiden Sie sich einen möglichst gleichmäßigen Stoffkreis mit Hilfe der Schnittvorlage (Kanten mit Kreide auf den Stoff übertragen) zu.

2. Den Stoffkreis legen Sie über die Mulde des weißen Werkzeugs, die rechte Stoffseite liegt unten. Drücken Sie den Knopfrohling (Öse nach oben) in diese Mulde. Den überstehenden Stoffrand mit einer Schere über den gezackten Rand des Knopfes zur Mitte hin falten.

3. Nun legen Sie die Schließplatte des Knopfes darauf (PR muss lesbar sein), die Öse des Rohlings muss durch den Schlitz schauen. Mit dem beiliegenden blauen Werkzeug drücken Sie dann die Schließplatte fest.

4. Lösen Sie vorsichtig den Knopf aus dem weißen Werkzeug. Am besten Sie drücken ihn von unten heraus.

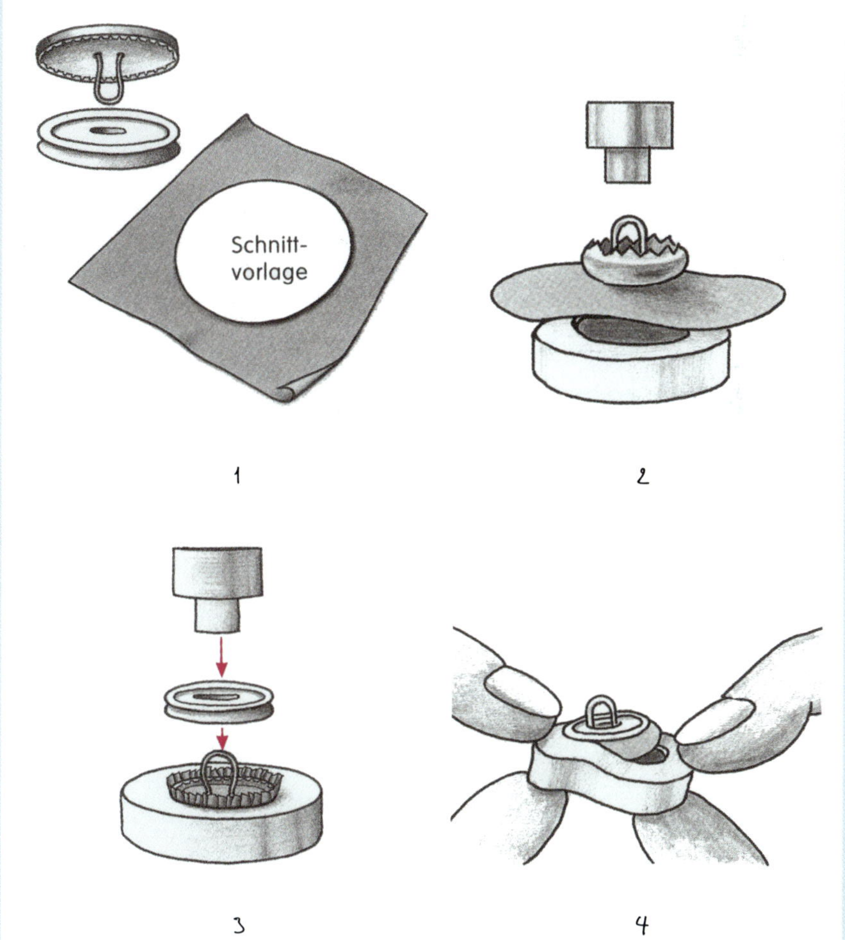

Haken und Ösen

Mit Haken und Ösen (Augen) verbindet man zwei neben- oder übereinanderliegende Verschlusskanten. Meist werden einzelne Haken und Ösen als zusätzlicher Verschluss angenäht (zum Beispiel am Rock- oder am Hosenbund, eventuell auch am Kragen). Stimmen Sie beim Kauf die Form von Haken und Ösen auf den Verwendungszweck ab.

1. Bei aneinanderstoßenden Kanten näht man den Haken etwa 2 mm von der Kante entfernt an. Die Öse so an der gegenüberliegenden Kante anbringen, dass der Bogen knapp sichtbar ist.

2. Bei übereinanderliegenden Verschlusskanten wird der Haken unter dem Übertritt (3 bis 5 mm von der Kante) angenäht. Die Öse befestigen Sie auf dem Untertritt.

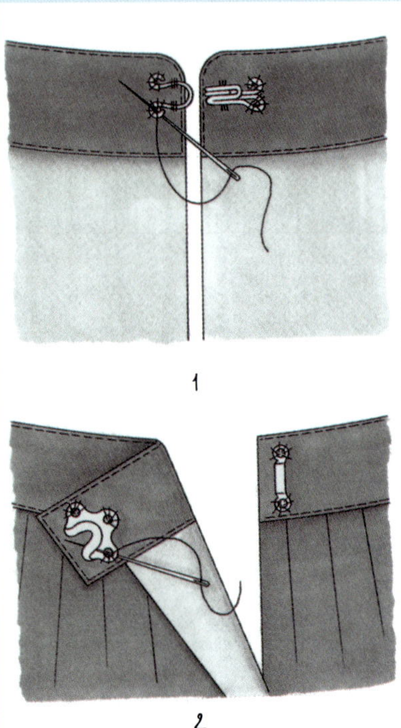

1

2

Druckknöpfe

Druckknöpfe werden wie Haken und Ösen als Zusatzverschluss eingesetzt, da sie keinen absolut festen Halt bieten. Man erhält sie in verschiedenen Größen und Ausführungen.

Auf den Übertritt der Verschlusskante nähen Sie den oberen Teil des Druckknopfes (mit dem Köpfchen oder Dorn), der untere Teil wird nun in entsprechender Höhe auf dem Untertritt befestigt. Nähen Sie durch jedes Befestigungsloch 3 bis 4 Matratzenstiche.

Achten Sie beim Annähen des oberen Druckknopfteiles darauf, dass die Stiche möglichst nicht auf der rechten Seite des Übertrittes zu sehen sind – also immer nur die untere Stofflage mit der Nadel erfassen.

Nähfreie Druckknöpfe

Wünschen Sie eine dauerhafte Befestigung des Verschlusses und möchten Sie die Anfertigung von Knopflöchern vermeiden, so wählen Sie einen nähfreien Druckknopf.

Das Sortiment dieser Druckknöpfe, die vor allem für Kinder- und Sportkleidung verwendet werden, ist sehr vielfältig. Es gibt sie außerdem in verschiedenen Größen, in zahlreichen Farbvariationen und aus unterschiedlichen Materialien, jeweils abgestimmt auf den jeweiligen Verwendungszweck des Kleidungsstückes. Alle Kunststoffteile sind voll durchgefärbt. Die unsichtbare Metallvernietung sorgt für den sicheren Halt des leicht zu schließenden Knopfes. Diese Druckknöpfe sind wasch-, bügel- und reinigungsbeständig.

Markieren Sie auf der rechten Stoffseite die Befestigungsstellen. In der verstärkten oder auch doppelt liegenden Verschlusskante stanzen Sie die Einschlagpunkte zunächst vor.

1. Der nähfreie Druckknopf besteht immer aus zwei Verschlussoberteilen und zwei Unterteilen. Diese schlägt man mit Hilfe des beiliegenden Werkzeugs in die Verschlusskanten.

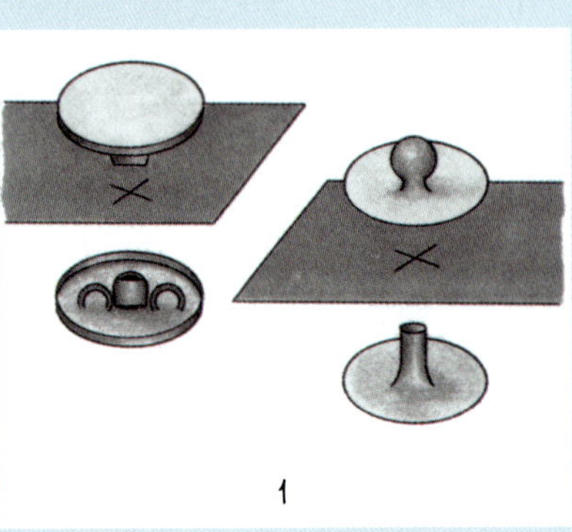

1

2. Nieten Sie zuerst die Oberteile (mit Dorn) am Übertritt zusammen. Dazu das Oberknopfteil und das dazugehörige Gegenstück in das Werkzeug legen. Den Stoff dazwischenschieben und das Werkzeug zusammendrücken.

3. Schlagen Sie mit einem Hammer 2 bis 3 Mal auf das Werkzeug bis beide Teile fest zusammengenietet sind. Das Druckknopfunterteil schlagen Sie in den Untertritt der Verschlussleiste.

Verarbeiten Sie sehr viele nähfreie Druckknöpfe, so lohnt sich der Kauf der Vario-Zange, die Sie auch zum Vernieten von Jeansknöpfen, Ösen, Hosenhaken und Jeansnieten verwenden können. Sie ist handlich und vielseitig. Sie bewirkt eine optimale Druckübertragung, so dass das Eindrücken der Knopfteile ein Kinderspiel ist. Wenn der Oberstoff nicht fest genug ist, verstärken Sie ihn durch eine entsprechende Einlage. Markieren Sie die Befestigungsstellen.

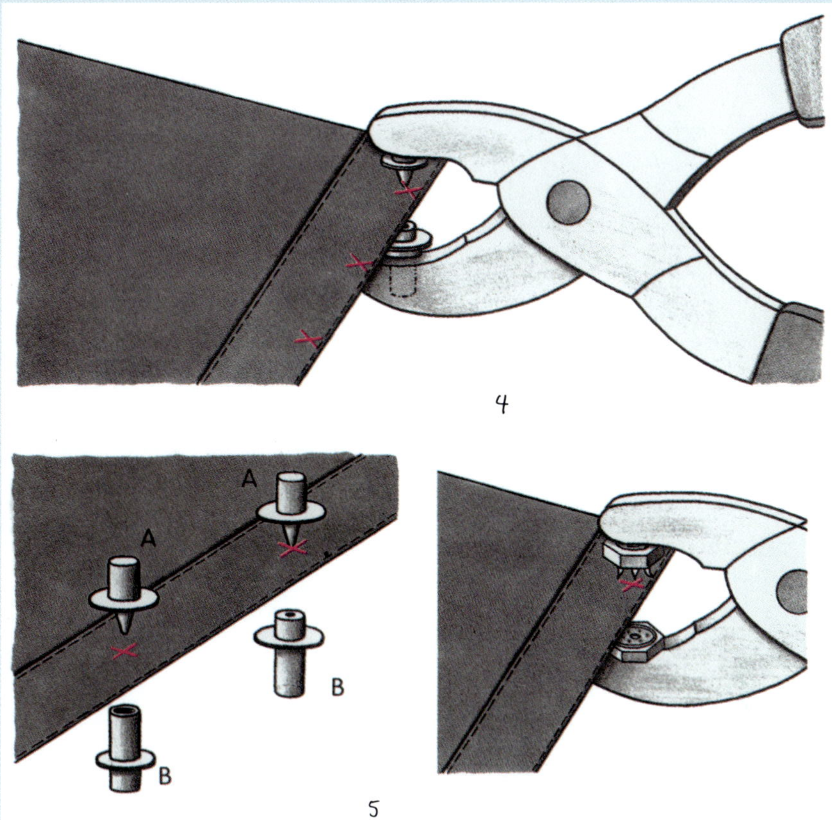

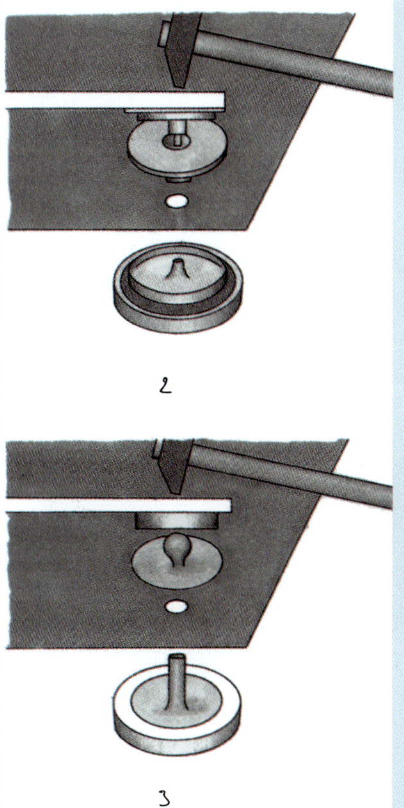

4. Drücken Sie die beiliegenden Werkzeuge entsprechend den Angaben in die Zange. Benötigen Sie große Löcher, stecken Sie die kurze Röhre des Werkzeugs B in die Zange und lochen mit der langen Röhre. Für kleine Löcher drehen Sie die Röhre herum und lochen mit dem kurzen Ende. Schieben Sie die Verschlusskante zwischen die Zangenknöpfe und drücken Sie die Zange fest zusammen.

5. Das Einnieten der Druckknopfteile, in der Zeichnung am Beispiel des Jerseydruckknopfes gezeigt, erfolgt ähnlich dem Einnieten ohne Zange. Eine ausführliche Anleitung zur Handhabung der Zange und zum Nietvorgang selbst liegt jeder Verpackung der Vario-Zange bei.

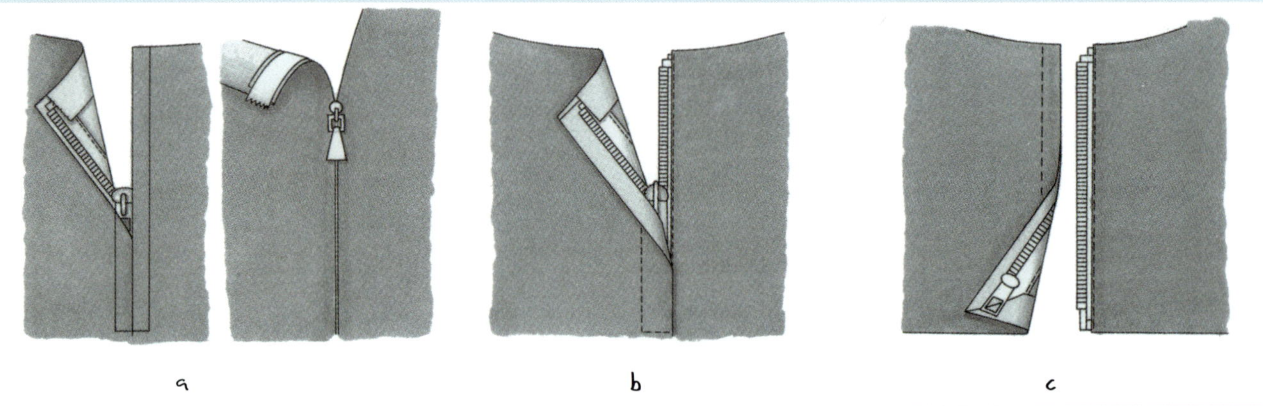

a b c

Reißverschlüsse

Es gibt verschiedene Reißverschlussarten. Die gängigsten sind

a. der Standardreißverschluss,
b. der Hosenreißverschluss und
c. der teilbare Reißverschluss.

Verwenden Sie zum Einnähen des Reißverschlusses den Spezialnähfuß, der zur Ausstattung jeder Nähmaschine gehört. Die Reißverschlussfüße weisen je nach Maschinentyp unterschiedliche Formen auf, sie laufen aber alle knappkantig an den Zähnchen des Reißverschlussbandes vorbei.

Der Standardreißverschluss wird beidseitig (in Oberteilen) oder auch nur einseitig verdeckt (in Damenhosen oder -röcken) eingesetzt. Hosenreißverschlüsse arbeitet man vor allem in Herrenhosen mit separatem Untertritt, in Damenhosen werden sie wie einseitig verdeckte Standardreißverschlüsse eingenäht.

Bei Jacken oder Westen werden die teilbaren Reißverschlüsse sichtbar oder verdeckt einsetzen.

Sichtbar ist die Einsteppnaht beim beidseitig verdeckten Reißverschluss.

1. Bügeln Sie zuerst die Nahtzugaben um, anschließend den Reißverschluss einheften. Dabei sollten die gebügelten Kanten der Nahtzugaben genau in der Mitte der Reißverschlusszähnchen zusammenstoßen.

2. Den Nähfuß nach links schieben, den geöffneten Reißverschluss so unter den Fuß legen, dass die Zähne am rechten Führungssteg entlanglaufen. Nun das Band zur Hälfte einsteppen, die Nadel im Stoff steckenlassen und den Nähfuß heben. Schließen Sie den Reißverschluss und steppen Sie das Band fertig.

3. Nähen Sie am unteren Ende des Reißverschlusses eine Quernaht. Parallel zur ersten Reißverschlussseite wird das zweite Band eingenäht. Haben Sie gut 2/3 der Naht gesteppt, öffnen Sie den Reißverschluss (Nadel im Stoff lassen, Nähfuß heben). Senken Sie den Nähfuß und nähen Sie die Naht zu Ende.

1

2

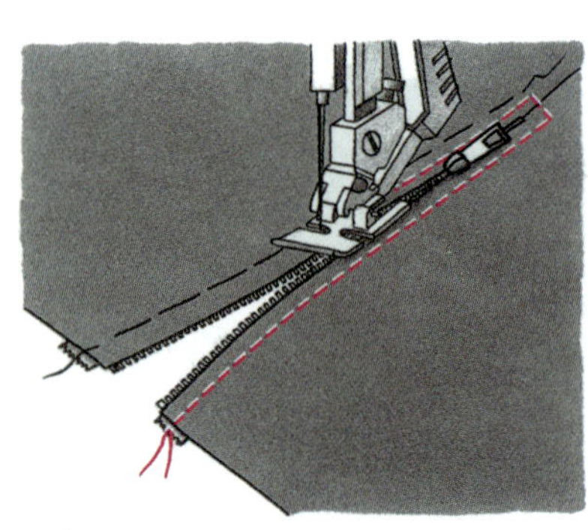

3

1

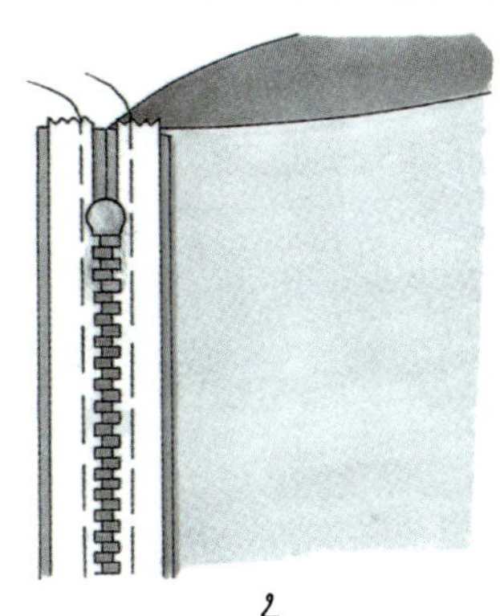

2

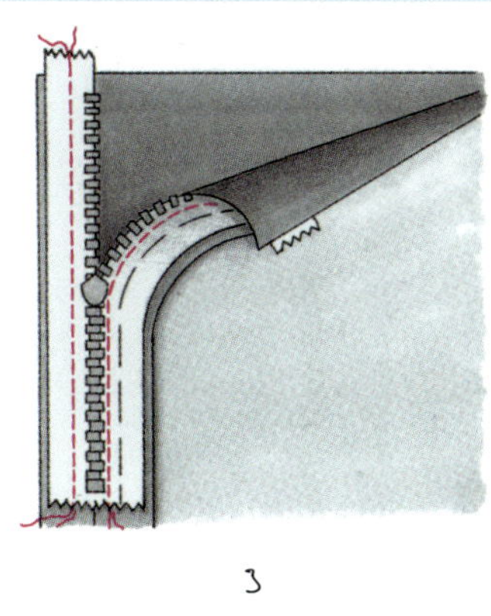

3

Beim beidseitig verdeckten Industriereißverschluss ist die Einsteppnaht von der rechten Stoffseite nicht sichtbar.

1. Die Öffnung für den Reißverschluss zunächst mit großen Heftstichen schließen und dann die Nahtzugaben leicht auseinanderbügeln.

2. Den geschlossenen Reißverschluss exakt auf die Naht legen und mit kleinen Stichen dicht neben den Zähnen heften. Achten Sie darauf, dass die Reißverschlussbänder nur auf die Nahtzugaben geheftet werden, auf keinen Fall durch den Oberstoff stechen.

3. Den Heftfaden aus der Naht entfernen und den Reißverschluss ganz öffnen. Von links das jeweilige Reißverschlussband auf die entsprechende Nahtzugabe steppen. Nach dem Entfernen der Heftfäden aus den Nahtzugaben die Naht (bei geschlossenem Reißverschluss) nochmals leicht bügeln.

Ist der Stoff gemustert, so sollte der Musterverlauf durch den Reißverschluss möglichst nicht gestört werden.

4. Schließen Sie deshalb die Nahtöffnung mit Heftstichen. Den Reißverschluss mit der rechten Seite auf die Nahtzugaben heften. Achten Sie darauf, dass die Zähnchen auf Nahtmitte liegen.

5. Den geschlossenen Reißverschluss einsteppen, er darf aber unter dem Nähfuß nicht verrutschen.

Ihn daher zusätzlich mit Heftstichen über den Zähnchen fixieren.

6. Von der rechten Stoffseite den Musterverlauf kontrollieren. Bei sehr glatten oder dünnen Stoffen kann auch noch einmal von der rechten Seite geheftet werden, anschließend den Reißverschluss sichtbar oder auch unsichtbar einsteppen.

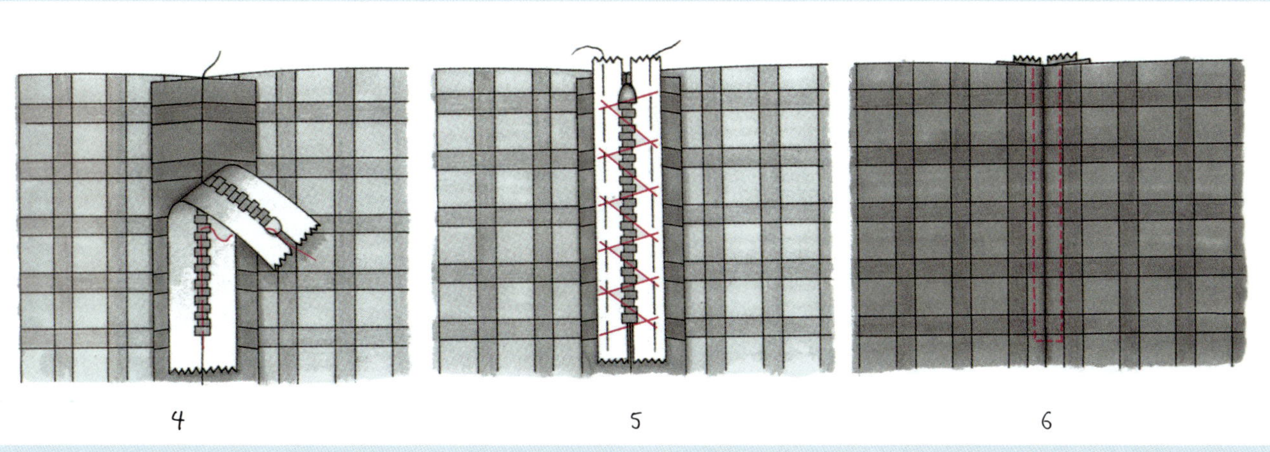

4 5 6

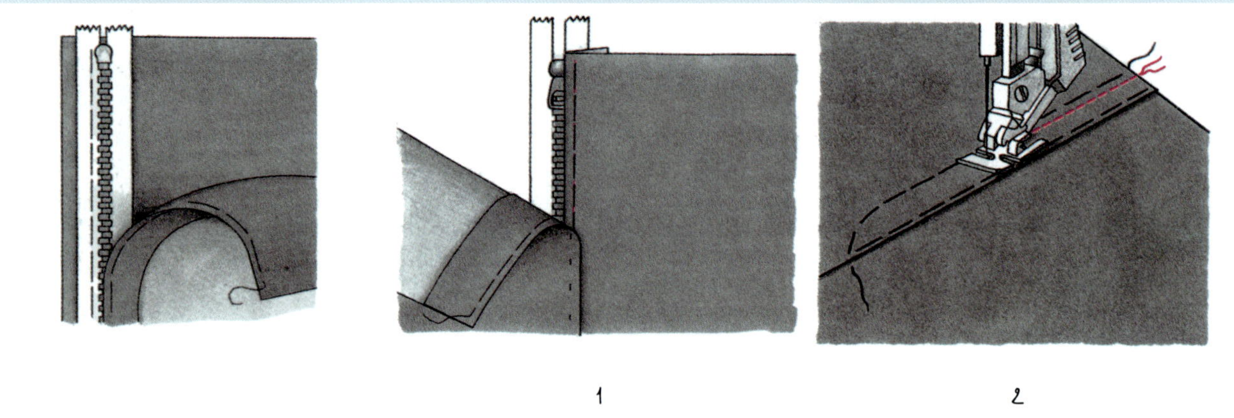

Für den einseitig verdeckten Reißverschluss in Röcken und Hosen können Sie den Hosenreißverschluss verwenden. Unter dem Anhänger befindet sich ein kleiner Sicherungshaken, der verhindert, dass der Reißverschluss aufgeht.

1. Bügeln Sie die linke Nahtzugabe um. Heften Sie auf die einfache Stofflage den geöffneten Reißverschluss (rechte Seite nach unten) so auf, dass die gebügelte Kante der Nahtzugabe direkt hinter den Zähnchen liegt, von der Stoffoberseite knapp neben der Heftlinie steppen.

2. Schließen Sie den Reißverschluss. Schieben Sie den Obertritt so weit vor, dass sowohl Untertritt als auch Reißverschluss verdeckt sind. Von rechts das zweite Band an den Obertritt heften und festnähen. Am unteren Ende des Obertritts steppen Sie in einem leichten Bogen zur Mittelnaht hin.

Um einen Reißverschluss sichtbar in einen Schlitz einzuarbeiten, muss dieser zuerst mit einem Stoffstreifen verstürzt.

3. Für den Schlitzbeleg einen Stoffstreifen schneiden, der um 8 cm breiter und um 10 cm länger ist als der Reißverschluss. Den Beleg rechts auf rechts auf die markierte Schlitzlinie heften.

4. Nähen Sie ein Rechteck in der Breite und in der Länge des Zähnchenbandes. Das Rechteck in der Mitte jeweils bis 1 cm vor die Querlinien aufschneiden, zu den Ecken hin schräg einschneiden. Den Stoffstreifen ohne Vorschub verstürzen, die Kante heften und bügeln.

5. Heften Sie den Reißverschluss so in die Öffnung, dass Reißverschlussanfang und -ende genau mit Schlitzanfang und -ende abschließen. Steppen Sie 2 mm von den Bruchkanten entfernt den Reißverschluss von rechts ein.

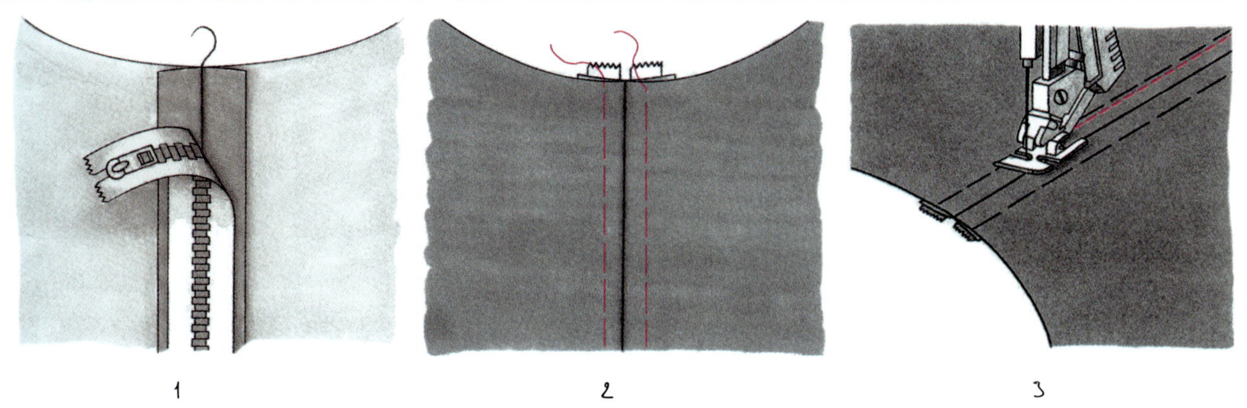

Der teilbare Reißverschluss wird hauptsächlich in Sport- und Freizeitbekleidung eingearbeitet.

Nähen Sie diesen Verschluss immer ein, bevor Sie mit dem Beleg und dem Saum beginnen. Heften Sie die Naht zusammen und bügeln Sie sie.

1. Legen Sie den geschlossenen Reißverschluss mit seiner rechten Seite auf die Nahtzugaben. Die Reißverschlusszähne liegen genau auf der Nahtmitte.

2. Etwa 0,6 bis 1 cm von der mittleren Naht entfernt heften.

Wenden Sie das Kleidungsstück auf die rechte Seite.

3. Neben der Heftlinie den Reißverschluss einsteppen. Achten Sie darauf, dass die Steppnaht auch immer genau den gleichen Abstand zur Verschlusskante hat. Vernähen Sie dann Anfang und Ende des Fadens sorgfältig mit einigen Rückwärtsstichen oder von Hand.

In Jacken und Westen wird der teilbare Reißverschluss zwischen Oberstoff und Beleg genäht.

4. Steppen Sie die geteilten Reißverschlussbänder rechts auf rechts auf die Nahtzugabe. Die Zähnchen liegen knapp vor der Nahtlinie auf der vorderen Mitte.

5. Anschließend den Beleg rechts auf rechts anheften. Auf der Ansteplinie des Reißverschlusses (von der linken Stoffseite des Oberteils) den Beleg mit einem mittleren Geradstich ansteppen.

6. Den Beleg verstürzen, dabei werden die Zähnchen sichtbar. Die Kante exakt heften und bügeln. Damit sich der Beleg nicht im Reißverschluss einklemmt, diesen nochmals von rechts knappkantig ansteppen.

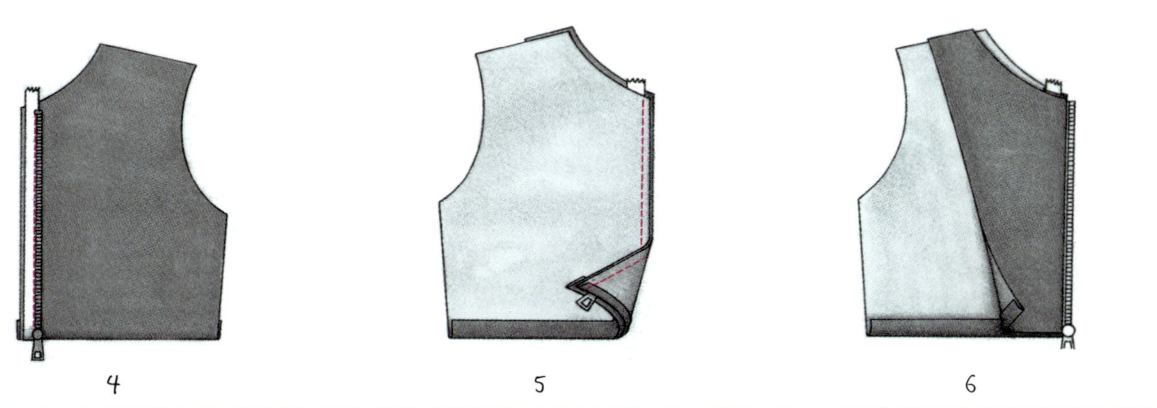

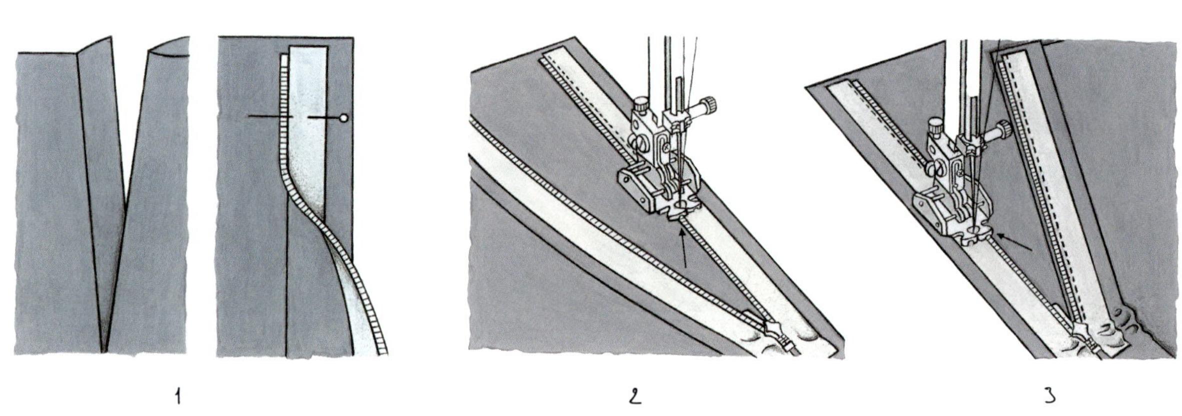

1 2 3

Neben den drei bereits erwähnten Reißverschlussarten – dem Standardreißverschluss, dem Hosenreißverschluss und dem teilbaren Reißverschluss – gibt es den nahtverdeckten Reißverschluss. Dies ist von allen Reißverschlussvarianten die unauffälligste Art. Er wird gerne in Abendgarderobe, aber auch in Röcke, Kleider und Blusen eingesetzt.

Zum Einnähen des Reißverschlusses benötigt man ein Spezialmaschinenfüßchen, welches nicht zur Grundausstattung der Nähmaschine gehört.

1. Mit einem selbstlöschenden Textilstift markieren Sie auf der rechten Stoffseite die Länge der Reißverschlussöffnung. Achten Sie darauf, dass der Reißverschluss 2 bis 3 cm länger als der Schlitz ist.

Achtung: Die Naht wird erst geschlossen, wenn der Reißverschluss eingenäht ist.

2. Die Nadelposition steht auf „Mitte". Bei geöffnetem Reißverschluss drücken Sie die Reißverschlusszähnchen etwas glatt, bis die Nahtstelle zwischen Band und Zähnchen sichtbar wird.

Den linken Teil des Reißverschlusses legen Sie rechts auf rechts auf den linken Teil des Schlitzes, wobei sich die Reißverschlusszähnchen an der Nahtlinie befinden sollten. Drücken Sie die Reißverschlusszähnchen leicht nach links und setzen Sie den Nähfuß so auf die Reißverschlusszähnchen, dass die Zahnreihe in der Kerbe links neben der Nadel liegt.

Steppen Sie den Reißverschluss fest und vernähen Sie die Naht. Schließen Sie ihn.

3. Mit der Oberseite auf der rechten Stoffseite wird nun das zweite Reißverschlussband an die rechte Schlitzkante gelegt.

Achtung: Beide Zähnchenreihen müssen auf derselben Höhe beginnen.

Reißverschluss feststecken und öffnen. Drücken Sie die Reißverschlusszähnchen leicht nach rechts und setzen Sie den Nähfuß auf die Reißverschlusszähnchen, so dass die Zahnreihe in der Kerbe rechts neben der Nadel liegt.

Steppen Sie den Reißverschluss bis zum markierten Schlitzende fest und vernähen Sie die Naht. Schließen Sie den Reißverschluss.

Setzen Sie den Standard-Reißverschlussfuß in Ihre Maschine ein. Dabei sind der Nähfußhalter und der Fuß rechtsbündig. Versetzen Sie die Nadel nach rechts. Schließen Sie die Naht von unten nach oben bis zu den Reißverschlussnähten.

Bügeln Sie anschließend die Nahtzugabe auseinander.

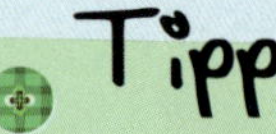

Tipp

Nahtverdeckte Reißverschlüsse gibt es nicht in jeder Länge zu kaufen. Jedoch sind 60 cm lange Reißverschlüsse erhältlich, die individuell gekürzt werden können.

Ärmel

Die Ärmelformen sind sehr vielfältig und unterliegen in Schnitt und Aussehen der jeweiligen Mode. Man unterscheidet zwischen den Grundformen:
Eingesetzter Ärmel
Raglanärmel
Kimonoärmel.
Diese Formen variieren jeweils in Weite, Länge und Armabschluss.

Der eingesetzte Ärmel kann ein- oder zweiteilig sein, seine Armkugel glatt, eingekraust oder in Falten gelegt. Je nach Modell wird der Ärmel direkt an der Schulter eingesetzt. Für gerade eingesetzte Ärmel verlängert man die Schulternaht, das Armloch ist tief ausgeschnitten.

Auch der Raglanärmel kann ein- oder zweiteilig gearbeitet werden. Die Einsatznähte laufen schräg vom vorderen und vom hinteren Halsloch zum Unterarm.

Der Kimonoärmel wird direkt an das Oberteil angeschnitten. Man verlängert die Schulternaht bis zum Handgelenk.

1. Hemdsärmel oder tiefer eingesetzte, gerade Ärmel nähen Sie zuerst an das Oberteil. Achten Sie darauf, dass die Ansatzmarkierung (Armkugel) in die Schulternaht übergeht. Schließen Sie dann die Seiten- und die Unterarmnähte in einem Arbeitsgang. Dabei müssen die Nähte unter dem Arm genau aufeinandertreffen.

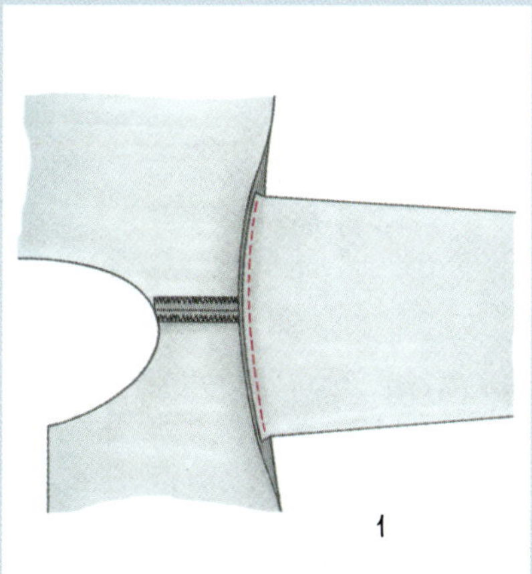

1

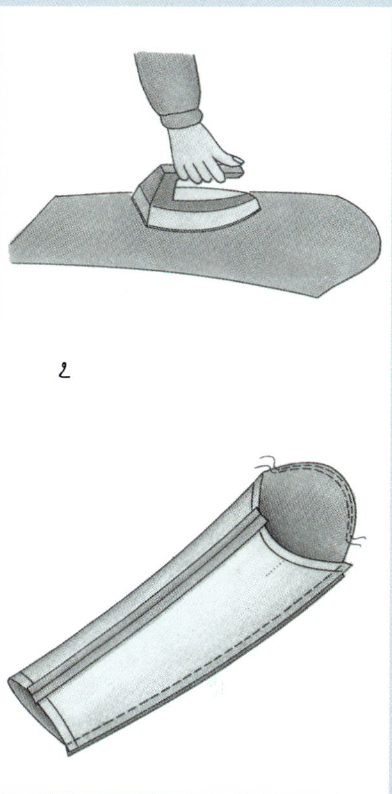

2

2. Bei einem zweiteiligen Ärmel dehnen Sie vor dem Zusammennähen von Ober- und Unterarm die vordere Ärmelnaht des Oberärmels. Ihre Länge muss nach dem Dehnen mit der Länge der Naht des Unterärmels übereinstimmen. Achten Sie darauf, dass beide Oberarmteile gleich stark gedehnt werden.

Legen, stecken und heften Sie Ober- und Unterärmel rechts auf rechts und steppen Sie die Nähte. Bügeln Sie den Ärmel in Form und schneiden Sie dann die Nahtzugaben zurück.

Ärmel mit Armkugel

Bei einem Ärmel mit Armkugel wird immer der tiefer ausgeschnittene Ärmelrand in den vorderen Armausschnitt eingesetzt.

Bedingt durch die Weite der Armkugel, die je nach Modetrend schwankt, ist es nicht immer leicht, den Ärmel richtig herum einzusetzen. Deshalb sind in den meisten Schnitten zusätzliche Markierungs- oder Einsatzpunkte im Ärmel und im Oberteil eingezeichnet. Diese sollten Sie unbedingt beachten, da sich sonst der Ärmel leicht „verdreht“ oder Falten wirft.

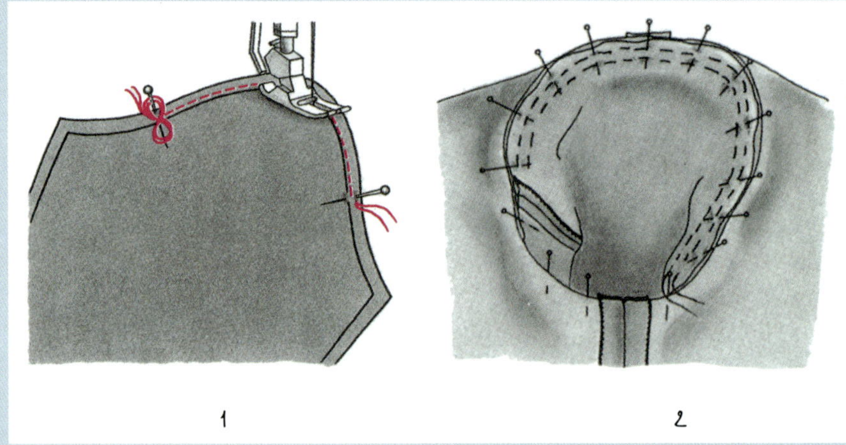

1. Halten Sie die Weite der Armkugel ein, indem Sie zwei Mal entlang der Ansatzlinie von Markierungspunkt zu Markierungspunkt mit großen Stichen nähen. Ziehen Sie die Unterfäden der Kräuselnähte leicht an und kräuseln Sie die Weite gleichmäßig auf die Kugel verteilt ein.

2. Stecken Sie den Ärmel rechts auf rechts in das Armloch. Beginnen Sie an den Markierungspunkten, der Schulter- und der Seitennaht. Dann stecken Sie den Ärmel fest in das Armloch, immer von der Ärmelseite aus. (Stecknadeln quer zur Ärmeleinsatznaht).

3. Wird ein angekrauster Ärmel eingesetzt, achten Sie darauf, dass sich die Kräuselung nur im Bereich der Schulternaht (bis jeweils 10 cm vor und hinter der Naht) befindet. Der Unterarmteil sitzt immer glatt im Armloch.

4. Heften Sie den Ärmel mit kleinen Stichen in das Armloch. Kontrollieren Sie vor dem Einnähen den Fall des Ärmels durch eine Anprobe. Nähen Sie die Ärmel immer von der Ärmelseite (Kräuselung ist gut sichtbar) her ein.

5. Die Nahtkanten von Ärmel und Oberteil werden dicht neben der Stepplinie in einem Arbeitsgang mit Zickzackstichen versäubert und anschließend zurückgeschnitten. Bügeln Sie die Nähte auf der Ärmelseite zusammen und legen Sie sie zum Ärmel hin um, eventuell nochmals bügeln.

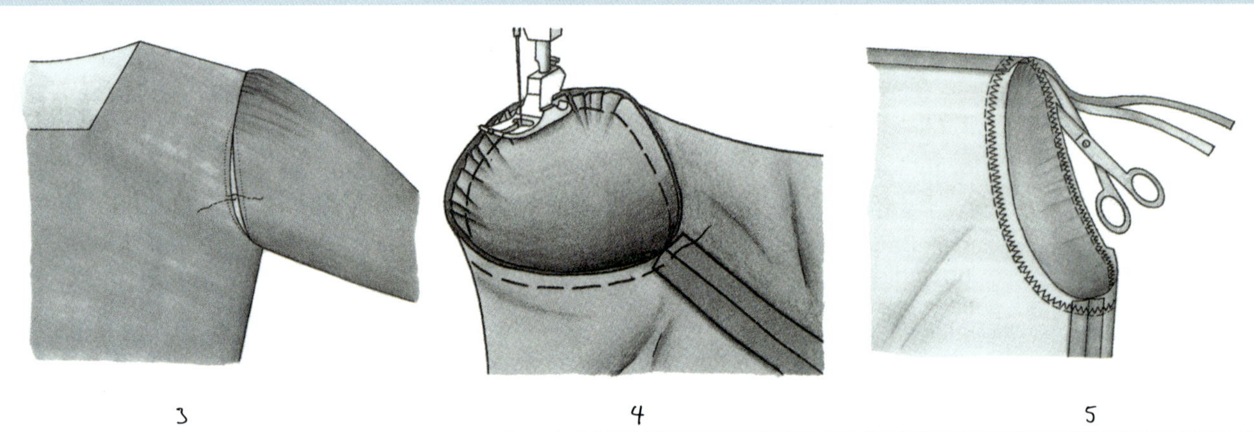

Raglanärmel

In einen einteiligen Raglanärmel arbeitet man einen Schulterabnäher. Eine Ausnahme bildet der Raglanärmel bei Sweatshirts. Das weiche, nachgebende Material fällt gut über die Schulter, notfalls können Sie etwas Weite an der Halslinie einhalten.

1. Nähen Sie zuerst den Abnäher oder beim zweiteiligen Ärmel die obere Ärmelnaht. Bügeln Sie nach diesem Arbeitsschritt die Naht. Bei dickeren Stoffen den Abnäher aufschneiden und die Nahtzugaben kürzen.

Stecken und heften Sie den vorderen und den hinteren Ärmelteil auf die jeweilige Ansatzlinie des Kleidungsstückes.

Schließen Sie die Raglannähte von der Seitennaht bis hin zum Halsloch. Schneiden Sie die Nahtzugaben zurück und an den Markierungspunkten ein. Von diesen Punkten aus wird die Naht zum Halsloch hin auseinandergebügelt, die untere Ärmelnaht jedoch zusammengebügelt.

2. Stecken und heften Sie die Unterarmnaht und die jeweilige Seitennaht des Kleidungsstückes. Unter dem Arm müssen diese Nähte genau aufeinanderstoßen. In einem Arbeitsgang schließen Sie die Seiten- und die Ärmelnaht.

Kimonoärmel

Bei einem sehr weiten Kimonoärmel beginnt der Ärmel schon knapp über der Taillenlinie.

1. Legen Sie Vorder- und Rückenteil aufeinander und schließen Sie die Schulternähte. Danach die Unterarmnaht (= Seitennaht) mit kleinen Stichen schließen.

2. Je nach Stoffart die Kurve in der Unterarmnaht mit Nahtband verstärken. Schneiden Sie die Nahtzugaben bis knapp vor die Stepplinie ein. Versäubern Sie sie mit Zickzackstichen und bügeln Sie die Nähte auseinander.

Die Nahtzugabe bei sehr dünnen Stoffen beträgt 6 mm. In diesem Falle versäubern Sie die Nähte zusammen und bügeln sie anschließend in das Rückenteil.

3. Hat der Kimonoschnitt einen engen Arm, der unter der Achsel beginnt, so schließen Sie zuerst die Seitennaht und arbeiten zwischen vorderem und hinterem Arm einen Zwickel ein. Dann erst die untere Ärmelnaht steppen.

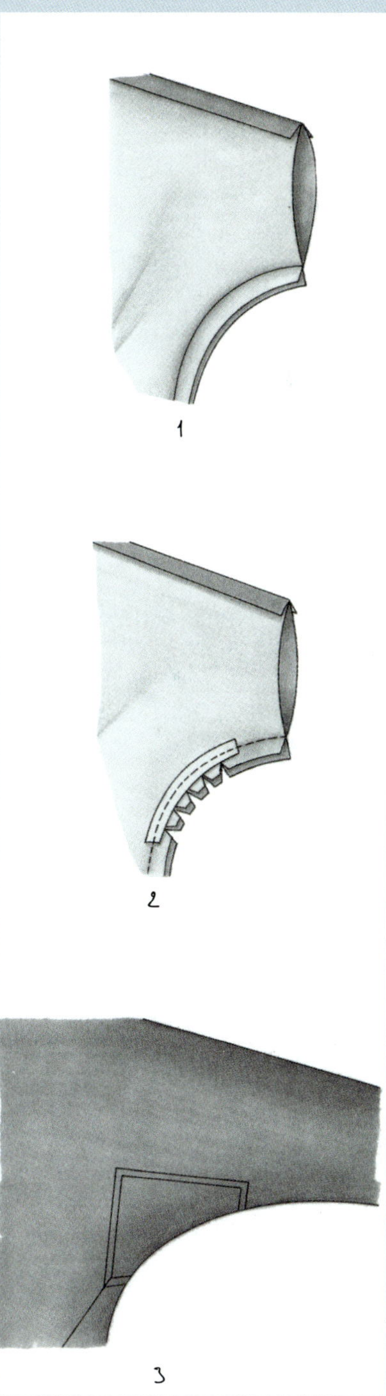

Ärmelschlitze

Ein Ärmel, der das Handgelenk fest umschließt, hat ein Bündchen oder eine Manschette. Vor dem Annähen des Bündchens oder der Manschette müssen Sie den Ärmelschlitz arbeiten. Es gibt drei Verarbeitungsmethoden:

- den verstürzten Schlitz
- den eingefassten Schlitz
- den Hemdenschlitz

Verstürzter Schlitz

1. Schneiden Sie einen Stoffstreifen zu, der um 6 cm breiter und um 3 cm länger ist als der Schlitz. Den Besatz rechts auf rechts auf den Schlitz legen und feststecken. Mit kleinen Stichen um den Schlitz herumnähen.

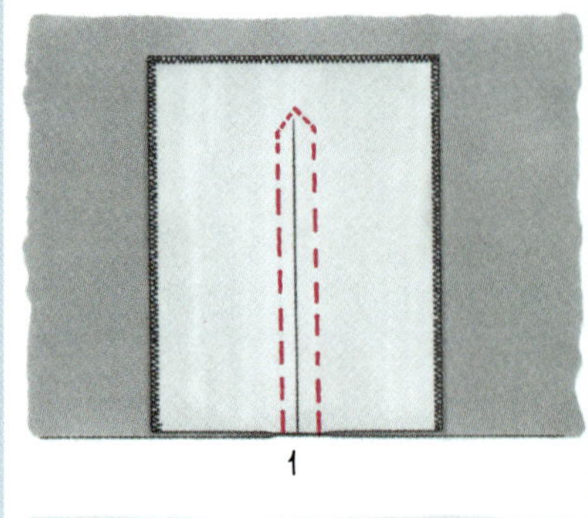
1

2. Schneiden Sie mit einer spitzen Schere den Schlitz bis zur Spitze ein. Verstürzen Sie den Besatz und schieben Sie die Naht etwas nach innen. Die Kanten heften, bügeln und von rechts knappkantig absteppen.

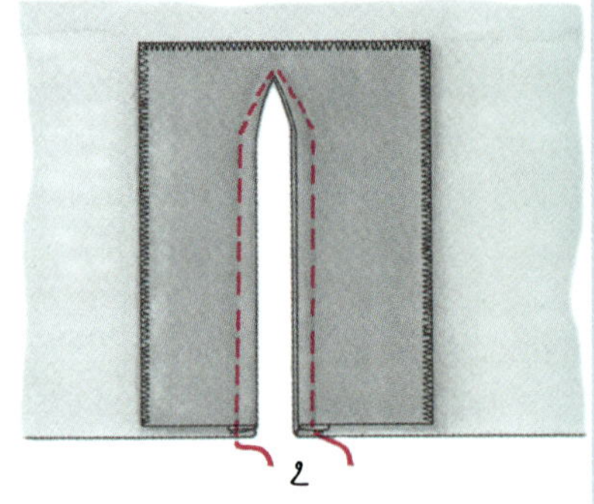
2

Eingefasster Schlitz

3. Für diesen hat der Beleg die doppelte Länge des Schlitzes und eine Breite von 3 cm. An einer Längsseite des Belegstreifens bügeln Sie eine Schnittkante von 0,5 cm nach innen. Den Schlitz mit kleinen Stichen umsteppen und aufschneiden.

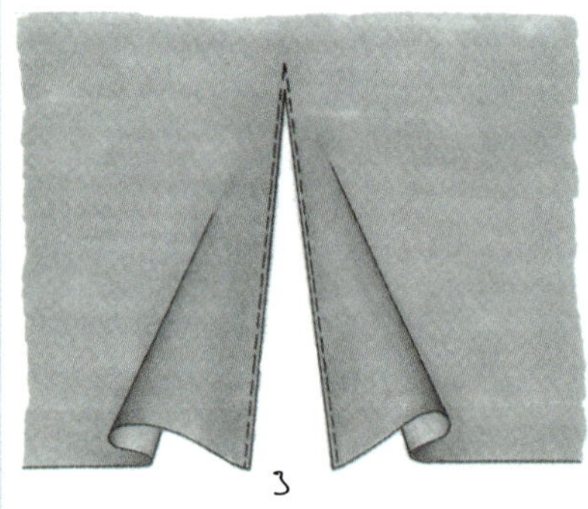
3

4. Die offene Kante des Beleges stecken Sie rechts auf rechts auf den auseinandergezogenen Schlitz. Mit dem Reißverschlussfuß nähen Sie den Beleg knappkantig mit kleinen Stichen von der Ärmelseite aus fest. Die umgebügelte Kante des Stoffstreifens nach innen schlagen, so dass sie auf der Stepplinie liegt.

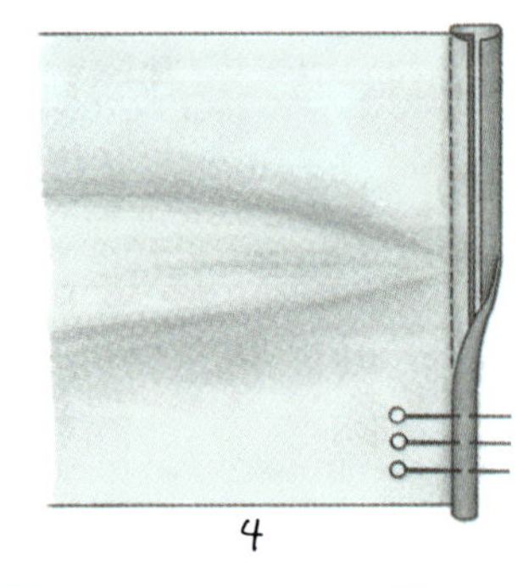
4

5. Säumen Sie die Kante mit kleinen Stichen an die Stepplinie. Sichern Sie das Schlitzende, indem Sie die Spitze als kleinen Abnäher arbeiten. Den Schlitz in Form legen und die Kanten bügeln.

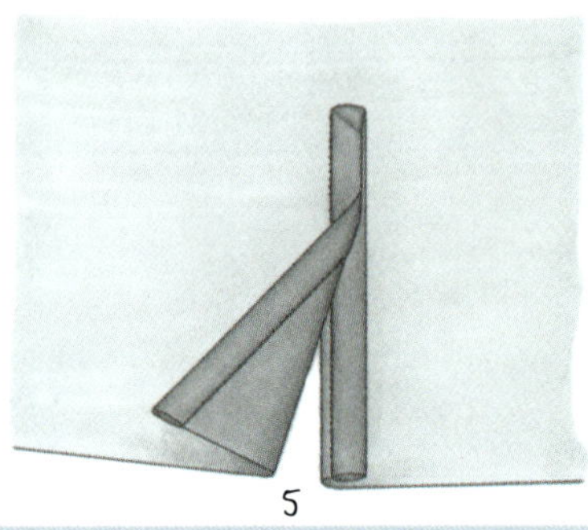
5

Hemdenschlitz

1. Hierfür brauchen Sie nur einen Belegstreifen für den Übertritt. Schneiden Sie einen gerade Stoffstreifen in der Breite von 6 cm. Die Länge richtet sich nach der Schlitzlänge plus 3 cm. Bügeln und steppen Sie die offene Schnittkante des Untertritts wie einen Rollsaum knapp um.

2. Stecken und heften Sie den Übertrittstreifen mit der rechten Stoffseite an die Innenseite des Übertritts an. Steppen Sie ihn füßchenbreit bis 0,5 cm über den Einschnitt fest. Schneiden Sie die Nahtzugabe schräg zur Ecke ein.

3. Bügeln Sie über die Nahtlinie, dann die Nahtzugaben zum Schlitz hin. Die offene Kante des Untertritts 0,5 cm umbügeln. Den Übertrittstreifen auf die rechte Seite umschlagen und bügeln. Dann die offene Kante des Übertritts 0,5 cm umbügeln.

4. Formen Sie den überstehenden Beleg zu einer Spitze. Schneiden Sie die Nahtzugabe unter der Spitze zurück.

5. Stecken Sie die Spitze des Übertritts so auf den Ärmel, dass das Schlitzende und das Ende des Untertritts ganz verdeckt sind. Heften Sie die Kante sorgfältig um.

6. Nun Spitze und Kanten knappkantig absteppen. Achtung: den Schlitz nicht zusteppen. Das Schlitzende dann noch mit einem Kreuz oder mit einem Dreieck mit Quernaht sichern.

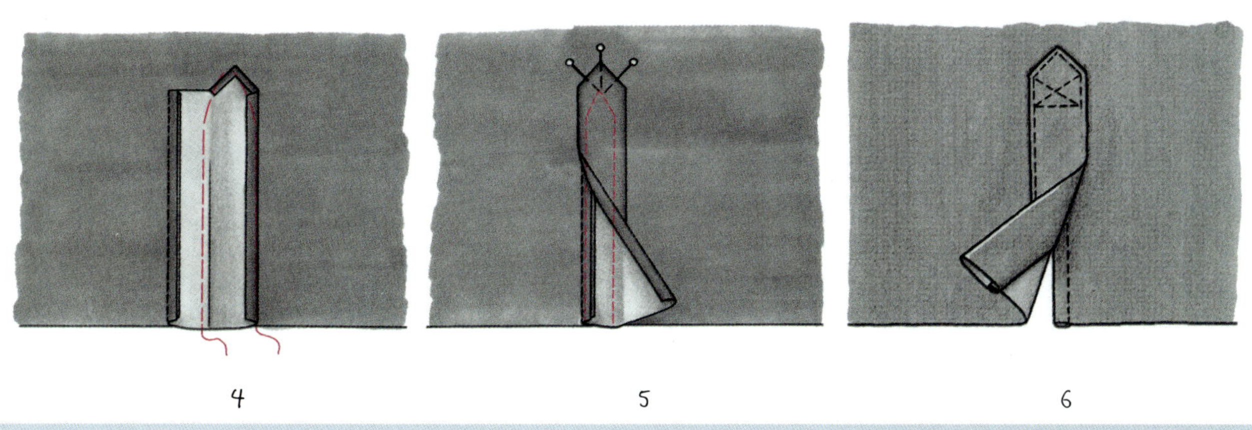

Ärmelabschlüsse

Die Ärmelabschlüsse können sehr vielfältig sein. Sie reichen von einem einfachen Saum über den Zugsaum bis zur doppelten Manschette. In den meisten Fällen hängt der Ärmelabschluss von der Gesamtform des Ärmels ab. Bei allen Verarbeitungen ist die richtige Länge des Ärmels entscheidend für den Gesamteindruck des Kleidungsstückes.

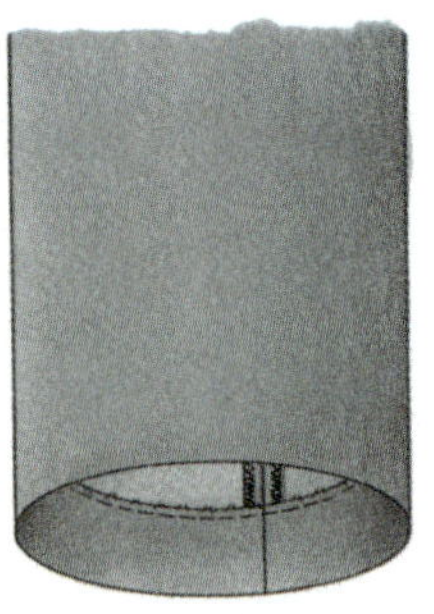

eingeschlagener Saum

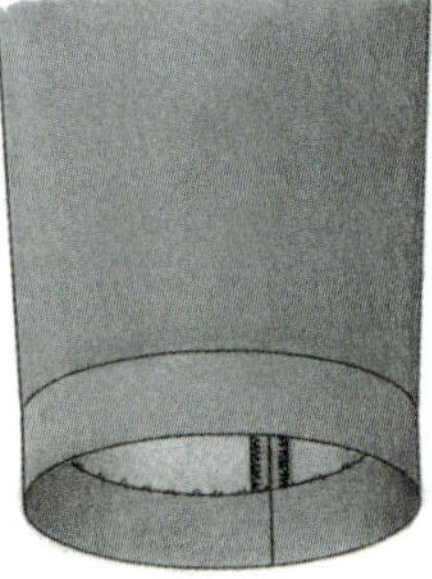

doppelte Blende oder Ärmelbündchen

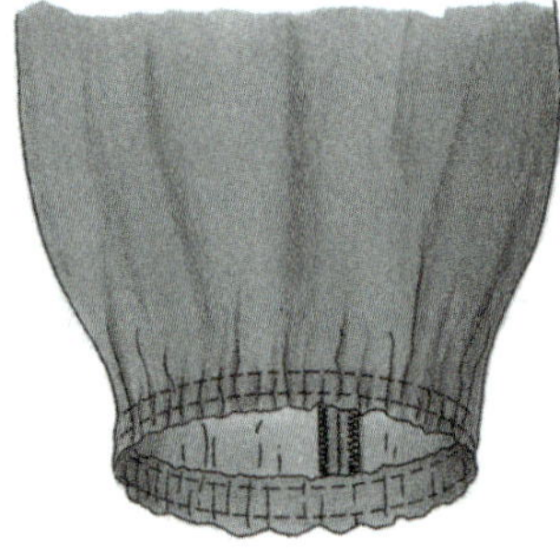

Zugsaum

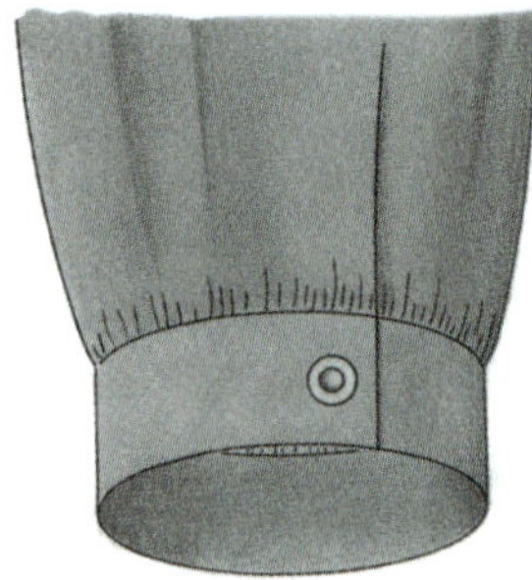

Manschette

Eingeschlagener Saum

Dieser glatte Ärmelabschluss wird hauptsächlich bei Jacken und Mänteln gearbeitet. Geben Sie beim Zuschnitt genügend Saumzugabe zu.

Je nach Stoffqualität sollte der Saum am Ärmel maximal 5 cm betragen. Gegebenenfalls die Saumzugabe kürzen und versäubern. 1 cm unterhalb der offenen Schnittkante nochmals heften.

1. Markieren Sie die Saumlinie, eventuell auch die Saumzugabe mit Einlagestoff verstärken. Dann den Saum nach innen schlagen und feststecken. Entlang der Bruchkante heften.

2. Den Saum mit kleinen Stichen festnähen oder mit einem mittleren Geradstich ansteppen. Ansteppen sollten Sie den Saum nur, wenn sich weitere Ziernähte am Kleidungsstück befinden.

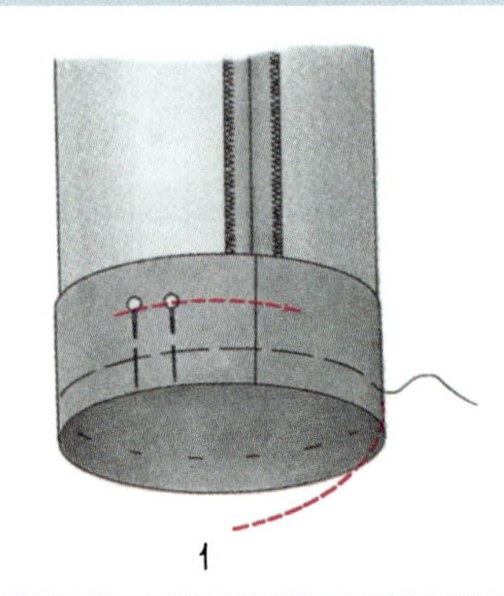

1

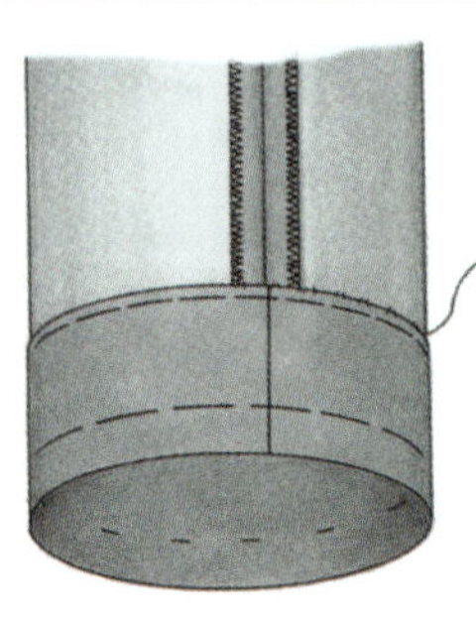

2

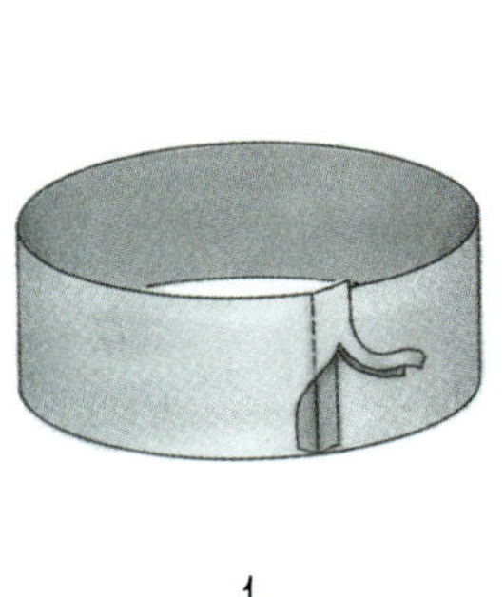
1

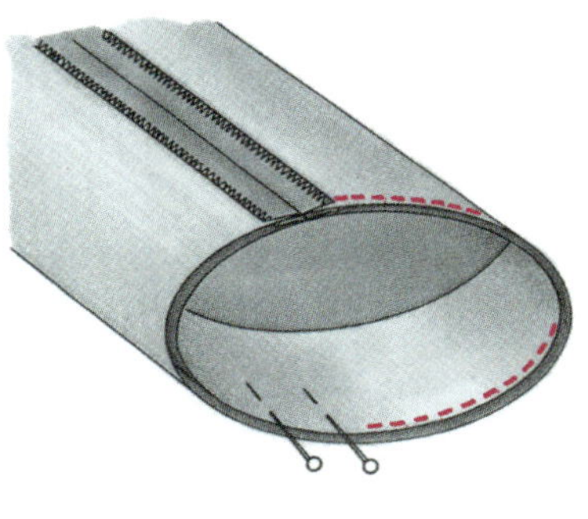
2

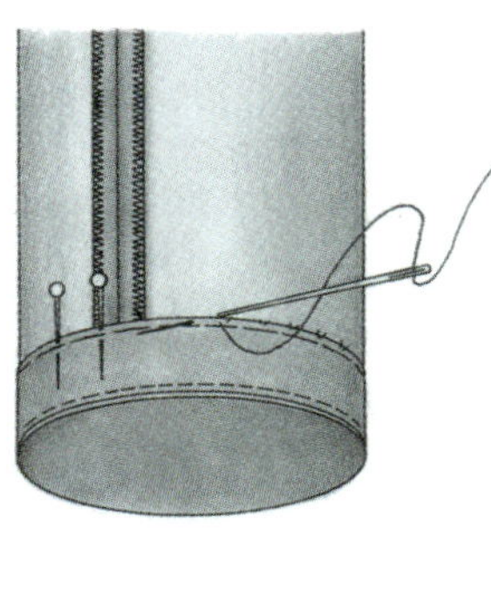
3

Blende

Soll der Ärmelabschluss aus einem anderen Stoff gearbeitet werden, wird eine Blende angesetzt.

1. Die Blendenstreifen in der entsprechenden Größe zuschneiden und eventuell verstärken. Die Blendennaht schließen und die Nahtzugaben zurückschneiden. Das Ausbügeln der Naht nicht vergessen.

2. Rechts auf rechts die Blende an die Ärmelkante stecken und füßchenbreit feststeppen. Die Naht bügeln und die Blende verstürzen.

3. Die Ansatznaht liegt knappkantig auf der Ärmelinnenseite. Die offene Kante der Blende anstecken, heften und mit kleinen Handstichen annähen. Eventuell noch die untere Ärmelkante absteppen.

Bündchen

Ist der Ärmel weiter als der Ärmelabschluss, so wird ein Bündchen (eventuell aus andersfarbigem Stoff) angesetzt.

1. Das Bündchen zuschneiden und in halber Breite mit Einlagestoff verstärken. Die Bündchennaht schließen.

2. Die Ärmelkante auf Bündchenweite einkrausen. Rechts auf rechts das Bündchen an die eingekrauste Ärmelkante stecken. Dabei liegt die seitliche Bündchennaht auf der Ärmelseitennaht. Das Bündchen füßchenbreit ansteppen.

3. Entlang der Bruchkante das Bündchen nach innen schlagen. Die offene Kante etwa 0,5 cm breit einschlagen und auf der Ansatzlinie feststecken. Mit kleinen Staffierstichen fixieren.

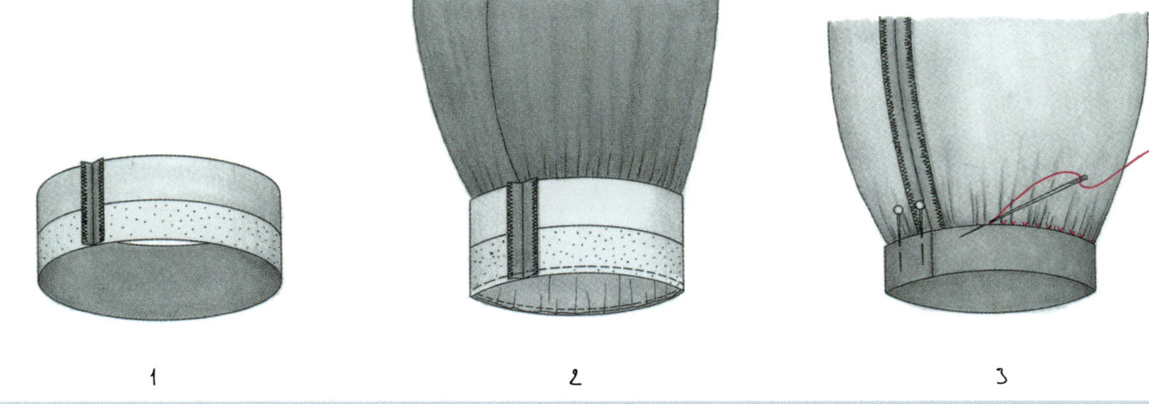
1 2 3

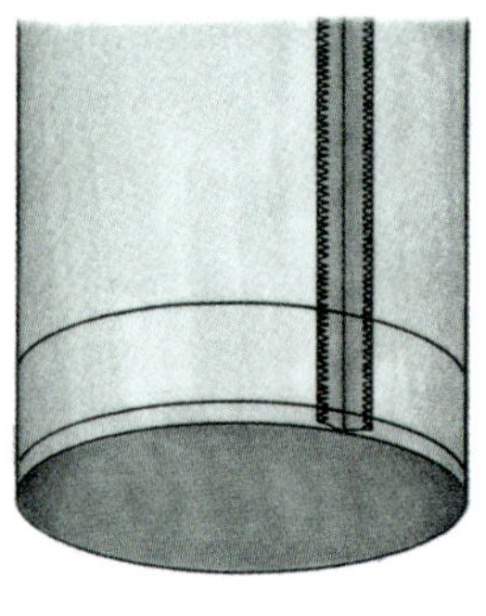

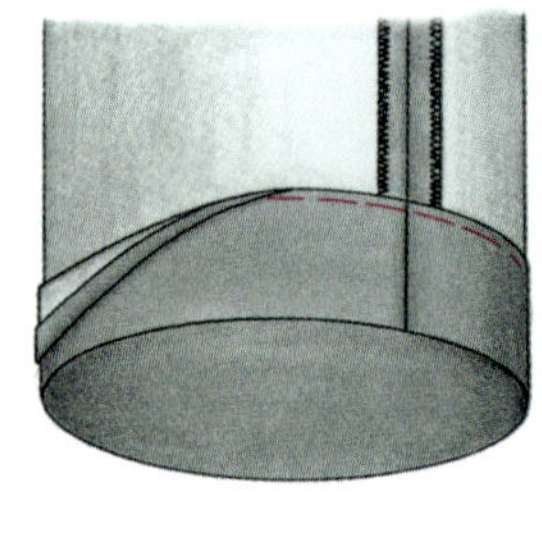

1

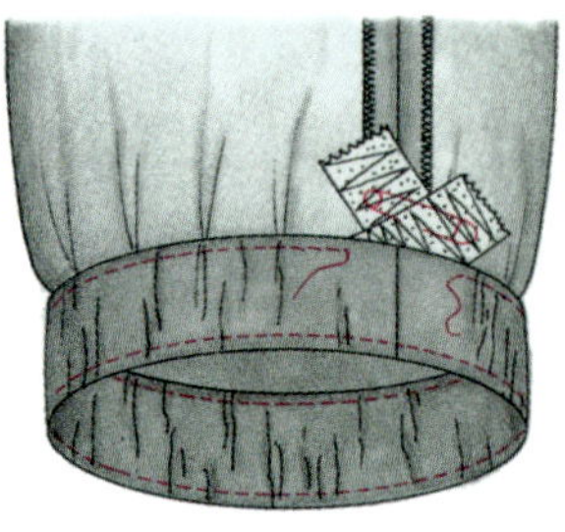

2

Zugsaum

Den Zugsaum können Sie mit und ohne Volant arbeiten. Berücksichtigen Sie eine entsprechende Saumzugabe. Der Tunnel für den Zugsaum darf nur 1 bis 2 mm breiter sein als das einzuziehende Gummiband. Wenn er zu breit ist, verdreht sich der Gummi.

1. Die Schnittkante 0,5 cm breit einschlagen und heften. Schlagen und bügeln Sie die Breite des Saumes nach innen. Steppen Sie die untere Saumkante knappkantig. Die obere wird ebenfalls angesteppt, dabei an der Ärmelnaht eine Öffnung lassen, damit das Gummiband durchgezogen werden kann.

2. Mit einer Sicherheitsnadel oder einer Durchziehnadel ziehen Sie das Gummiband ein. Legen Sie dessen Enden übereinander und steppen Sie sie zusammen. An der Öffnung ziehen Sie den Stoff glatt, die obere Steppnaht mit wenigen Stichen schließen.

3. Den Zugsaum mit Volant arbeitet man ebenso. Der Tunnel liegt über dem Volant, so dass die untere Kante nicht abgesteppt wird.

4. Den aufgesteppten Gummi als vereinfachten Zugsaum finden Sie an Folkloreblusen. Versäubern Sie den Volant mit einem Rollsaum oder mit dichten Zickzackstichen. Oberhalb stecken und heften Sie das Gummiband an. Mit dem Zickzackstich den Gummi befestigen. Statt des schmalen Gummibandes können Sie auch einen Rundgummi mit Knopflochsohle mit Zickzackstich annähen.

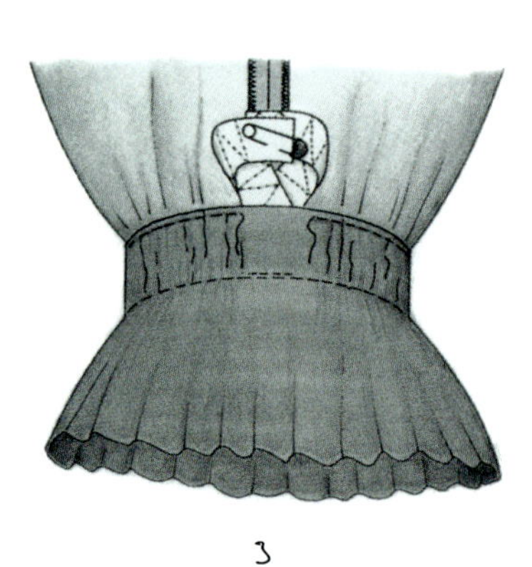

3

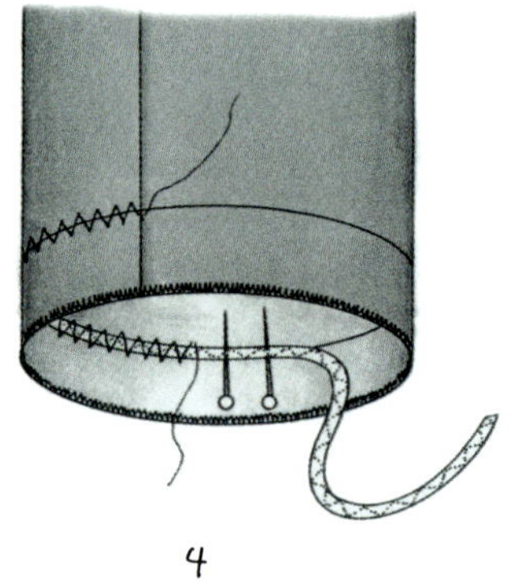

4

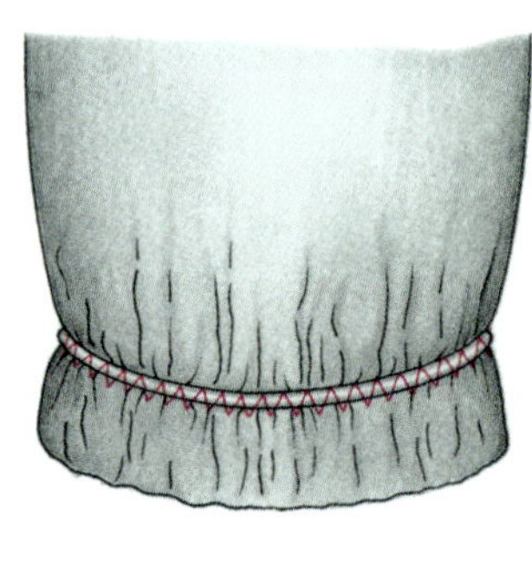

4

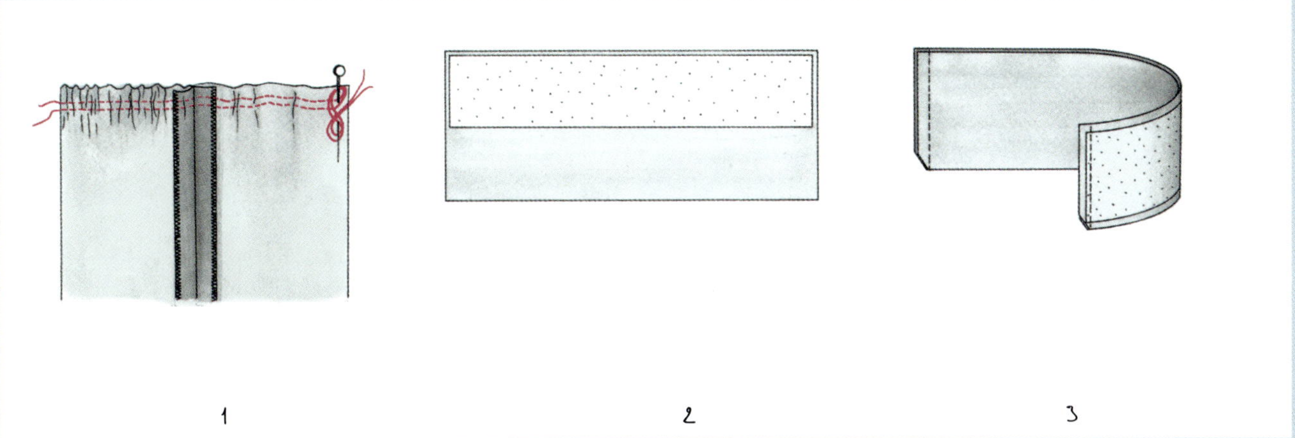

Manschette

Bei den Manschettenabschlüssen muss die Weite des Ärmels meist eingekräuselt oder in Fältchen gelegt werden.

1. Zum Kräuseln mit Stichlänge von 4 mm zwei parallele Kräuselnähte arbeiten. An einem Ende die Unterfäden mit einer Stecknadel festhalten, die Fäden ziehen, bis die gewünschte Weite erreicht ist.

2. Die Manschette besteht aus Ober- und Unterteil. Sie kann aus einem oder aus zwei Teilen geschnitten sein. Die Einlage auf die Unterseite aufbügeln, bei sehr dünnen Stoffen auf die Oberseite der Manschette. Soll sie sehr steif sein, so verstärken Sie sie ganz.

3. Legen, stecken und heften Sie die Manschette rechts auf rechts zusammen. Die Enden zusammensteppen, bei einer zweiteiligen Manschette auch die untere Kante. Anschließend die Ecken abschrägen und die Manschette verstürzen. Bügeln Sie die Naht zur Unterseite hin.

4. Die Manschette offenkantig rechts auf rechts von einem Schlitzende zum anderen an den Ärmel stecken und heften. Steppen Sie die Manschette an und schneiden Sie die Nahtzugabe zurück.

5. Beachten Sie beim Ansatz der Manschette, dass beim verstürzten Schlitz ein Untertritt stehen bleiben muss, dass beim eingefassten Schlitz der Untertritt des Ärmelabschlusses hingegen bündig abschließt.

6. Bügeln Sie die offene Manschettenkante 1 cm nach links um und stecken Sie sie auf die Ansatznaht der linken Ärmelseite. Nähen Sie sie mit kleinen Staffierstichen an, zuletzt die Knopflöcher arbeiten.

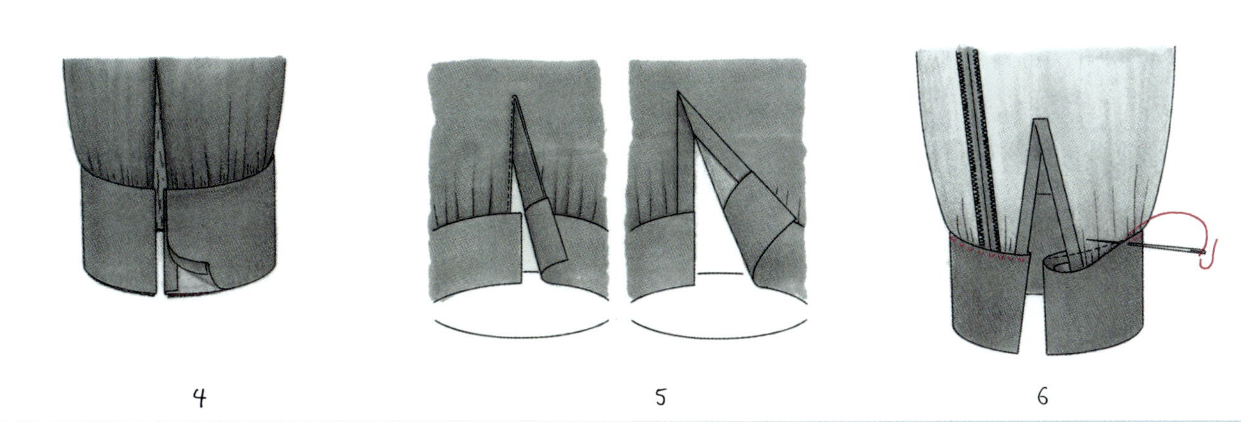

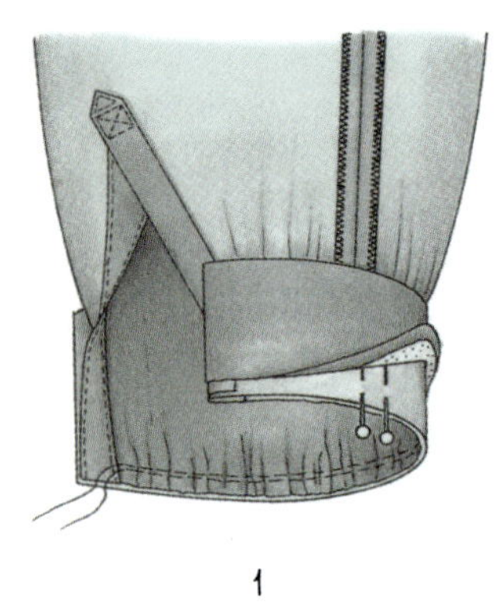
1

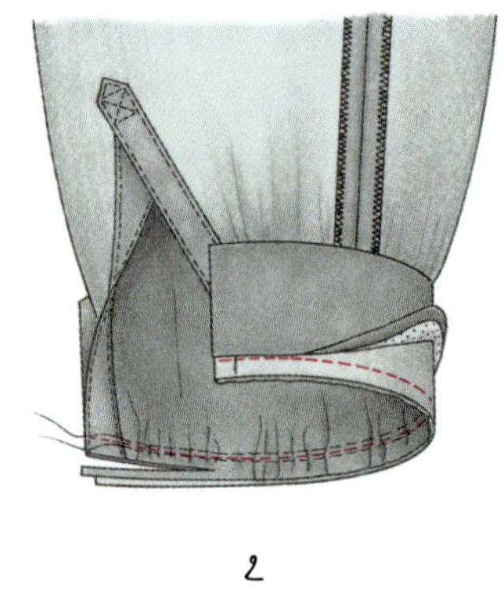
2

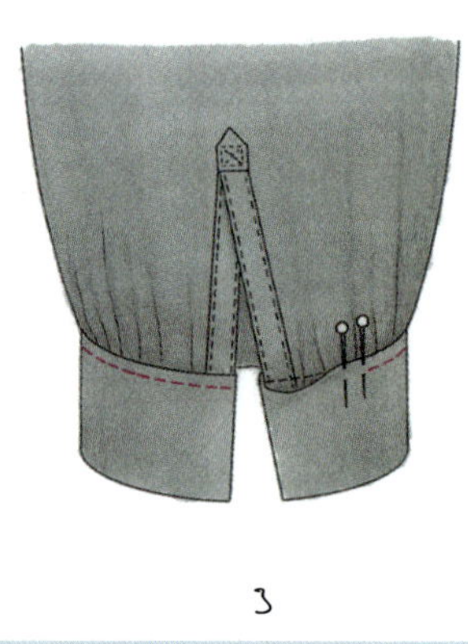
3

1. Bei der Oberhemdenmanschette wird die rechte Seite der unteren Manschette auf die linke Ärmelseite gesteckt und geheftet. Die Enden (Unter- und Übertritt) schließen bündig mit der Schlitzeinfassung ab, stehen also nicht über.

2. Steppen Sie die Naht, schneiden Sie die Nahtzugaben stufenweise zurück. Verstürzen Sie die Manschette und bügeln Sie die Nahtzugaben zur Manschette hin. Bügeln Sie die offene Kante der oberen Manschette knapp 1 cm breit um.

3. Stecken und heften Sie sie auf die rechte Ärmelseite, so dass die Ansatznaht verdeckt ist. Die Manschette knappkantig aufsteppen, anschließend die Knopflöcher arbeiten (siehe Seite 97 ff.).

Variationen der länger oder der doppelt geschnittenen Manschetten

a) doppelte Oberhemdenmanschette
b) doppelte Blusenmanschette
c) aufgeschlagene Manschette (Stulpe)
d) breite Manschette mit Schlingenverschluss

a

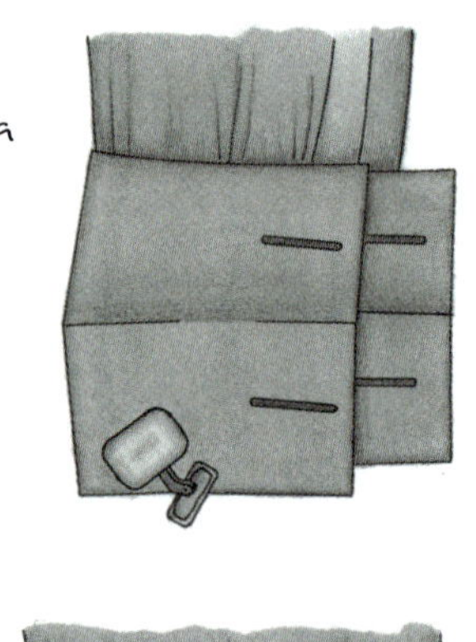

b

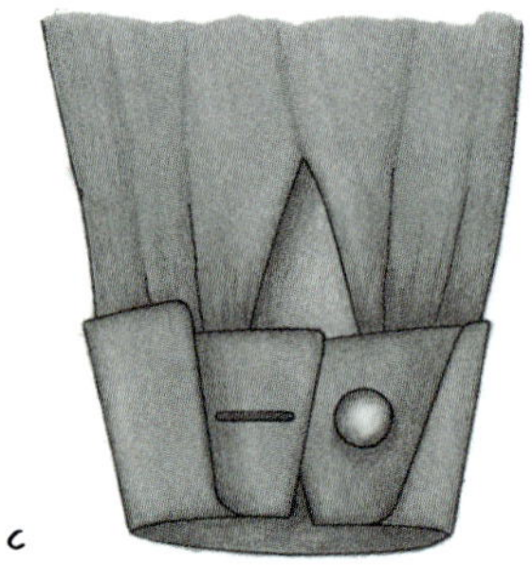
c

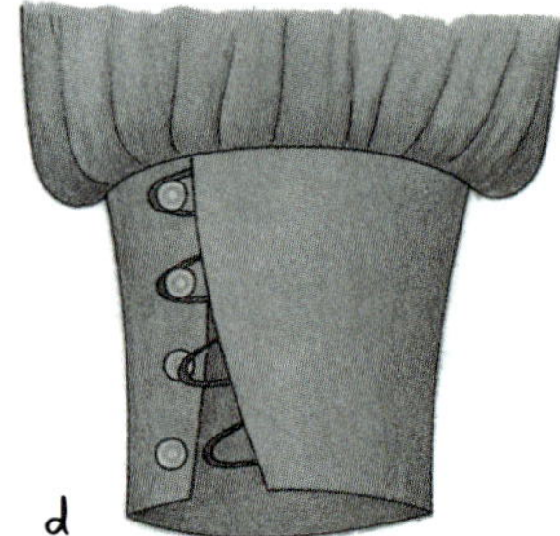
d

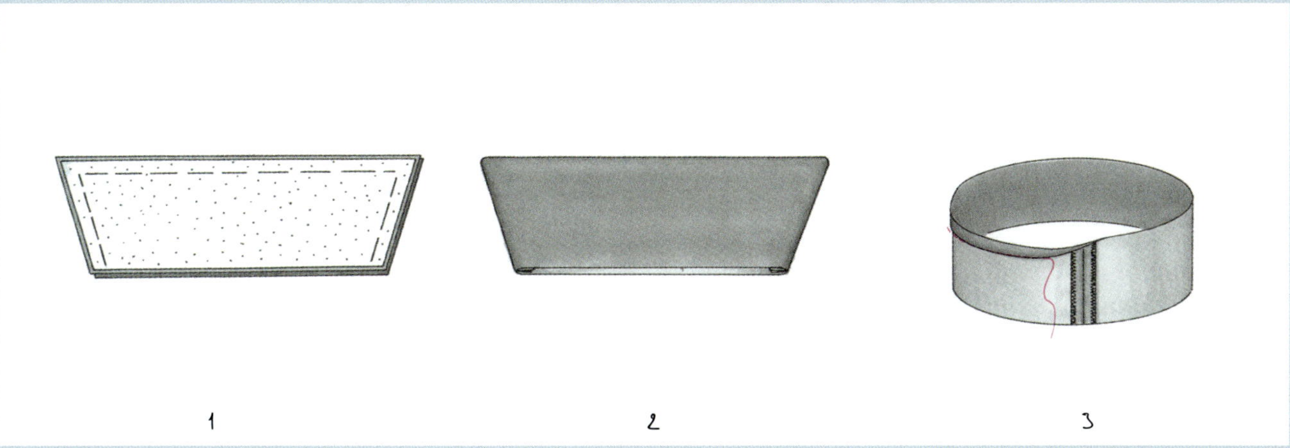

Stulpe

Die aufgeschlagene Manschette oder Stulpe als Ärmelabschluss wird extra mit Beleg gearbeitet.

1. Bügeln Sie die Einlage auf die untere Stulpenseite. Legen Sie die beiden Stulpenteile rechts auf rechts und nähen Sie sie zusammen. Die untere Kante bleibt offen.

2. Schneiden Sie nun die Nahtzugaben stufenweise zurück, die Enden abschrägen. Wenden Sie die Stulpe auf die rechte Seite. Beim anschließenden Bügeln die Naht der unteren Stulpe etwas nach innen schieben.

3. Stecken Sie den Beleg rechts auf rechts und nähen Sie die Enden zusammen. Bügeln Sie die Naht flach und die obere Kante 1 cm breit um. Mit kleinen Stichen den Umschlag heften.

4. Stecken und heften Sie die Stulpe und den Beleg an die Saumkante des Ärmels. Die untere Stulpe liegt auf der rechten Ärmelseite, der Beleg mit der rechten Seite auf der Stulpe. Entlang der Nahtlinie durch alle Stofflagen steppen.

5. Schneiden Sie die Nahtzugaben stufenweise zurück und bügeln Sie sie zum Beleg hin. Eine Untersteppnaht von der rechten Belegseite aus durch Beleg und Nahtzugaben arbeiten.

6. Die Belegseite wird nach innen geschlagen und von Hand mit Staffierstichen angesäumt.

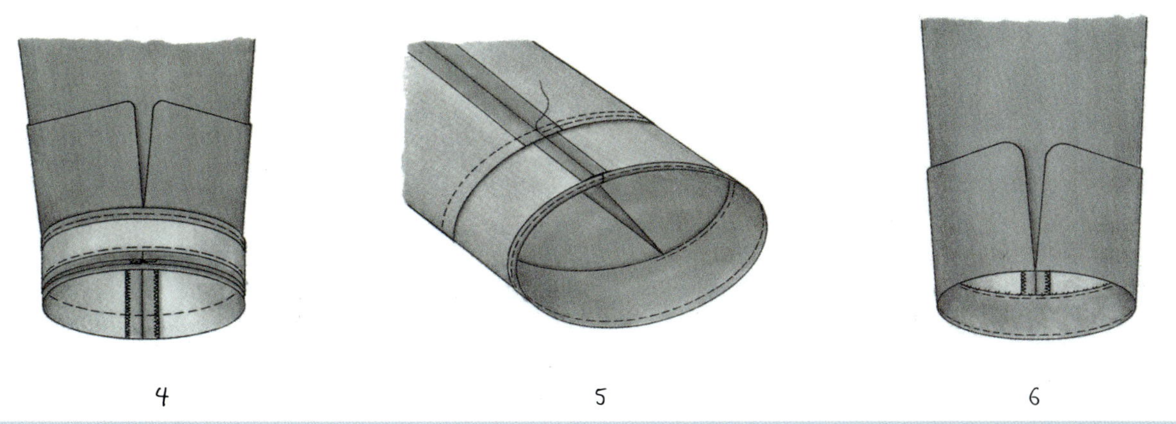

Rock- und Hosenbund

Die Taillenkante kann mit einem geraden Bund, einem Formbund oder einem elastischen Bund abgeschlossen werden. Beim elastischen Bund entweder Gummiband in den Taillentunnel einziehen oder einen dekorativen Stretchbund arbeiten. Diesen können Sie fertig kaufen und an Ihren Rock ansetzen.

Gerade angesetzter Rockbund

1. Für diesen Bund einen geraden Stoffstreifen im geraden Fadenlauf zuschneiden. Die Länge ergibt sich aus Taillenweite plus 2 cm Bewegungsweite plus Nahtzugabe für Unter- und Übertritt (je 3 cm).

Den Bund in doppelter Breite plus 2 cm Nahtzugabe zuschneiden. Die fertige Breite sollte nicht mehr als 5 cm betragen. Den Stoffstreifen verstärken Sie auf der linken Seite; verwenden Sie dazu am besten aufbügelbares Bundfix.

Stecken und heften Sie den Bund offenkantig rechts auf rechts an den Rock. Verteilen Sie dabei die eingekrauste Rockweite gleichmäßig. Über- und Untertritt stehen an den Verschlusskanten über.

2. Den Bund ansteppen und entlang der mittleren Stanzlinie rechts auf rechts falten. Die Bundenden und den Über-/Untertritt bis zur Markierung schließen. Den Bund verstürzen und die Nahtzugaben zum Rockbund hin flachbügeln, die Naht auch von rechts leicht bügeln.

3. Bei einem nicht gefütterten Rock versäubern Sie die offene Schnittkante mit einem mittleren Zickzackstich. Die innere Bundhälfte von links feststecken und von rechts knapp neben der Nahtlinie festheften. Steppen Sie von rechts in der Ansatznaht durch alle Stofflagen hindurch.

4. Bei sehr dünnem Material versäubern Sie die offene Bundkante, indem Sie sie in der Stanzlinie einschlagen und umbügeln. Die Kante feststecken und heften. Steppen Sie den Bund von rechts (in der Ansatzlinie) fest.

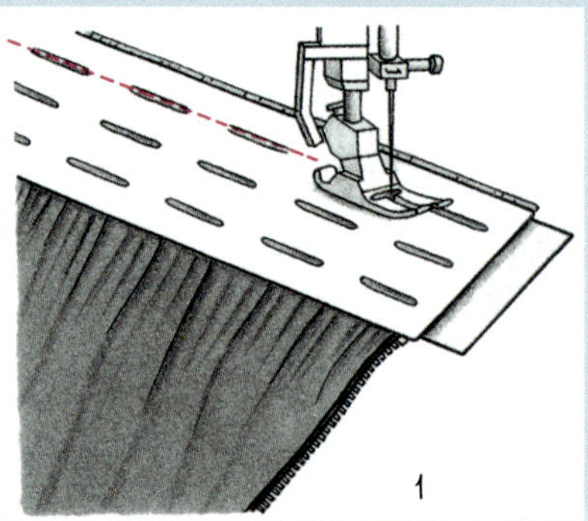

1

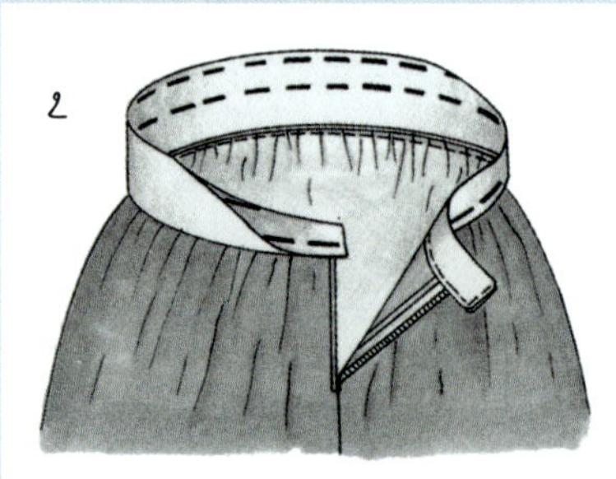

2

3

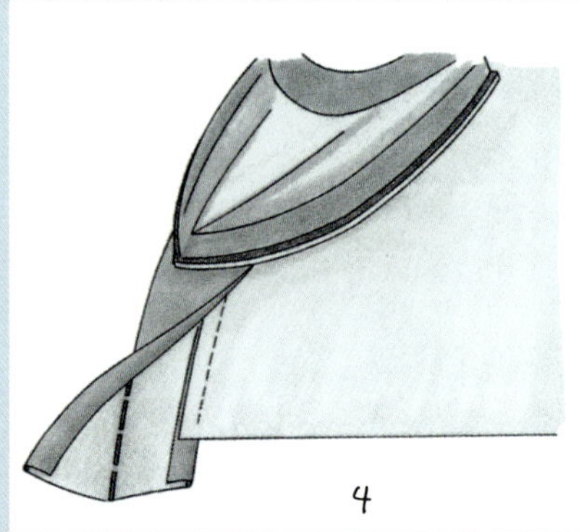

4

Formbund

Ein Formbund wird gearbeitet, wenn der Bund breiter als 5 cm sein soll. Er ist in seiner Form der des Körpers angepasst und sitzt zum Beispiel bei einem Sattelrock zwischen Taille und Hüfte oder als Hochbund, meist bei Folkloreröcken, zwischen Taille und Brustkorb. Den Hochbund können Sie auch noch sehr attraktiv mit Absteppararbeiten, verschiedenartigen Stickereien oder Knöpfen gestalten.

Sattelrock

Folklorerock

1. Der Formbund besteht aus Bund und Beleg. Um vor allem dem Hochbund ausreichend Festigkeit zu geben, verstärken Sie beide Schnittteile mit Einlagestoff.

Stecken, heften und nähen Sie Bund und Beleg rechts auf rechts an der Oberkante, den Seiten und dem Untertritt bis zur Markierung zusammen.

Schneiden Sie die Nahtzugaben stufenweise zurück, die Ecken schrägen Sie ab.

2. Verstürzen Sie den Bund und bügeln Sie ihn auf Kante. Rechts auf rechts den Formbund an den Rock stecken, dabei den Untertritt überstehen lassen. Achten Sie darauf, dass Sie die überschüssige Weite des Rockes gleichmäßig einhalten. Nach dem Heften den Bund ansteppen.

3. Schneiden Sie die Nahtzugaben stufenweise zurück und bügeln Sie sie in den Bund. Die offene Belegkante 1 cm breit einschlagen und mit kleinen Staffierstichen an der Nahtlinie des Bundes festnähen. Bringen Sie den Knopfverschluss oder Haken und Ösen an.

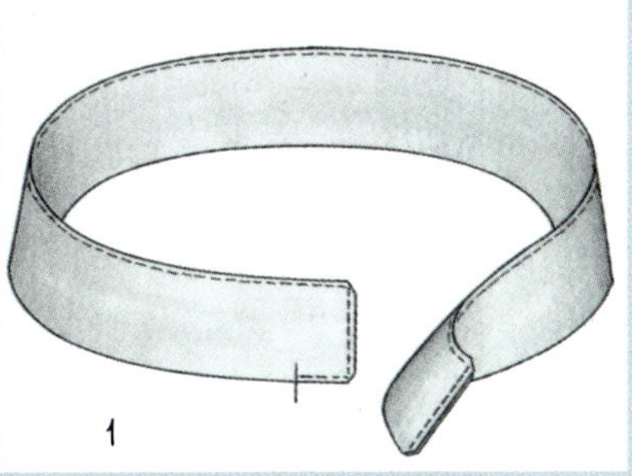
1

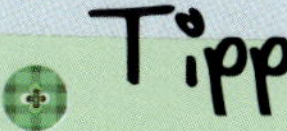

Den gerade angesetzten Rockbund und den Formbund müssen Sie mit Einlagestoff unterlegen, denn sie dehnen sich nicht.

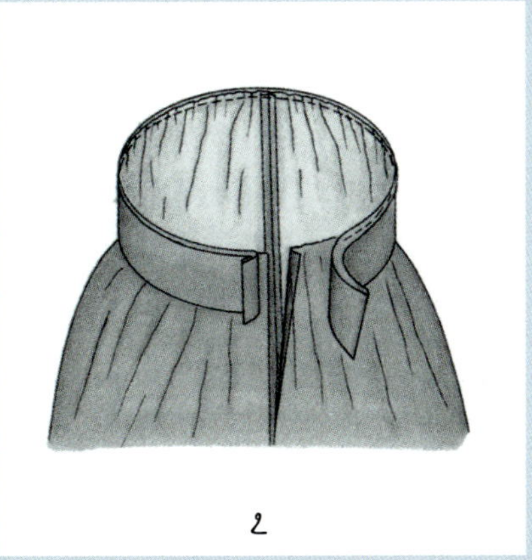
2

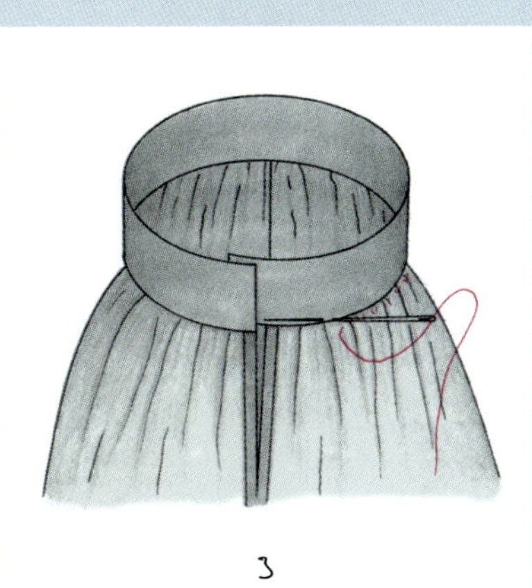
3

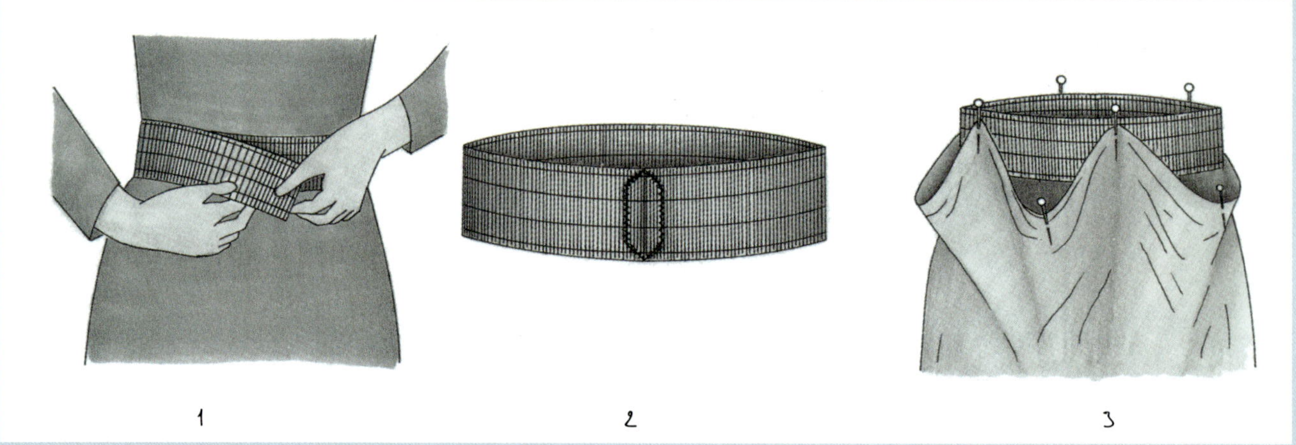

Elastischer Bund

1. Messen Sie Ihre Taillenweite (eng anliegendes Maßband) und geben Sie eine Nahtzugabe von 4 cm zu. Dieses Maß entspricht der Länge des Stretchbundes.

2. Nähen Sie den Bund zusammen. Bügeln Sie die Nahtzugaben vorsichtig mit dem Dampfbügeleisen auseinander, die Ecken leicht abschrägen. Mit Hexenstichen die Schnittkanten sichern. Versäubern Sie die Taillenkante des Rockes.

Die Taillenkante und den Stretchbund in vier oder acht gleiche Teile einteilen und die Punkte mit Stecknadeln markieren. Stecken Sie den Bund auf die rechte Stoffseite, so dass die Markierungsnadeln übereinanderliegen.

3. Es ist nicht ganz einfach, die Stoffmenge gleichmäßig verteilt am Bund zu befestigen. Stecken Sie die Taillenkante daher mit weiteren Nadeln am Bund fest. Sind Sie Nähanfängerin, so sollten Sie den Bund zunächst anheften – dehnen Sie den Stretchbund etwas und heften Sie mit großen Stichen.

4. Nähen Sie den Stretchbund mit dem Elastikgeradstich oder einem mittleren Zickzackstich an. Dehnen Sie dabei mit den Händen den Bund zwischen den Stecknadeln auf die Weite des Stoffes aus. Achten Sie darauf, dass die Naht in die Nahtlinie des Rockes übergeht.

5. Schlagen Sie den Bund nach oben, der Rock ist nun durch den Bund auf Taillenweite leicht gekräuselt.

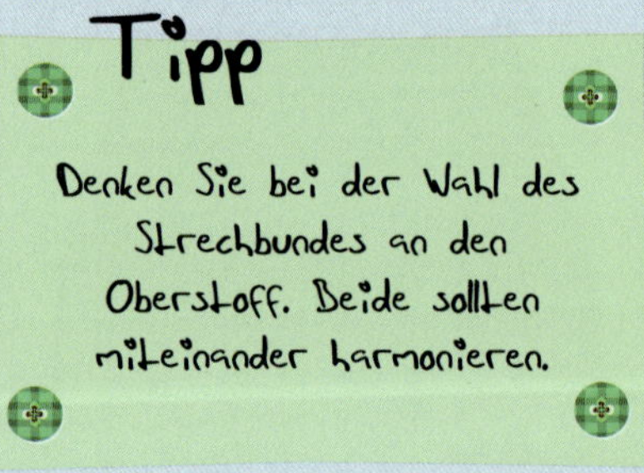

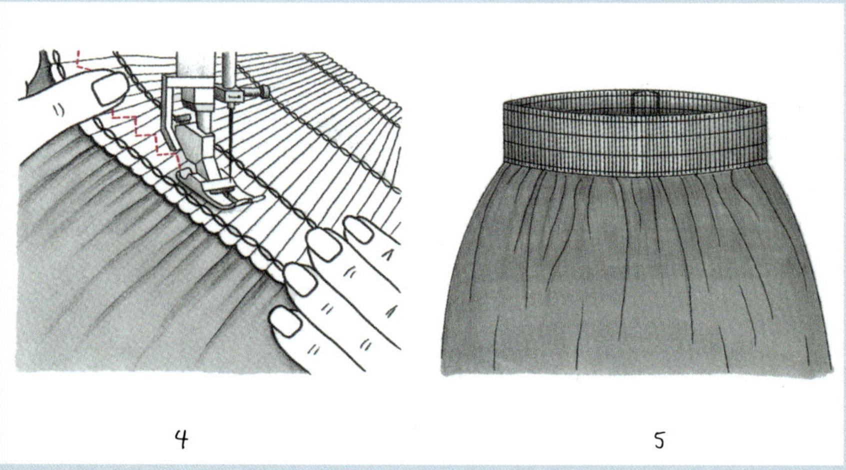

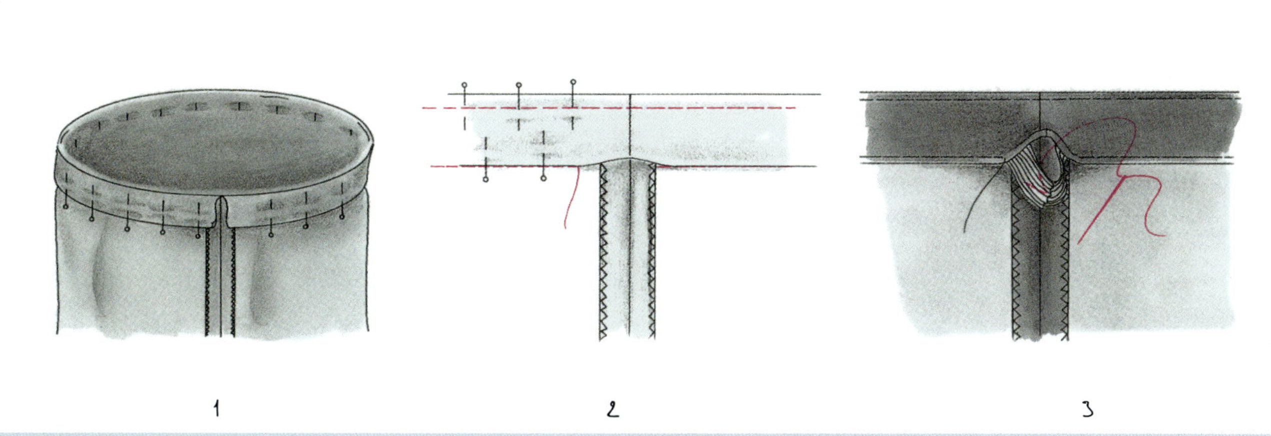

1 2 3

Gummizug im Tunnel

Wenn Sie auf die korrekte Bundverarbeitung nicht so großen Wert legen oder diese nicht notwendig ist, so genügt der einfache Gummizug.

1. Bügeln Sie die obere Schnittkante für den Taillenbund an der markierten Linie um. Schlagen Sie den Umbruch noch einmal 1 cm ein und stecken Sie den Saum fest.

2. Nun steppen Sie mit einem mittleren Geradstich füßchenbreit vom oberen Rand entfernt die Kante ab. Steppen Sie auch den unteren Rand fest, dabei jedoch die Stepplinie ungefähr 3 cm offenlassen, so dass Sie das Gummiband noch leicht einziehen können.

3. Mit einer Sicherheitsnadel ziehen Sie den Gummi durch den Taillentunnel. Die Gummilänge entspricht Ihrer Taillenweite minus 2 cm. Die Gummibandenden nähen Sie mit dem Zickzackstich oder von Hand zusammen. Schließen Sie den Einzugschlitz mit Hohlstichen.

Rock ohne Bund

An einen Rock ohne Bund arbeitet man ein Gummigurtband. Der Rock schließt dann direkt in der Taillenlinie ab. Patentgurtbänder mit speziellen Stoffbezügen verhindern das Herausrutschen der Bluse.

1. Versäubern Sie die Nahtzugabe der Taillenlinie des Rockes mit Zickzackstichen und setzen Sie den Reißverschluss ein. Bügeln Sie das Gummigurtband feucht ab (es ist dann nicht so steif), heften und stecken Sie es an die obere Nahtlinie des Rockes.

2. Knapp hinter der markierten Kantenlinie steppen Sie das Gummigurtband auf die rechte Rockseite. Lassen Sie es am Reißverschlussschlitz 1 bis 2 cm weit überstehen.

Die Zugaben (Übertritt) werden versäubert, nach innen geschlagen und festgesteppt. Das Gummigurtband nach innen schlagen, an den Nähten fixieren und mit Haken und Ösen versehen.

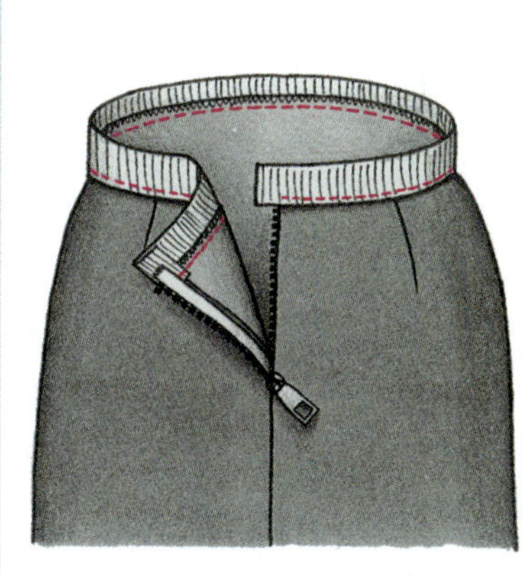

1

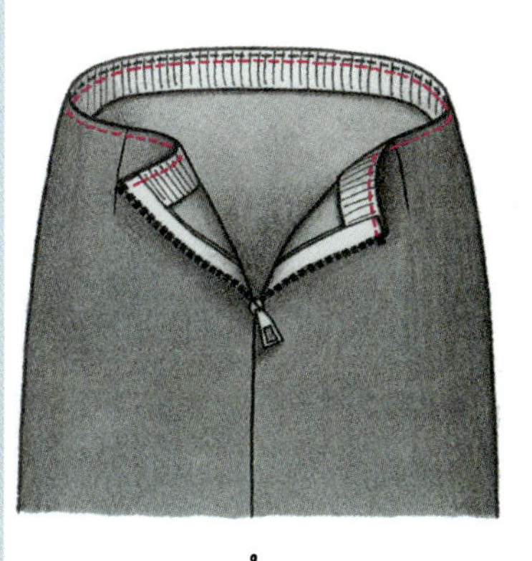

2

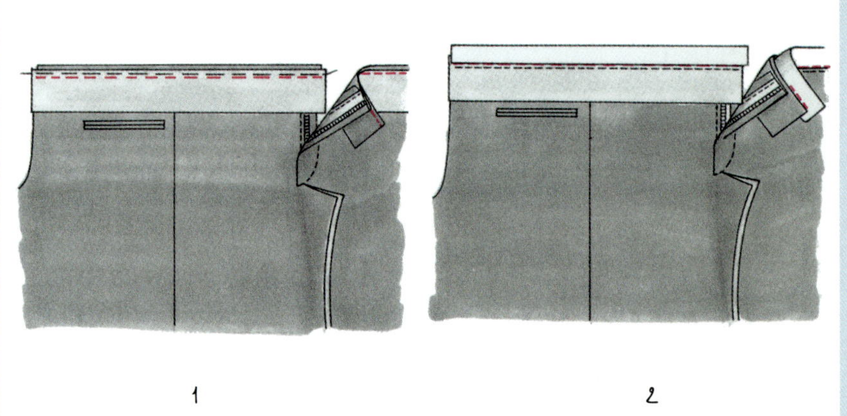

Hosenbund

Der Bund an einer Herrenhose besteht aus zwei Teilen, von denen die linke Bundhälfte länger zugeschnitten wird, um den Schlitzbesatz mit zu erfassen.

1. Die Bundteile rechts auf rechts an die Hosenteile nähen. Die hintere Schrittnaht und die Bundnaht werden in einem Arbeitsgang geschlossen. Dies geht natürlich nur, wenn der Bund angesetzt ist (Arbeitsschritt 4).

2. Verwenden Sie eine fertige, gewebte Einlage, die es in Breiten von 2 bis 5 cm gibt. Sie hat eine feste Kante, die nicht abgeschnitten werden darf. Schneiden Sie die Bundeinlage so lang, dass sie an den Schlitzkanten 1,5 cm weit übersteht.

Die Bundeinlage wird an die Nahtlinie des Bundes gelegt und an der Kante durch alle Stofflagen durchgenäht.

Für den Bundbeleg verwendet man meistens Taschenfutter. Er wird im Schrägfadenlauf (in gleicher Länge wie der Bund), jedoch 2 cm breiter zugeschnitten.

3. Nähen Sie die Belege rechts auf rechts an die offenen Bundteile. Bügeln Sie die Nahtzugaben zum Beleg hin und die offene Belegseite 1,5 cm nach innen um.

4. Den Beleg auf die linke Hosenseite schlagen. Stecken Sie die beiden Hosenteile zusammen. Achten Sie darauf, dass die Bundnähte übereinstimmen. Nähen Sie in einem Arbeitsgang den Hosenbund und die hintere Schrittnaht zusammen.

5. Die Naht auseinander- und den Beleg nach innen bügeln. Verstürzen Sie die vorderen Kanten des Hosenbundes. Anschließend steppen Sie von rechts in der Rille der Ansatznaht durch den Beleg durch.

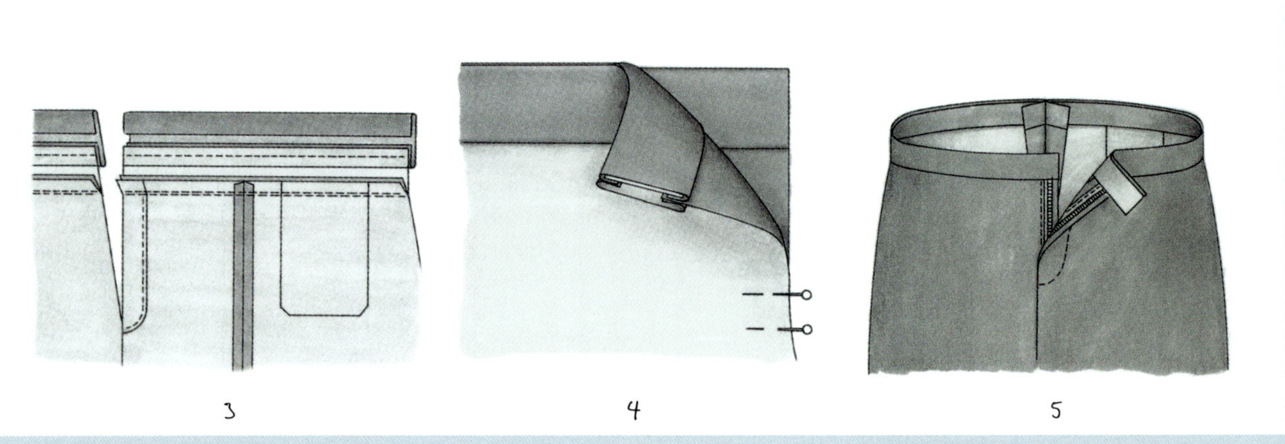

Taschen

Die Formen der Taschen in der Oberbekleidung sind aus dekorativen Gründen recht unterschiedlich, bezüglich der Verarbeitung gibt es jedoch nur zwei Taschentypen: die aufgesetzte Tasche und die eingeschnittene Tasche.

Verschiedene Taschentypen: a) aufgesetzte Brusttasche und Tasche in der Naht, b) Paspeltasche, c) Hüfttasche

Die aufgesetzte (ungefütterte oder verstürzte) Tasche wird auf Blusen, leichten Sommerröcken, Kinderhosen und Schürzen gearbeitet. Sie kann auch als Klappentasche gearbeitet werden.

Aufgesetzte Tasche

Schneiden Sie die Tasche in gewünschter Größe zu, am oberen Rand 3 cm für den Beleg berücksichtigen. An allen übrigen Rändern beträgt die Nahtzugabe 1 cm.

1. Bügeln Sie den Beleg in der Bruchlinie um. Bei sehr dünnen Stoffen als Verstärkung noch einen Streifen Einlagestoff in die Bruchkante legen. Anschließend heften und nähen Sie den Beleg an. Die drei übrigen Kanten versäubern Sie mit einem mittleren Zickzackstich.

2. Die seitlichen Kanten 1 cm nach links umbügeln und die Nahtzugaben umheften. Stecken und heften Sie die Tasche auf die markierte Stelle des Kleidungsstückes. Mit einem mittleren Geradstich steppen Sie die Tasche knappkantig auf oder Sie nähen sie mit kleinen Hohlstichen an.

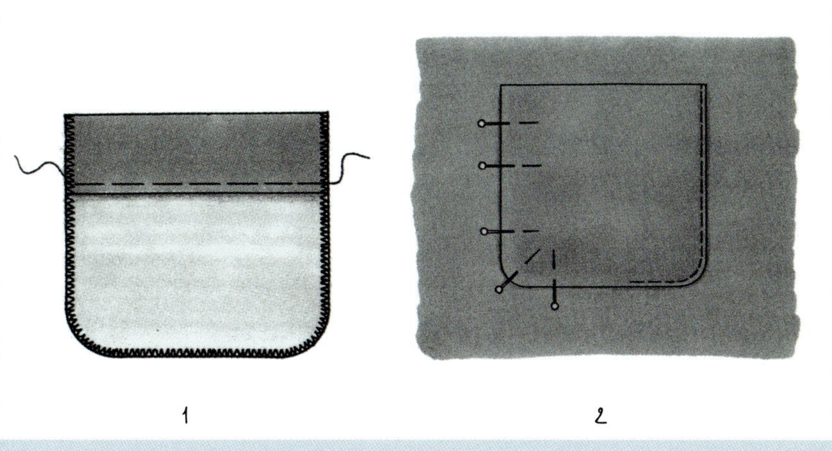

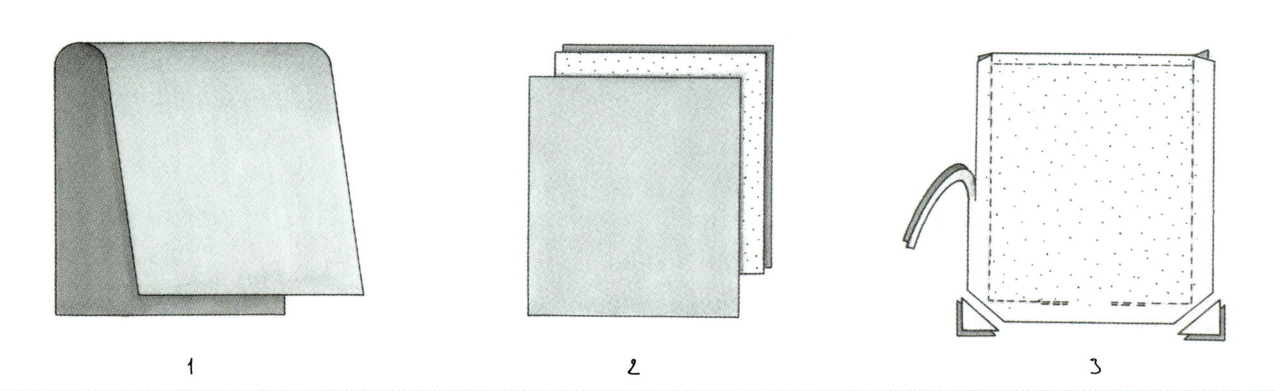

Die aufgesetzte, verstürzte Tasche besteht aus zwei Stofflagen plus Einlagestoff.

1. Haben Sie genügend Stoff, dann schneiden Sie die Tasche aus einem Stück Stoff zu, so dass der spätere Tascheneingriff im Bruch liegt.

2. Verstürzen Sie die Tasche mit Futterstoff, so schneiden Sie die Futtertasche rundherum um etwa 2 mm kleiner zu als das Taschenteil aus dem Oberstoff. Letzteres wird auf der linken Seite zusätzlich mit aufbügelbarer Einlage verstärkt.

3. Legen und stecken Sie die Taschenteile rechts auf rechts. Nähen Sie mit einem mittleren Geradstich die Kanten zusammen, dabei an der unteren Kante einen 5 cm langen Schlitz zum Wenden der Tasche lassen. Die Nähte flachbügeln, anschließend die Nahtzugaben stufenweise zurückschneiden und die Ecken abschrägen.

4. Bei abgerundeten Taschen schneiden Sie die Nahtzugaben an den Rundungen bis 2 mm vor die Nahtlinie ein.

5. Wenden Sie die Tasche und ziehen Sie die Ecken vorsichtig heraus. Nun die Tasche bügeln, dabei die Naht an den Kanten etwas nach innen schieben.

Nähen Sie die untere Öffnung mit kleinen hohlen Stichen zu.

6. Beim Aufsteppen der Tasche auf das Kleidungsstück sichern Sie die Nahtenden gut mit Vor- und Rückstichen. Um das Einreißen der Nahtenden zu vermeiden, wird der Oberstoff von links in dieser Höhe zusätzlich mit Einlagestoff verstärkt.

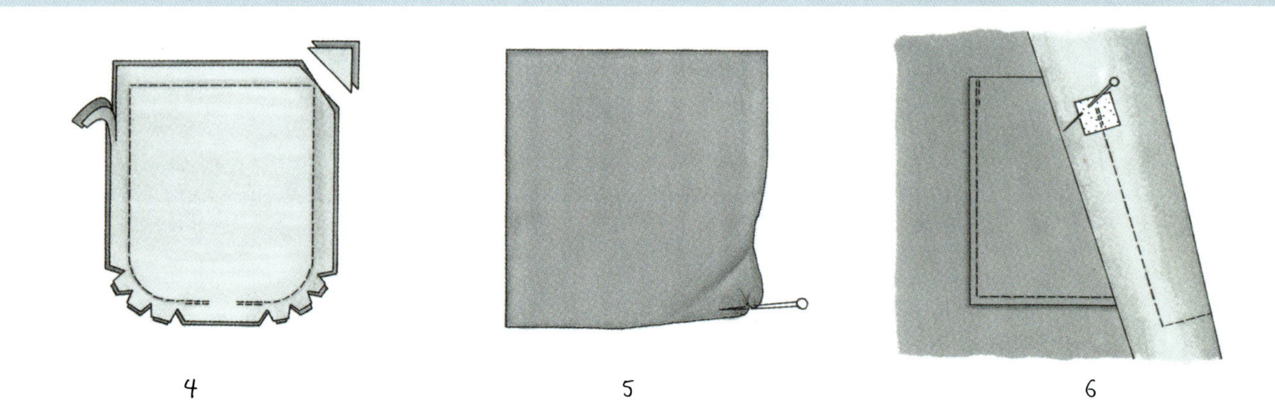

Aufgesetzte Tasche mit angeschnittener oder extra geschnittener Klappe

Es gibt zwei Arten von aufgesetzten Taschen mit Klappen. Bei der ersten Form ist die Klappe angeschnitten, der Eingriff liegt hinter der Klappe.

Man arbeitet sie wie die aufgesetzte, verstürzte Tasche. An der markierten Faltlinie bügeln Sie die Klappe nach rechts um. Beim Aufsteppen der Tasche schlagen Sie die Klappe nach oben und nähen von der Faltlinie aus die Tasche auf das Kleidungsstück.

Man kann die Klappe aber auch separat zuschneiden. Sie wird dann über der Taschenöffnung angenäht und verdeckt den Tascheneingriff.

1. Für die Tasche mit separater Klappe schneiden Sie Klappenteil, Klappenbeleg und Einlage zu. Legen Sie die Stoffteile rechts auf rechts und nähen Sie die Klappe zusammen, die Öffnung an der unteren Kante zum Verstürzen nicht vergessen. Schneiden Sie die Nahtzugaben stufenweise zurück, die Ecken werden abgeschrägt und die Rundungen bis 2 mm vor die Nahtlinie eingeschnitten.

2. Vor dem Annähen der Klappe steppen Sie die Tasche auf das Kleidungsstück. 1,5 cm oberhalb des Tascheneingriffs (parallel zu ihm) liegt die Ansatzlinie für die Klappe. Markieren Sie diese Linie. Die Klappe wie abgebildet an diese Linie legen, anstecken und heften.

3. Setzen Sie die Klappe entlang der Nahtlinie an. Zum Versäubern schneiden Sie die untere Nahtzugabe zurück, schlagen die obere 0,5 cm ein und steppen sie schmalkantig auf. Bügeln Sie die Klappe nach unten und fixieren Sie sie an den Seiten mit 2 bis 3 Stichen.

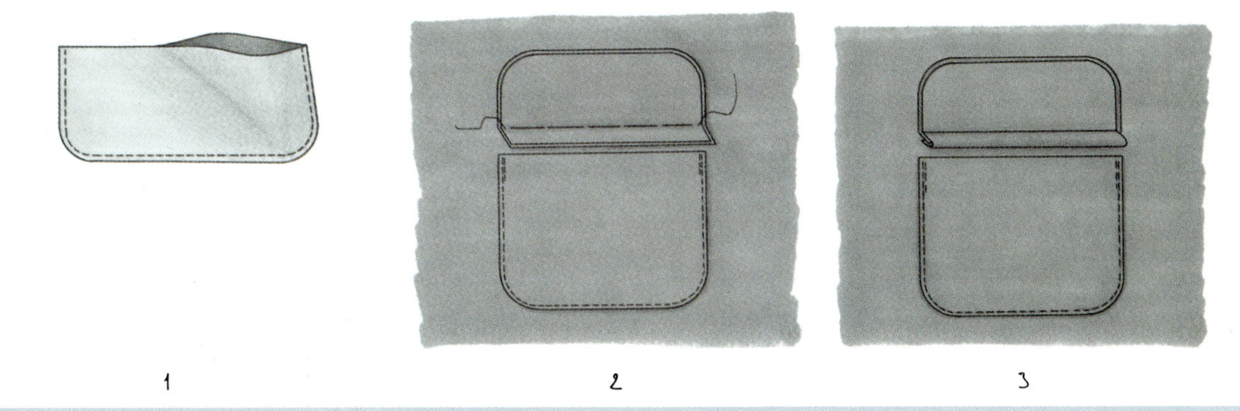

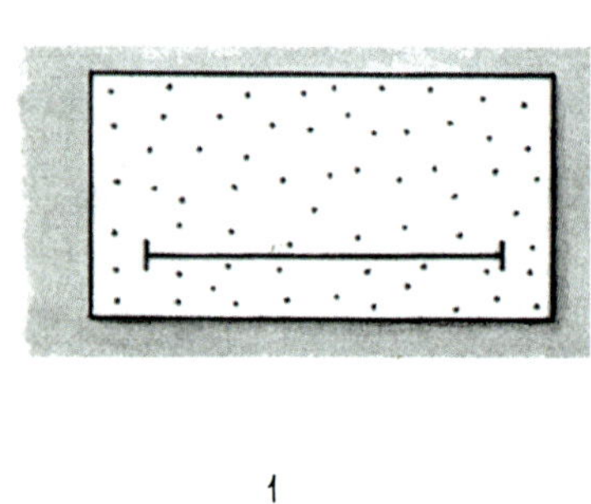
1

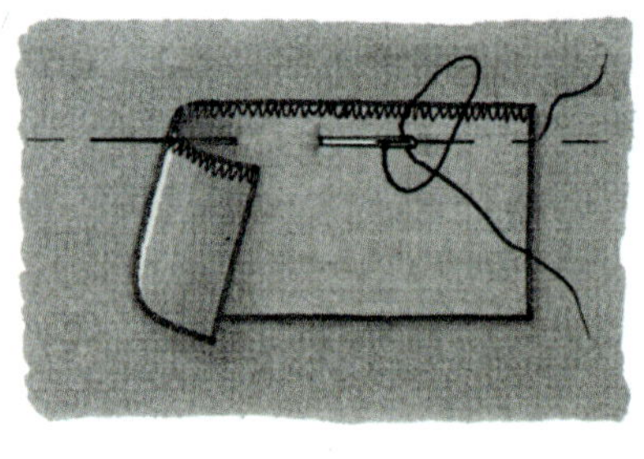
2

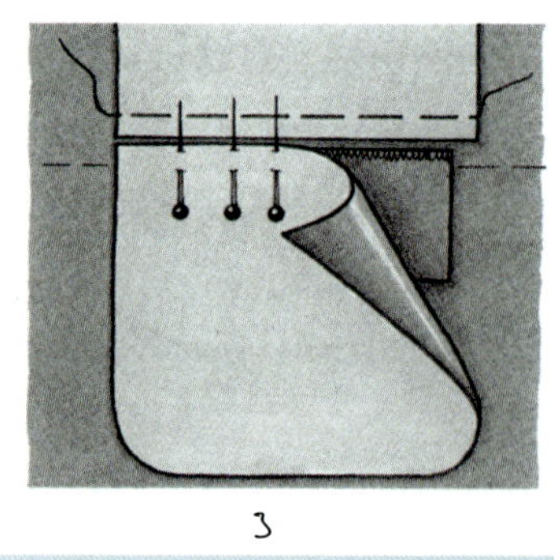
3

Eingeschnittene Tasche

Die Leisten- oder Pattentasche wird meist in Kostümjacken eingesetzt. Sie sollten dabei sehr sorgfältig arbeiten.

1. Auf die linke Seite des Kleidungsstückes bügeln Sie einen 5 cm breiten Einlagestreifen auf den markierten Tascheneinschnitt auf. Er muss an beiden Seiten jeweils 2 cm länger sein als der spätere Tascheneingriff. Schneiden Sie nun die beiden Pattenteile zu (rundherum 1 cm Nahtzugabe). Verstärken Sie ein Pattenteil mit Einlagestoff.

2. Stecken, heften und nähen Sie zwei Schmalseiten und die obere Längsseite der Patte zusammen; eine Längsseite bleibt offen. Schneiden Sie die Nahtzugaben stufenweise zurück, schrägen Sie die Ecken ab. Die Patte verstürzen, die Nahtkanten bügeln und die noch offene Kante mit dem Zickzackstich versäubern. Die Patte rechts auf rechts an den unteren Rand der Markierungslinie auf dem Kleidungsstück anheften.

3. Heften Sie ein Taschenbeutelteil rechts auf rechts auf die Patte. Dabei die seitlichen Nahtzugaben an beiden Pattenkanten gleichmäßig überstehen lassen. Das zweite Beutelteil an die gegenüberliegende Seite heften, so dass die Schnittkanten genau aneinanderstoßen. Mit einer Nahtzugabe von 0,7 cm steppen Sie die Taschenbeutel und die Patte fest. Die Steppnaht über der Patte muss an den Enden jeweils um 2 Stiche länger sein, als die gegenüberliegende Naht.

4. Genau zwischen den Steppnähten schneiden Sie den Oberstoff für den Eingriff bis 1 cm vor die Nahtenden ein. Zu den Nahtenden hin schneiden Sie sehr vorsichtig schräg ein, so dass kleine Dreiecke entstehen. Bügeln.

5. Ziehen Sie die Taschenbeutel auf die linke Seite, schlagen Sie die Patte auf der rechten Seite nach oben. Falten Sie die kleinen Dreiecke an den Schnittkanten nach innen. Die Beutelteile aufeinander stecken und zusammennähen, dabei die kleinen Dreiecke mitfassen.

6. Versäubern Sie die Schnittkanten mit einem mittleren Zickzackstich. Nähen Sie die Schmalseiten der Patte mit Hohlstichen von Hand an das Kleidungsstück, oder steppen Sie sie knappkantig auf.

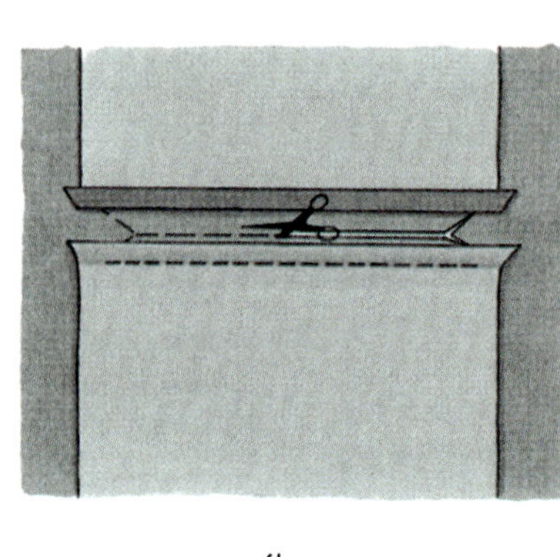
4

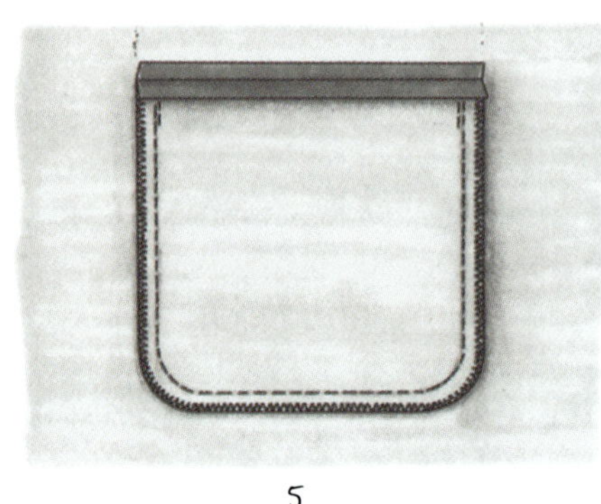
5

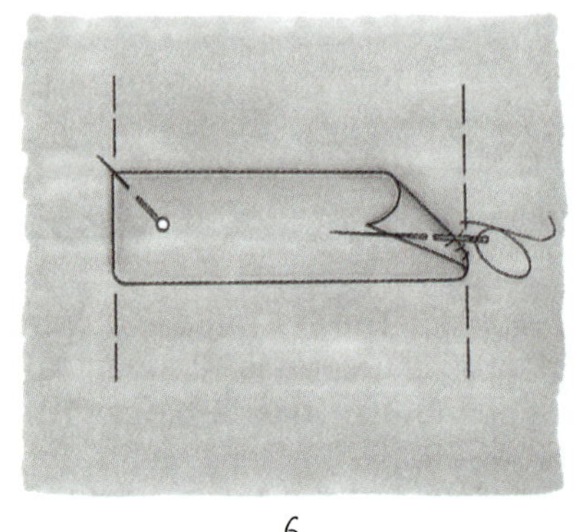
6

Die Schlitztasche mit Klappe wird in Kostüme und Mäntel gearbeitet. Ihre Verarbeitung ist der Leisten- oder Pattentasche sehr ähnlich. Auch die Schlitztasche verlangt eine präzise Fertigung.

1. Bügeln Sie einen 5 cm breiten Einlagestreifen auf den markierten Einschnitt der Tasche auf. Der Streifen muss an beiden Seiten 2 cm überstehen.

Fertigen Sie nun die Klappe. Verstärken Sie das untere Klappenteil. Bei dickeren Stoffen kann die untere Klappe auch aus Futterstoff sein, diesen ebenso verstärken. Stecken, heften und nähen Sie die Klappenteile rechts auf rechts zusammen, die untere Kante bleibt offen.

Die Nahtzugaben zurückschneiden und die Ecken abschrägen. Rundungen bis 2 mm vor die Nahtlinie einschneiden. Verstürzen Sie die Klappe und bügeln Sie sie. Stecken, heften und nähen Sie die Klappe rechts auf rechts an den oberen Rand der Eingriffsmarkierungslinie.

2. Der untere Taschenbeutel wird aus Stoff zugeschnitten, der obere aus Futterstoff. Stecken und heften Sie den Stofftaschenbeutel rechts auf rechts an die Ansatzlinie, so dass die Schnittkanten von Tasche und Klappe genau gegeneinanderstoßen.

3. In füßchenbreitem Abstand zu den Schnittkanten steppen Sie die Klappe und den unteren Taschenbeutel auf. Die Klappensteppnaht muss zwei Stiche länger sein als die gegenüberliegende Naht.

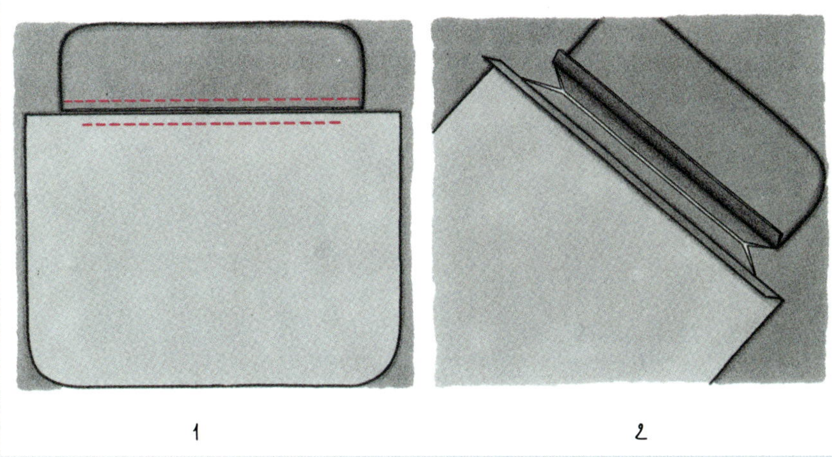

1 2

Genau zwischen den Steppnähten schneiden Sie den Stoff für den Eingriff bis 1 cm vor die Nahtenden ein. Zu den Nahtenden hin schneiden Sie schräg ein, so dass kleine Dreiecke entstehen.

Ziehen Sie den Taschenbeutel nach innen und bügeln Sie die Nahtzugaben auseinander. Falten Sie den oberen Taschenansatz zu einem Paspel (hervorstehender Nahtbesatz), der den gesamten Einschnitt ausfüllt.

Steppen Sie ihn in der Nahtrille fest oder nähen Sie ihn von Hand mit kleinen Steppstichen an. Steppen Sie auf der Nahtzugabe des Paspels die kleinen Dreiecke fest.

4. Auf die Nahtzugabe der Klappe stecken, heften und nähen Sie den Futtertaschenbeutel. Schlagen Sie dann die Klappe nach unten, um die Taschenbeutel aufeinanderzusteppen. Versäubern Sie die Schnittkanten noch mit Zickzackstichen.

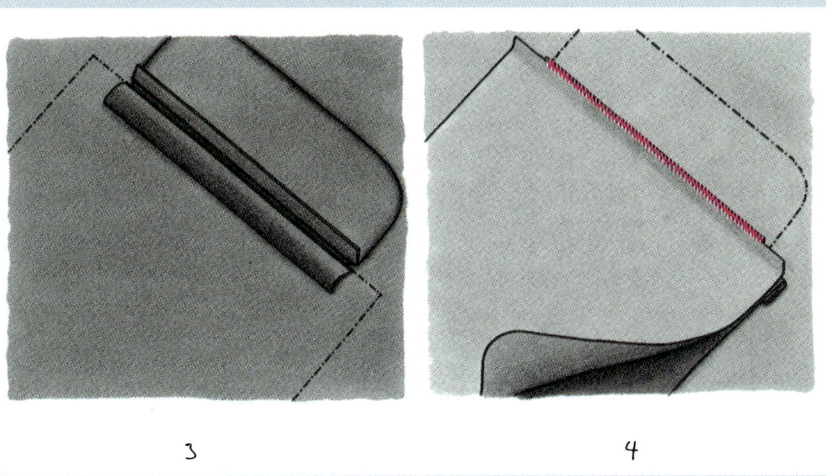

3 4

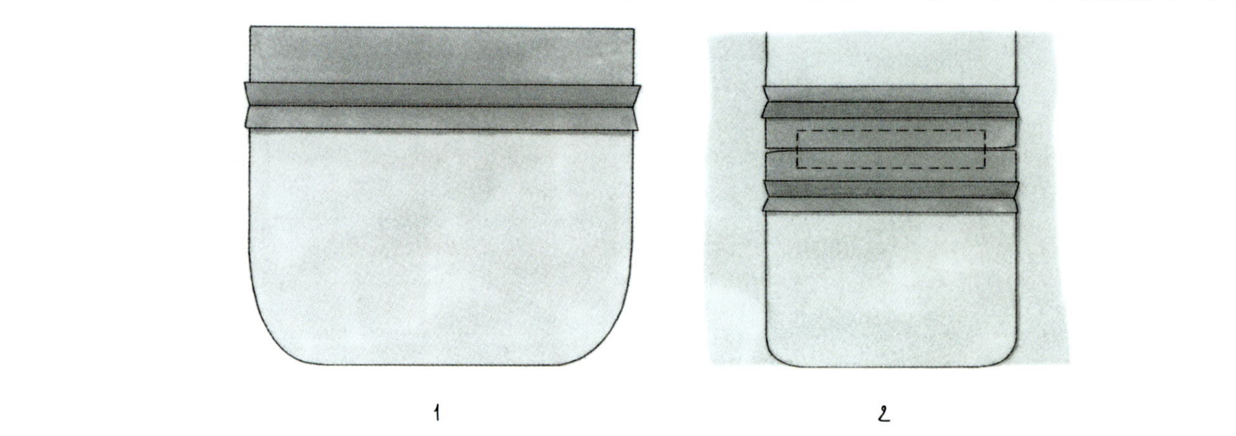

Die fertige Paspeltasche sieht auf der rechten Seite wie ein großes paspeliertes Knopfloch aus. Genaues Arbeiten und das Bügeln nach jedem Arbeitsgang sind Voraussetzung, wenn die Tasche exakt sitzen soll. Sie können die Paspeln auch aus einem andersfarbigen Stoff arbeiten.

1. Markieren Sie sich die Tascheneingriffslinie auf dem Kleidungsstück. Bügeln Sie auf die linke Stoffseite einen 5 cm breiten Einlagestreifen auf diese markierte Linie.

Im Schrägfadenlauf zwei Paspelstreifen in der Länge des Taschenschlitzes plus 4 cm und in einer Breite von je 5 cm zuschneiden. Die Taschenbeutel aus Oberstoff und aus Futterstoff zuschneiden. Verlängern Sie die Paspelstreifen jeweils mit einem Taschenbeutel (rechts auf rechts).

2. Stecken und heften Sie beide Paspelstreifen mit den angesetzten Taschenbeuteln rechts auf rechts an die Markierungslinie. Die Schnittkanten liegen gegeneinander. Nähen Sie in der gewünschten Paspelbreite die Schrägstreifen fest, an den Quernähten die Stiche zählen.

3. Schneiden Sie den Tascheneingriff bis 1 cm vor die Nahtenden und dann schräg zu den Ecken hin ein. Bügeln Sie die Nähte aus. Ziehen Sie die Paspeln mit den Taschenbeuteln durch den Tascheneinschnitt nach innen.

4. Schieben Sie beide Paspeln zur Mitte des Eingriffes, so dass sie genau gleich breit sind. Fixieren Sie sie mit einem Schrägstich. In der Ansatzlinie nähen Sie die Paspeln von der rechten Stoffseite aus fest, entweder mit der Maschine (Geradstich) oder von Hand mit kleinen Steppstichen.

5. Auf der Rückseite steppen Sie die beim Einschneiden entstandenen kleinen Dreiecke auf die Paspel fest. Nähen Sie die Taschenbeutel aufeinander und versäubern Sie die Schnittkanten mit einem mittleren Zickzackstich. Entfernen Sie die Heftstiche.

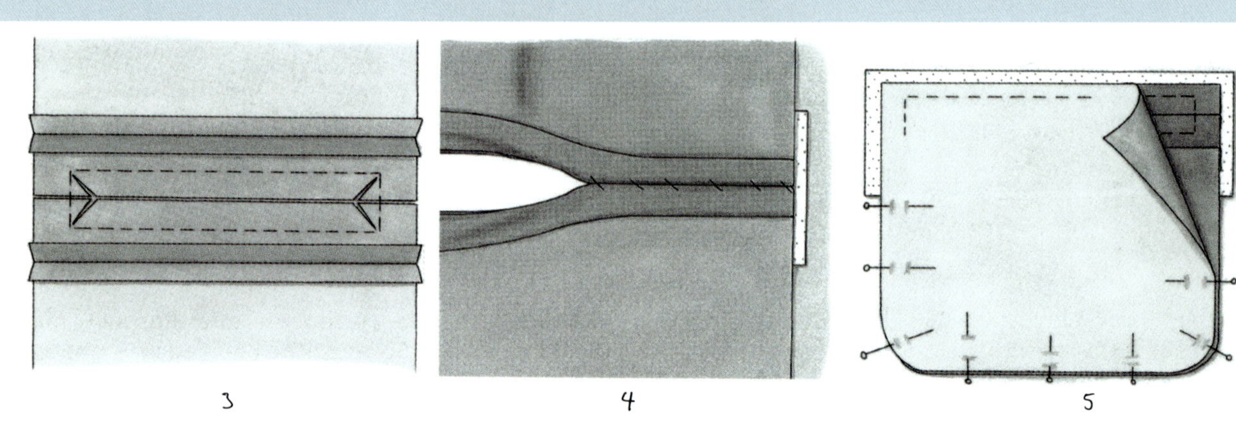

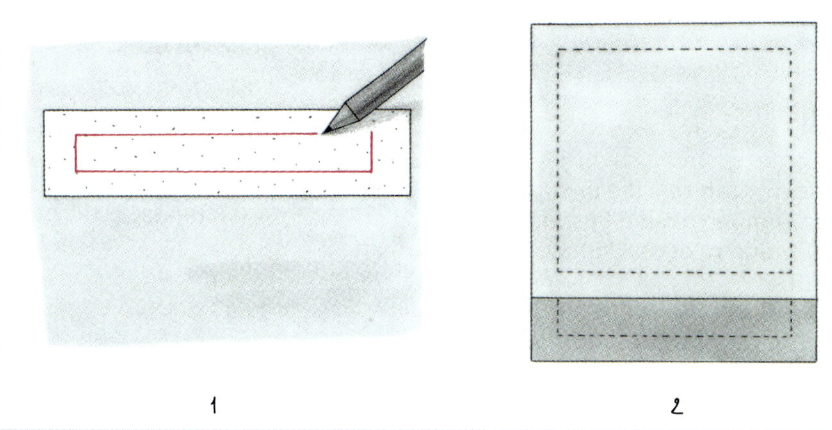

1 2

Bei einer Paspeltasche müssen die Paspeln nicht unbedingt im schrägen Fadenlauf geschnitten sein (Beispiel: Paspeltasche in einer Popelinejacke). Hier eine Variation der Paspeltasche.

1. Auf die linke Stoffseite bügeln Sie einen 4 cm breiten Vlieselinestreifen über den ganzen Tascheneingriff. Mit einem spitzen Bleistift zeichnen Sie auf dem Vlieselinestreifen den Tascheneingriff auf und markieren die Breite der Paspeln (siehe Zeichnung).

2. Beim Zuschnitt der Taschenbeutel geben Sie in der Länge 1,5 cm für die Paspeln zu. Der untere Taschenbeutel muss um 2 cm kürzer sein als der obere.

Geben Sie in der Breite jeweils 1,5 cm Nahtzugabe zu. Bevor Sie weiterarbeiten, bügeln Sie die obere Kante entlang der Bruchlinie scharf um.

3. Stecken und heften Sie die Paspeln rechts auf rechts an die markierten Linien. Die Schnittkanten der umgebügelten Paspeln sollen entlang des markierten Taschenschlitzes aneinanderstoßen. Dann die Taschenbeutel zum Tascheneingriff hin hochschlagen, nochmals heften. Nähen Sie die Paspeln fest. Damit beide Nähte gleich lang sind, stecken Sie zur Kontrolle an die Enden der ersten Naht Stecknadeln.

4. Schneiden Sie den Taschenschlitz bis 1 cm vor die Nahtenden auf und zu den Ecken hin schräg ein. Wenden Sie die Taschenhälften auf die linke Seite und bügeln Sie die Nähte aus. Die Dreiecke werden auf der linken Seite mit wenigen Stichen befestigt.

5. Heften Sie die Paspeln mit Schrägstichen gegeneinander. Vor dem Zusammennähen der Taschenbeutel, steppen Sie in den Nahtlinien der Paspeln von rechts, die Beutelteile fest. Fangen Sie mit dem unteren an, stecken Sie die Teile aufeinander und nähen Sie sie zusammen. Versäubern Sie die Schnittkanten mit Zickzackstichen.

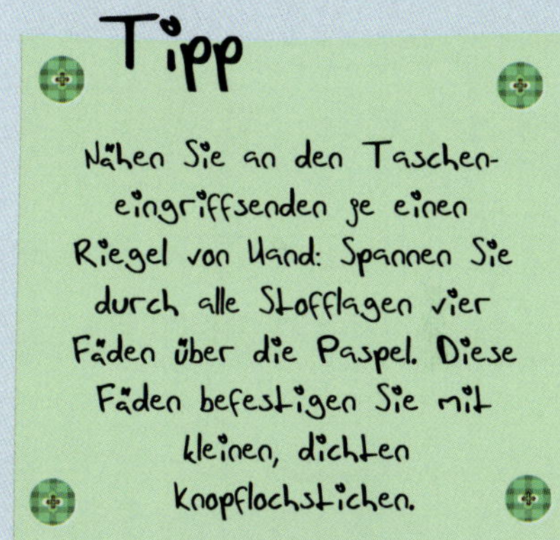

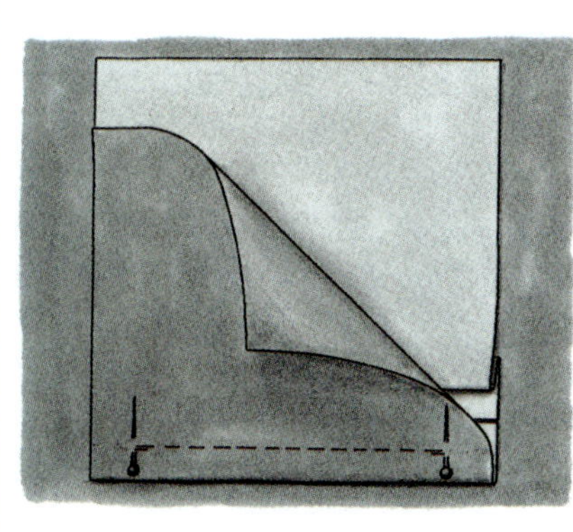

3

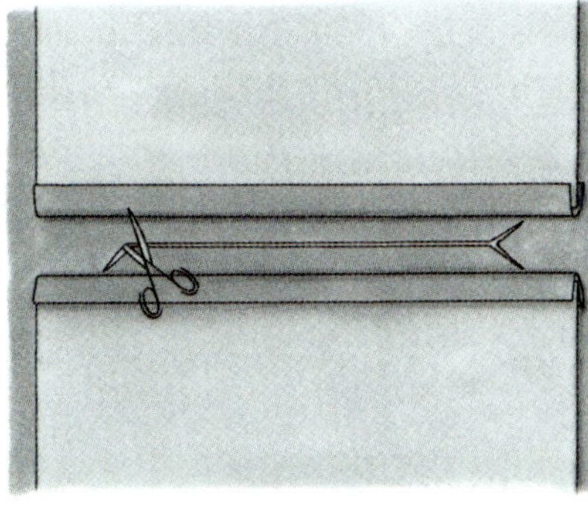

4

5

Tasche in der Naht

Diese Tasche ist von außen auf dem Kleidungsstück nicht zu sehen. Man kann sie je nach Oberstoffqualität auf verschiedene Arten arbeiten (siehe dazu Zeichnungen a–c). Wichtig ist in jedem Fall, dass Sie das Vorderteil entlang der Taschenöffnung mit einem Streifen Einlagestoff verstärken.

Die Taschenbeutel werden von der Taille an direkt an das Kleidungsstück angeschnitten (a).

Stecken und heften Sie die Taschenbeutel rechts auf rechts und nähen Sie sie zusammen. Versäubern Sie die Schnittkanten der Taschenbeutel zusammen mit Zickzackstichen. Stecken, heften und nähen Sie die Seitennähte jeweils bis zu den Markierungspunkten der Tascheneingriffe und sichern Sie sie mit ein paar Rückstichen.

Schneiden Sie die Nahtzugaben des rückwärtigen Taschenteils bis knapp vor die Nahtlinie ein. Bügeln Sie den hinteren Taschenbeutel nach vorn. Die restliche Seitennaht auseinanderbügeln und einzeln mit Zickzackstichen versäubern.

Die Taschenbeutel werden extra geschnitten und an der Nahtlinie mit dem Kleidungsstück verbunden (b).

Ehe Sie das Kleidungsstück zusammennähen, arbeiten Sie die separat geschnittenen Taschenbeutel an die Nahtlinie des Vorder- und des Rückenteiles. Dann gehen Sie genauso vor wie bei der angeschnittenen Tasche.

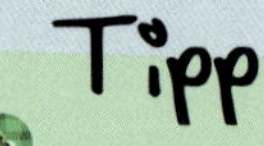

Tipp

Damit die Tasche den guten Sitz des Rockes oder der Hose nicht beeinträchtigt, schneiden Sie den Taschenbeutel so hoch, dass er in den Bund miteingearbeitet werden kann. Beim Annähen des Rock- oder Hosenbundes dann die oberen Kanten des Taschenbeutels mit in dem Bund festhalten.

Die dritte Art der eingearbeiteten Tasche ist bei dickeren Stoffen zu empfehlen, die Taschenbeutel sollten in diesem Falle aus Futterstoff sein (c).

An die Naht schneiden Sie 3 cm breite Streifen für den Tascheneingriff an, der Taschenbeutel wird auch hier separat zugeschnitten. Damit die Naht nicht aufträgt, stecken Sie die Taschenbeutel unter den angeschnittenen Beleg, so dass dieser mit der linken Seite auf der rechten Seite des Taschenbeutels liegt. Mit Overlock- oder Zickzackstich nähen Sie den Beleg auf dem Taschenbeutel fest. Der weitere Arbeitsablauf ist gleich wie bei der angeschnittenen Tasche.

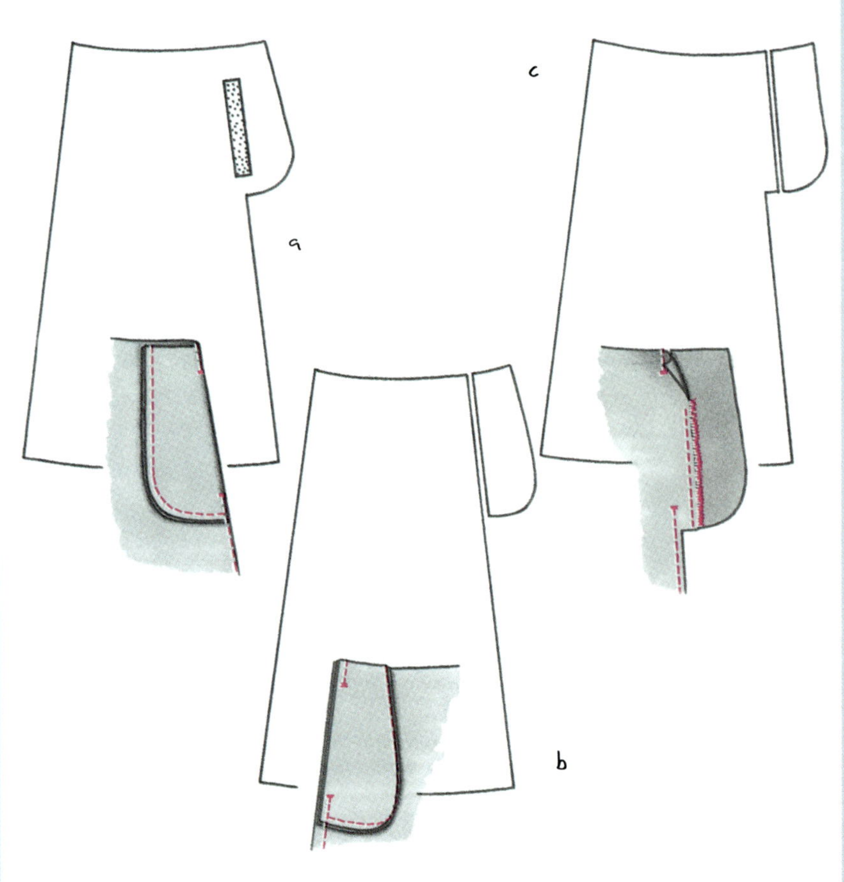

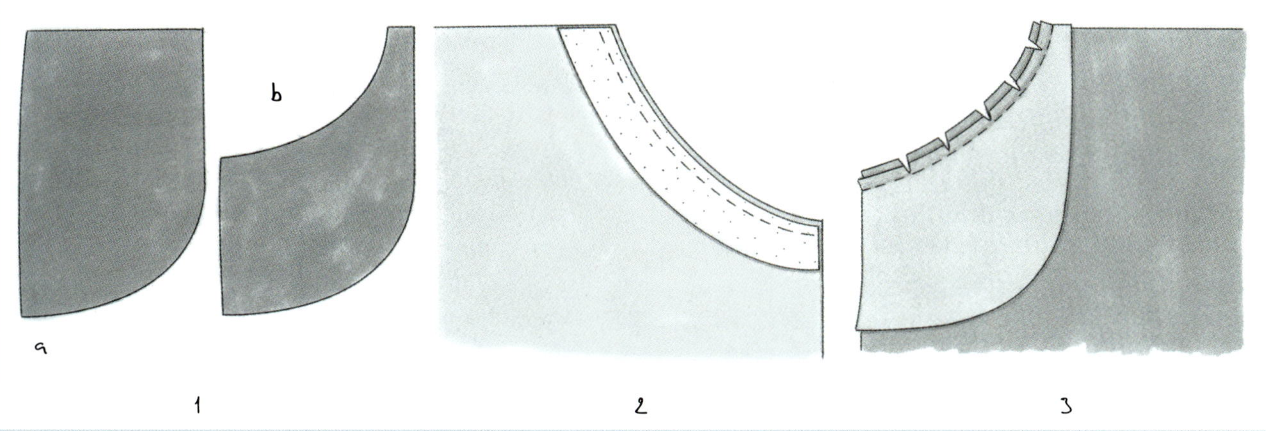

Bei der französischen Tasche oder Hüftpassentasche in Hosen oder Röcken verläuft der Tascheneingriff schräg oder abgerundet von der Taillennaht zur Seitennaht.

1. Diese Taschen bestehen aus einem Taschenteil (a), welcher an das Hüftpassenteil angeschnitten wird, und dem Beleg (b) (zweites Taschenteil).

2. Verstärken Sie die Tascheneingriffskante auf der linken Stoffseite mit einem Streifen Einlagestoff.

3. Stecken, heften und nähen Sie den Beleg rechts auf rechts an die Tascheneingriffskante. Schneiden Sie die Nahtzugaben stufenweise zurück. Bei abgerundeten Tascheneingriffen schneiden Sie die Zugaben zusätzlich bis 2 mm vor die Nahtlinie ein.

4. Wenden Sie den Beleg und bügeln Sie die Nahtzugaben zum Beleg hin, die Naht liegt in der Kante. Steppen Sie die Eingriffskante 1 bis 2 Mal ab. Stecken Sie nun das Hüftpassenteil mit dem angeschnittenen Taschenbeutel unter den Eingriff, so dass die Taschenbeutel aufeinanderliegen.

5. Nähen und versäubern Sie sie zusammen. Fixieren Sie die obere Kante der Tasche an der Taillennaht, denn sie wird mit in den Bund gefasst.

6. Schließen Sie die Seitennähte von Vorder- und Rückenteil. Fassen Sie dabei die Nahtzugaben von Tasche und Beleg mit in die Seitennaht.

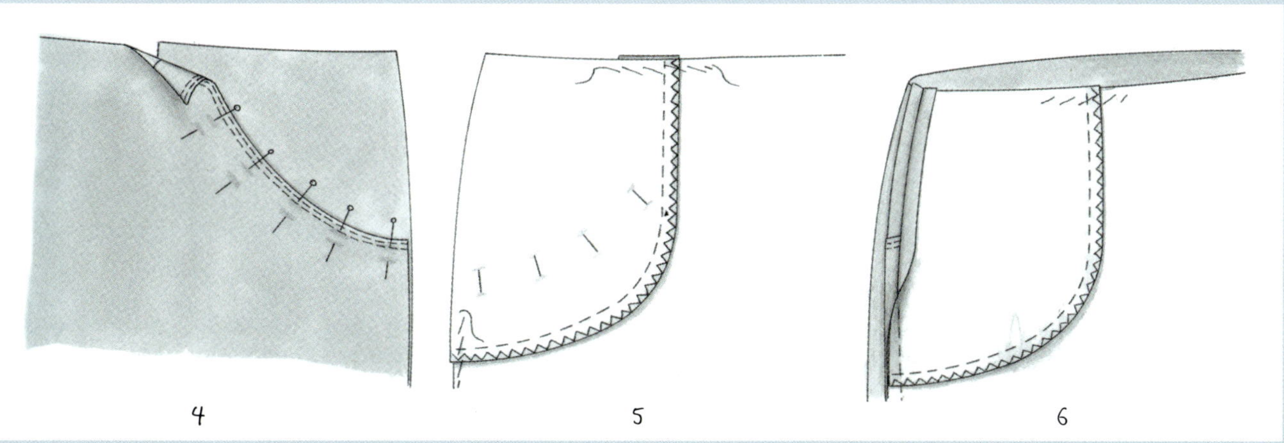

Falten

Falten in Oberteilen werden meist als Verzierungen gearbeitet. Zusätzlich geben aufspringende Falten, die nur oben und unten festgehalten werden, mehr Bewegungsfreiheit.

Das Einlegen von Falten erfolgt jedoch hauptsächlich bei Röcken. Hier bilden sie den Übergang von engen (Hüfte) zu weiten (Saum) Partien, so dass die Bewegungsfreiheit deutlich erhöht wird. Umgekehrt kann durch das Einlegen von Falten überflüssige Weite eingehalten werden.

Man unterscheidet eingelegte Falten, zu denen auch Keller- und Fächerfalten gehören, eingesetzte und eingebügelte Falten (Plissees, Bügelfalten).

Fast jede Stoffart eignet sich zum Faltenlegen. Wenn Sie die Falten scharfkantig einbügeln wollen, wählen Sie einen Stoff, der die Falten gut hält, zum Beispiel Gabardine. Weiche und flauschige Gewebe eignen sich besser für eingelegte Falten, die nach unten auseinanderfallen. Wollen Sie einen Plisseerock nähen, lassen Sie sich den Stoff in einer Plissieranstalt plissieren.

Damit ein Faltenrock gut sitzt und die Falten exakt fallen, ist die korrekte Ausführung aller Arbeitsschritte sehr wichtig.

Jede Falte ist durch zwei Linien gekennzeichnet: die Falt- oder Bruchlinie und die Anstoßlinie. Diese sind in den Schnittmusterbögen häufig durch x und o gekennzeichnet. Markieren Sie sich diese Linien in unterschiedlichen Farben. Die Fallrichtung wird durch Pfeile gekennzeichnet. Das Einlegen der Falten erfolgt in einfacher Stofflage, wobei durchaus mehrere Stoffbahnen aneinandergenäht sein können. Falten Sie den Stoff so, dass die Nähte genau in der Falte (zwischen x und o) liegen.

Der Stoff zwischen Falt- und Anstoßlinie entspricht der Faltentiefe, die beim Einlegen der Falte verdeckt wird. Die Faltentiefe richtet sich nach dem Stoffmuster, der zur Verfügung stehenden Stoffmenge und der Art der Falte. Für Einzelfalten beträgt die maximale Faltentiefe 10 cm, für fortlaufende Falten 8 cm. Übertragen Sie deshalb sorgfältig alle Markierungen und heften Sie die Falten immer. Das Einlegen und das Bügeln der Falten erfolgt vor dem Schließen der rückwärtigen Naht.

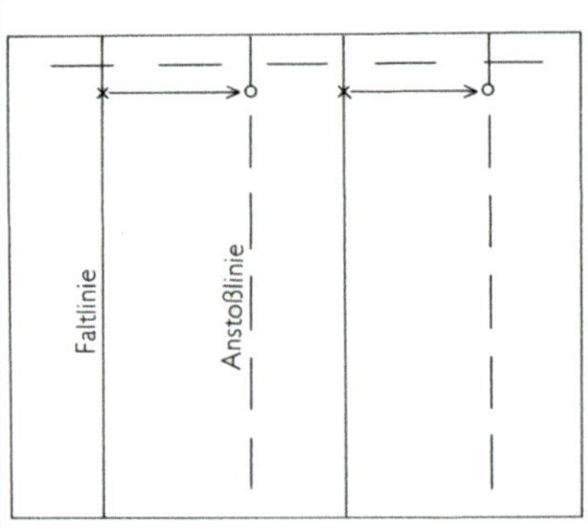

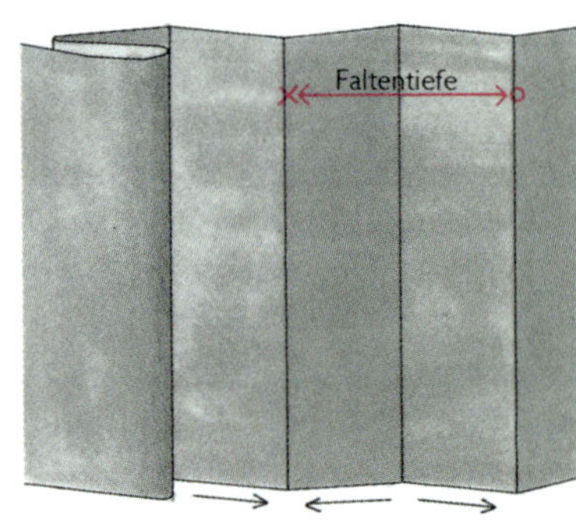

Falten lose einlegen

Auch ohne Schnittmusterbogen können Sie einen gutsitzenden Faltenrock arbeiten. Je nach Stoffart bestimmen Sie Breite und Tiefe der Falten. Die Berechnung erfolgt nach der eigenen Taillenweite.

Beispiel: Bei einer Taillenweite von 72 cm soll die Faltenbreite 3 cm betragen.

Daraus ergibt sich:

24 Falten (72 : 3 = 24)

Die untere Weite des Rockes beträgt 2,80 m. Ziehen Sie von 2,80 m die Taillenweite ab, so erhalten Sie 2,08 m.

2,08 m wird nun durch die Faltenzahl geteilt. Somit beträgt die Faltentiefe 8,6 cm.

Legen Sie die Stoffbahn zum Markieren glatt auf den Tisch. Messen Sie zuerst 1,5 cm Nahtzugabe für die erste Innenfalte ab, dann eine halbe Faltentiefe (= 4,3 cm).

Nun im Wechsel Faltenbreite (3 cm) und Faltentiefe (8,6 cm) abmessen, bis Sie insgesamt 24 Falten haben (a).

Für die Anprobe gilt: Sind die Falten geschlossen, wenn Sie sich nicht bewegen, sitzt der Faltenrock korrekt. Auf eine Anprobe mit gehefteten Falten sollte man daher nicht verzichten.

Zum Schluss sollte wieder eine halbe Faltentiefe übrig bleiben. Diese ergibt dann zusammen mit der ersten Abmessung eine Faltentiefe mit Naht im Faltenbruch.

Tipp

Ziehen Sie beim Anstecken des Rockbundes den inneren Faltenbruch etwas über die Taillenlinie. Dadurch fallen die Falten gerader und liegen besser.
Zur Anprobe die Falten bis 5 cm unter der Taillenlinie heften. Anschließend die Kante noch leicht bügeln.

Beim sogenannten Bezeichnen, Falt- und Anstoßlinie mit Heftgarn oder Schneiderkreide markieren (b). Die Falten von der rechten Seite aus einlegen. Stecken Sie die Falten an der Faltlinie durch alle Stofflagen hindurch fest (c), dann heften und steppen (d).

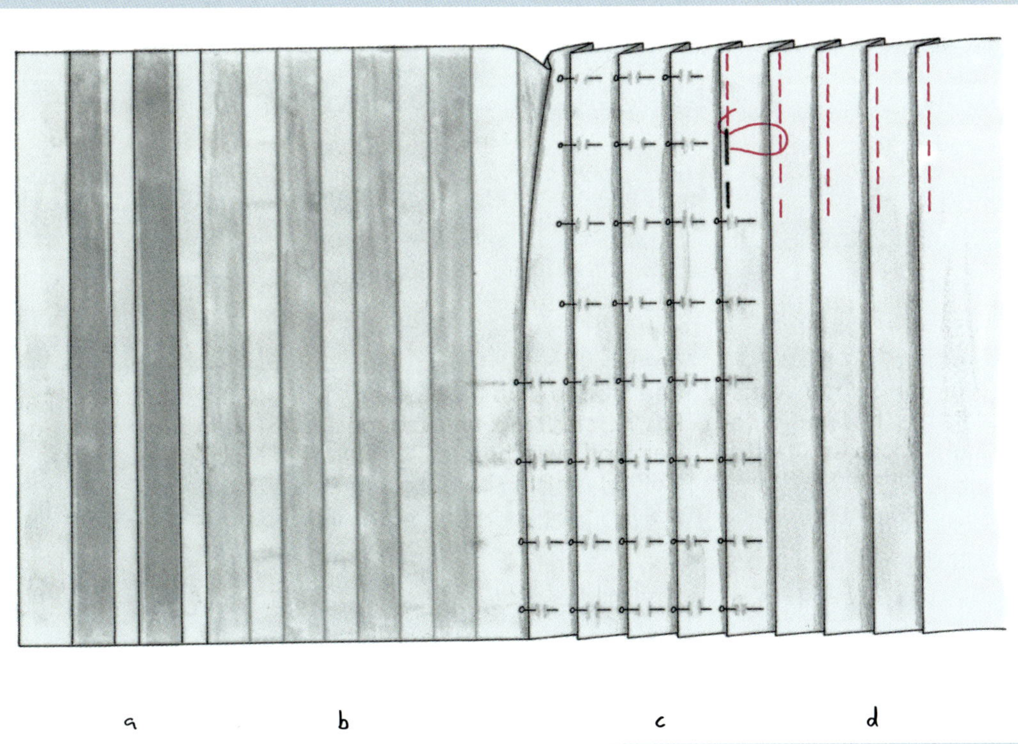

Klassischer Faltenrock

Die Falten für den klassischen Faltenrock fest einbügeln oder sogar von der Taille bis zur Hüfttiefe absteppen. Das Absteppen hat den Vorteil, dass die Lage der Faltentiefe im Taillen- und Hüftbereich gesichert ist, da durch alle Stofflagen durchgesteppt wird.

Für die Berechnung der Faltentiefe der bis zur Hüfttiefe gesteppten Falten messen Sie zunächst die Hüft- und die Taillenweite. Um die Differenz zwischen diesen beiden Werten auszugleichen, werden die Falten in der Taille tiefer eingelegt.

Beispiel: Hüftweite = 94 cm plus 2 cm Bewegungsspielraum.

Daraus ergeben sich bei einer Faltenbreite von 4 cm 24 Falten (94 : 4 = 24).

Die Rockweite beträgt 2,76 m.

Rockweite minus Hüftweite ergibt 1,80 m. Für die Faltentiefe teilen Sie 1,8 m durch 24 – 7,5 cm. Mit einem Heftfaden markieren Sie die Hüfttiefe. Legen Sie die gesäumte Stoffbahn glatt auf einen Tisch und bezeichnen Sie sich Falten- und Anstoßlinien. Beginnen Sie mit der halben Faltentiefe (3,74 cm). Im Wechsel Faltenbreite und Faltentiefe markieren.

Zur Berechnung der Faltenbreite und -tiefe in der Taille benötigen Sie die Taillenweite: hier 72 cm. Ziehen Sie nun von der Hüftweite die Taillenweite ab, so erhalten Sie die „Überschussweite“ (96 – 72 = 24). Bei 24 Falten beträgt sie je Falte 1 cm (24 : 24 = 1), das heißt, jede Falte ist in der Taille nur noch 3 cm breit. Dafür misst die Faltentiefe in der Taille 8,7 cm.

Beachten Sie diese Veränderung beim Einlegen der Falten.

Am Ende der Stoffbahn bleibt wieder die halbe Faltentiefe übrig. Beim Schließen der Naht liegt diese im Falteninnenbruch von Anfangs- und Endfalte. Legen Sie den Stoff in Falten und fixieren Sie diese zuerst mit Stecknadeln, dann mit Heftstichen von der Hüfte bis zum Saum. Die gehefteten Kanten mit dem Dampfbügeleisen oder einem feuchten Tuch fest einbügeln.

Dann legen und heften Sie die Falten in der Taille. Die Faltlinie so weit zur nächsten Falte schieben, bis eine Faltenbreite von 3 cm erreicht ist. Ziehen Sie den inneren Faltenbruch etwas über die Taillenlinie, damit die Falten besser fallen.

Probieren Sie den Rock an und korrigieren Sie gegebenenfalls die Weite. Drehen Sie den Rock auf die linke Seite und bügeln Sie die oberen Faltentiefen mit dem Dampfbügeleisen ein.

Wenn Sie die Faltenpartien bis zur Hüftlinie absteppen wollen, erfolgt dies von rechts durch alle Stofflagen hindurch an der Faltenkante entlang. Ziehen Sie die Fadenenden der Absteppnähte auf die linke Seite und verknoten Sie sie gut.

Schließen Sie die rückwärtige Naht, die in der Mitte einer Faltentiefe liegt. Lassen Sie einen Schlitz für den Rockverschluss. Probieren Sie den Rock noch einmal an, bevor Sie den Bund ansetzen. Eventuell die Taillenlinie in der hinteren und vorderen Mitte etwas ausschneiden.

Schemazeichnung des klassischen Faltenrocks

Das Markieren und Einlegen der Falten

Kellerfalten

Kellerfalten geben in einem eng geschnittenen Rock genügend Bewegungsfreiheit. Sie werden oft als einzelne Falte vorn oder hinten oder auch vorn und hinten gearbeitet.

Ein Rock mit mehreren, bis zur Hüftlinie geschlossenen Kellerfalten sieht am vorteilhaftesten aus, wenn drei vorn und drei hinten eingelegt sind. Über den Hüften liegt dieser Rock dann auch noch eng und glatt an.

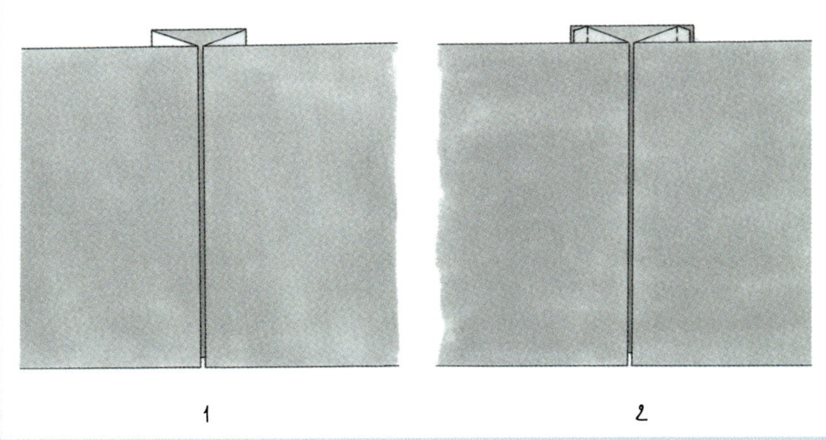

Je nach Material erhält der Rock durch Absteppen der Kellerfalte beziehungsweise der vorderen Mitte einen besonderen Akzent.

1. Kellerfalten bestehen aus zwei gegeneinander laufenden Falten, die eine gemeinsame Anstoßlinie haben. Diese Anstoßlinie ist in den meisten Fällen die vordere oder die hintere Mitte.

2. Manchmal wird auch das innere Faltenteil durch einen schmalen Stoffstreifen, den sogenannten Faltenboden, ersetzt. Diesen näht man an die beiden inneren Bruchkanten der Falte an.

Ist kein fertiger Schnitt vorhanden, können Sie einen solchen Rock nach einem geraden Rockschnitt arbeiten. Schneiden Sie die beiden Rockteile des Schnittmusters in der Verlängerung des vorderen beziehungsweise des hinteren Taillenabnähers durch. Legen Sie den Stoff rechts auf rechts, Webkante auf Webkante.

Von der Bruchkante aus messen Sie je nach Stoffmaterial 10 bis 15 cm nach innen ab. Diese Linie entspricht der vorderen Mitte. Stecken Sie das Rockteil (a) mit der vorderen Mitte an diese bezeichnete Linie. In Höhe der Hüftlinie messen Sie von diesem Schnittteil, je nach Rockweite, 20 bis 30 cm zur Webkante hin ab, markieren diese Linie und stecken das zweite Rockteil (b) an dieser Linie auf den Stoff. Mit Durchschlagstichen kennzeichnen Sie dann die Faltlinien und die Anstoßlinie der Falten.

Die Taillenweite ergibt sich durch das Zusammennähen der Falten bis zur Hüftlinie. Bügeln Sie die Faltenkanten fest ein und heften Sie sie auf die markierte Anstoßlinie. Damit sich die inneren Faltenbrüche nicht durchdrücken, bügeln Sie sie von links. Legen Sie Papierstreifen dazu unter die Kanten.

Den Reißverschluss nähen Sie in die Seitennaht oder arbeiten ihn in die hintere Falte ein.

Ehe Sie den Bund ansetzen, ziehen Sie die inneren Faltenbrüche etwas über die Taillenlinie. Dadurch fallen die Falten gerade und springen nicht zu weit auf.

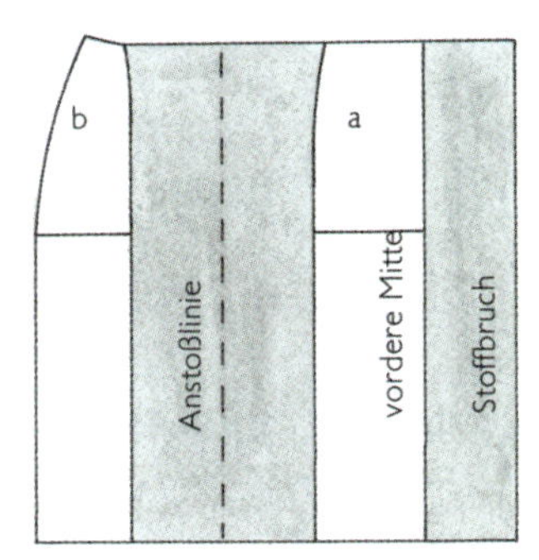

Auflage des vorderen Schnittmusters für einen Rock mit Kellerfalte

Fächerfalten

Fächerfalten sind zwei- bis dreifach gelegte Kellerfalten, die nur als Einzelfalte in der vorderen oder der hinteren Mitte eines engen Rockes gearbeitet werden. Für dicke Stoffe sind sie nicht geeignet, da sie hier zu sehr auftragen. Auf das Absteppen der vorderen oder der hinteren Mitte, wie es gerne bei Kellerfalten gemacht wird, sollten Sie in diesem Falle aber verzichten.

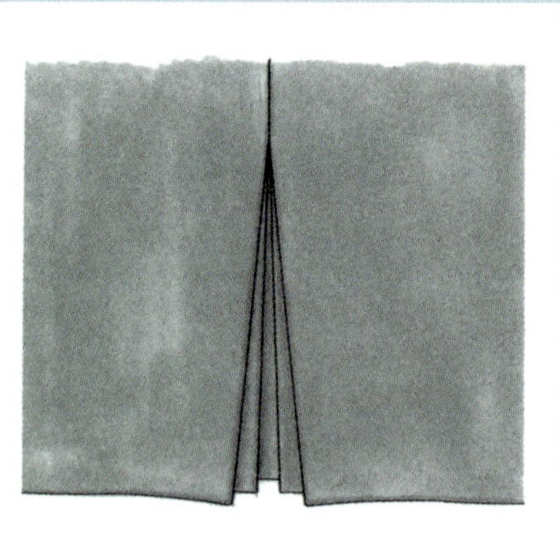

1. Nähen Sie als erstes den Saum des Rockes und schließen Sie die Mittelnaht bis an den Falteneinsatz. Die weiteren Arbeitsschritte lassen sich leichter ausführen, wenn Sie die Naht ausbügeln.

2. Der Fächer wird vom Prinzip her wie eine Falte mit Faltenboden gearbeitet. Die Faltenkanten müssen genau aufeinander und gegeneinander liegen. Um ein Verschieben zu vermeiden, heften Sie sie fest zusammen.

3. Stecken und heften Sie den Falteneinsatz von der Rockinnenseite auf die vordere oder die hintere Mitte des Rockes. Steppen Sie die Kanten zusammen und bügeln Sie die Nähte flach.

4. Die obere Kante des Falteneinsatzes befestigen Sie mit Hexenstichen an der Faltenausschnittkante des Rockes. Entfernen Sie die Heftstiche, schrägen Sie die unteren Ecken der Nahtzugaben ab, mit Zickzackstichen dann alle Nähte versäubern.

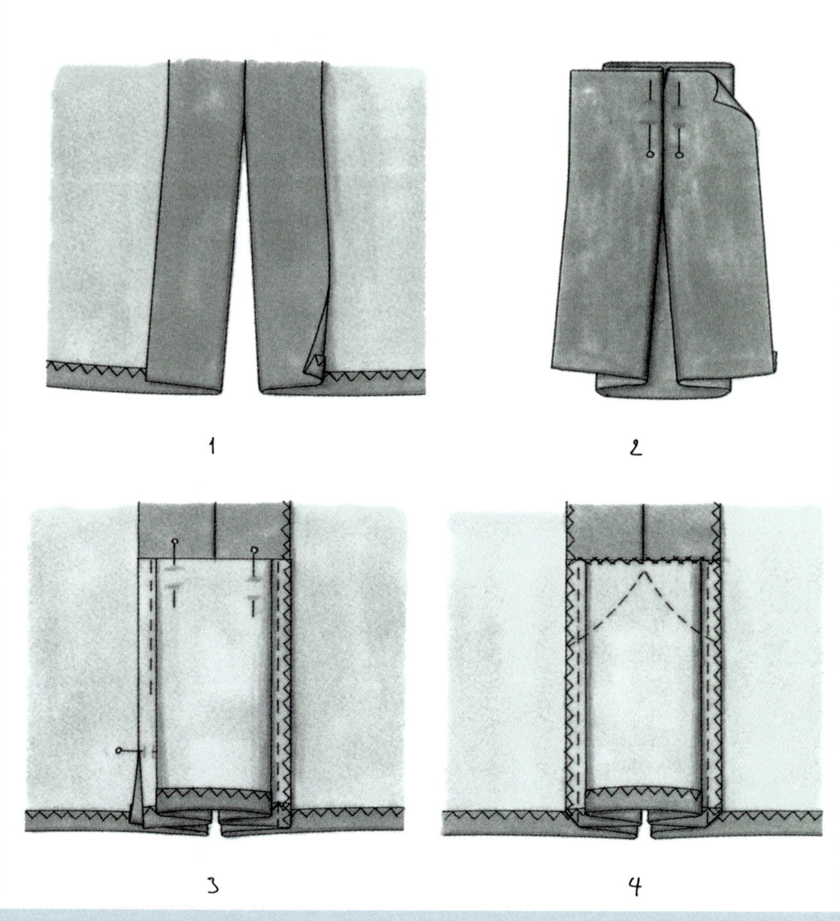

Bundfalten

Bundfalten sind Abnäher, die nicht gesteppt, sondern nur im Bund lose zusammengehalten werden. Die Anzahl der in das vordere Hosenteil eingelegten Bundfalten variiert je nach Modetrend und gewünschter Hosenweite. Sie können zur vorderen Mitte hin, zur Seitennaht hin oder gegeneinander gelegt werden.

Bügelfalten

Bügelfalten müssen immer genau in der Mitte der Vorder- und der Hinterhose eingebügelt werden. In den meisten Schnitten ist die Lage der vorderen Bügelfalte angegeben, die in der vorderen Bundfalte oder im Abnäher endet. Schon vor dem Nähen kann sie leicht eingebügelt werden (a).

Für die Bügelfalte im hinteren Hosenbein wenden Sie das Hosenbein nach rechts und stecken die inneren Beinnähte auf die Seitennähte (b). Mit dem Dampfbügeleisen oder einem feuchten Tuch wird die Bügelfalte eingebügelt, sie läuft ab dem Gesäß bis zur Taille auf die hintere Schrittnaht zu (b).

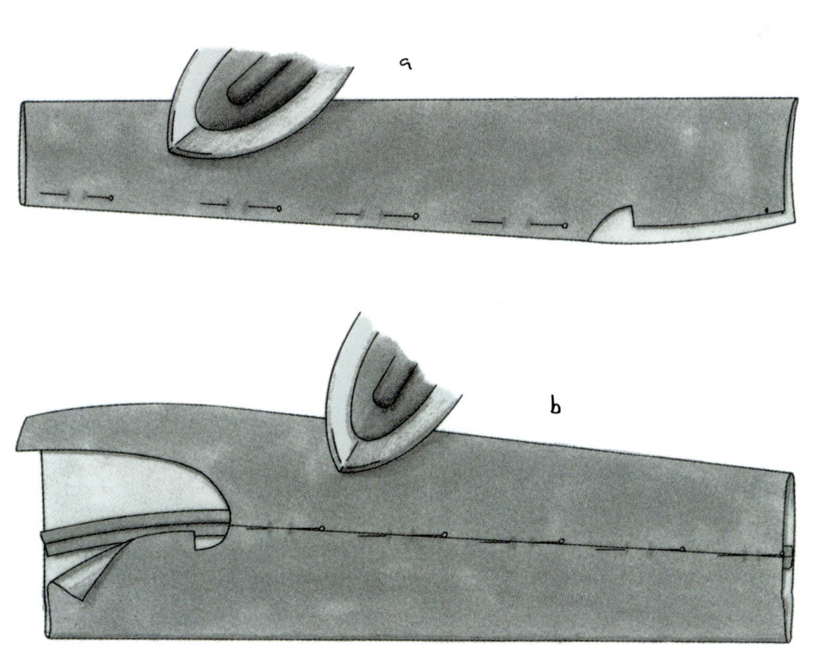

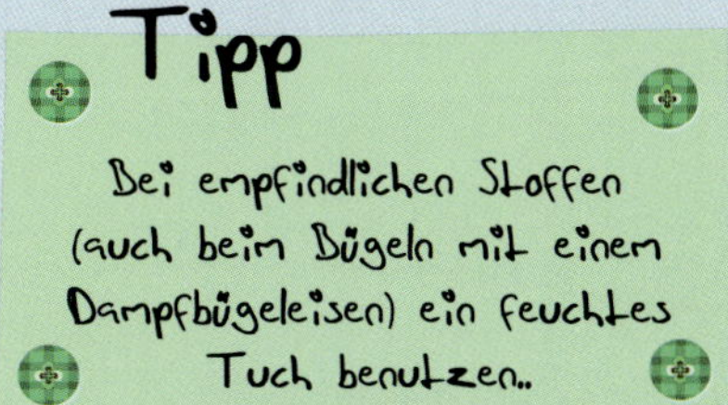

Gürtel

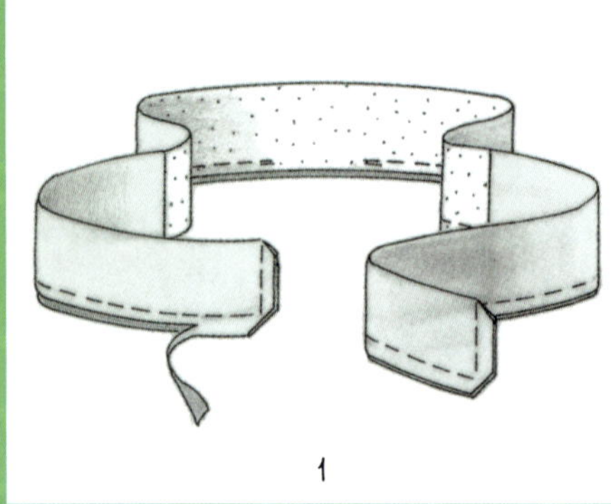

1

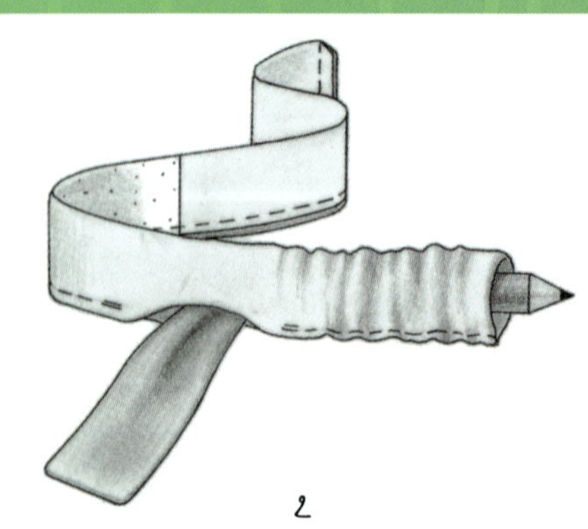

2

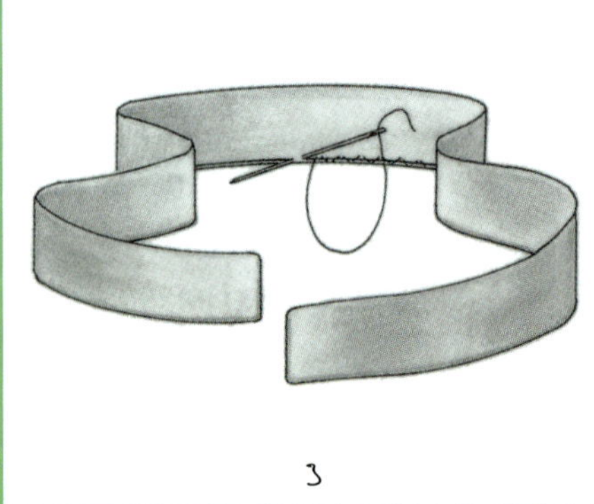

3

Der Schlauch- oder Bindegürtel wird in doppelter Breite und in der gewünschten Länge mit Nahtzugabe zugeschnitten. Dies kann im geraden oder im schrägen Fadenlauf erfolgen.

1. Je nach Modell und Material empfiehlt es sich, eine Einlage in den Gürtel zu arbeiten.

Falten Sie den Stoffstreifen rechts auf rechts zusammen und nähen Sie ihn in zwei Arbeitsgängen. Gesteppt wird jeweils von der hinteren Mitte zu den Enden hin; zum Wenden die Naht ein Stück offenlassen.

Die Nahtzugaben zurückschneiden und die Ecken abschrägen.

2. Mit Hilfe eines Bleistiftes oder eines kleinen Stabes wenden Sie den Gürtel. Stecken Sie den Bleistift in die nach innen gestülpten Gürtelenden und schieben Sie diese vorsichtig durch den Schlitz.

3. Bügeln Sie den Gürtel auf Kante und nähen Sie die Öffnung mit Hohlstichen zu.

Der Formgürtel ist der Körperrundung angepasst.

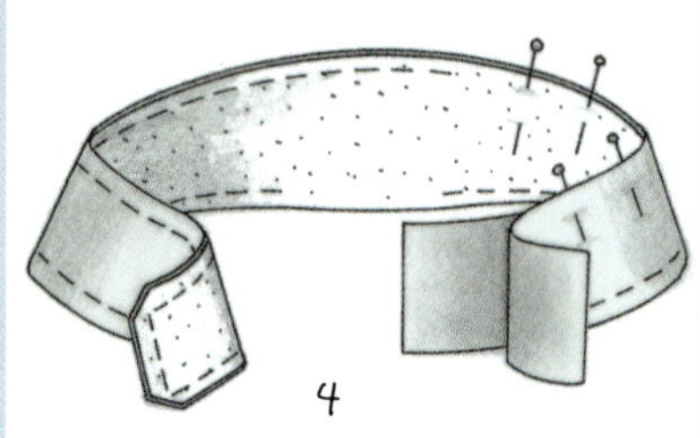

4

4. Er besteht aus drei Teilen: dem oberen Gürtel, dem Beleg und einer festen Einlage. Schneiden Sie den Formgürtel im Längsfadenlauf zu, auf den Beleg bügeln Sie die Einlage. Legen Sie den Gürtel und den Beleg rechts auf rechts, steppen Sie beides rundherum zusammen.

Dabei lassen Sie in der hinteren Mitte am unteren Rand eine große Öffnung zum Wenden des Gürtels. Schneiden Sie die Nahtzugaben stufenweise zurück, die Ecken abschrägen. Wenden Sie den Gürtel auf die rechte Seite.

5. Stecken und heften Sie ihn auf Kante (die Naht liegt in der Kante), anschließend sorgfältig bügeln.

Schließen Sie die hintere Öffnung mit kleinen Hohlstichen und bringen Sie den Verschluss (Haken und Öse oder Druckknöpfe) an.

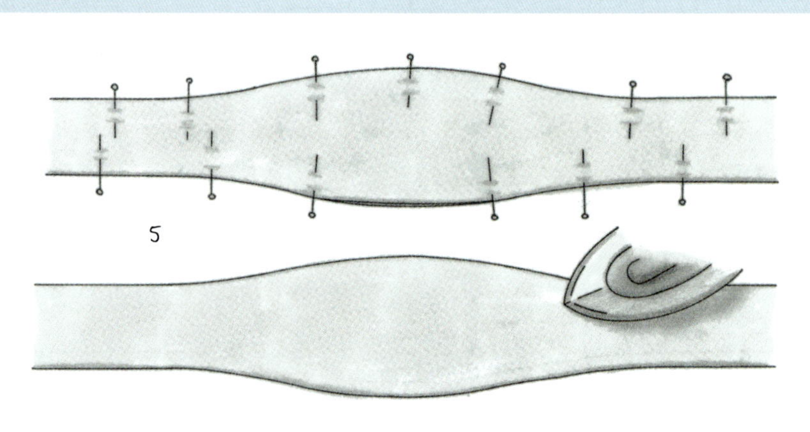

5

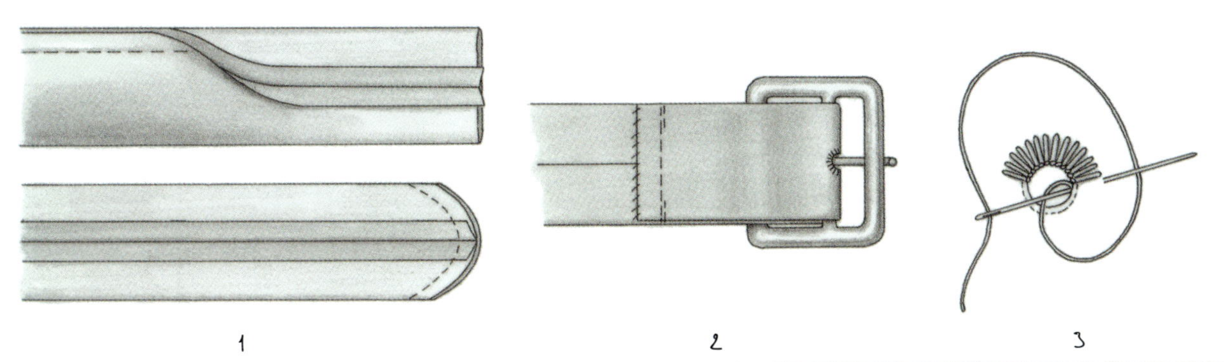

1. Für den Schnallengürtel schneiden Sie einen geraden Stoffstreifen in doppelter Breite plus Nahtzugabe zu. Die Länge entspricht der Taillenweite plus 25 cm. Bügeln Sie auf den gesamten Streifen Einlagestoff auf. Anschließend den Streifen rechts auf rechts in Längsrichtung zusammennähen. Die auf Mitte gelegte Naht auseinanderbügeln. Nähen Sie am Übertritt des Gürtels eine Spitze oder eine Rundung.

2. Wenden Sie den Gürtel. Am offenen Ende des Gürtels die Gürtelschnalle befestigen. Schlagen Sie dazu den Stoff um den Steg auf die linke Seite, versäubern Sie das Ende mit Zickzackstichen und befestigen Sie es dann mit der Maschine oder von Hand mit kleinen Staffierstichen.

3. Hat die Gürtelschnalle einen Dorn, wird auf der Mittellinie des Gürtels ein kleines Loch ausgenäht. Dies kann mit der Lochstichvorrichtung der Nähmaschine erfolgen, oder Sie nähen es von Hand mit dicht gesetzten Knopflochstichen (Knopflochgarn oder doppelter Nähfaden) aus.

Gürtelschlaufen werden meist an den Seitennähten von Kleidern, Mänteln und Jacken befestigt. Bei einem Rock oder einer Hose können Sie in den Bund miteingenäht oder auch nachträglich aufgesetzt werden.

4. Die Stoffschlaufen aus dem Oberstoff oder in einem Kontraststoff arbeiten. Schneiden Sie einen Stoffstreifen zu, der doppelt so breit ist wie die fertige Schlaufe plus 0,5 cm Nahtzugabe. Die Gesamtlänge des zu nähenden Schlaufenbandes berechnen Sie aus der Anzahl der Schlaufen, multipliziert mit der Gürtelbreite, plus 3 cm Nahtzugabe je Schlaufe. Arbeiten Sie das Schlaufenband genauso wie den Bindegürtel (Seite 144).

5. Nach dem Wenden die Kanten absteppen und das Schlaufenband in die einzelnen Schlaufen zerschneiden. Dann die Schlaufenenden etwa 1 cm nach links einschlagen und an das Kleidungsstück ansteppen oder mit dem Riegelstich aufnähen. Sie können sie aber auch von Hand mit kleinen Hohlstichen annähen.

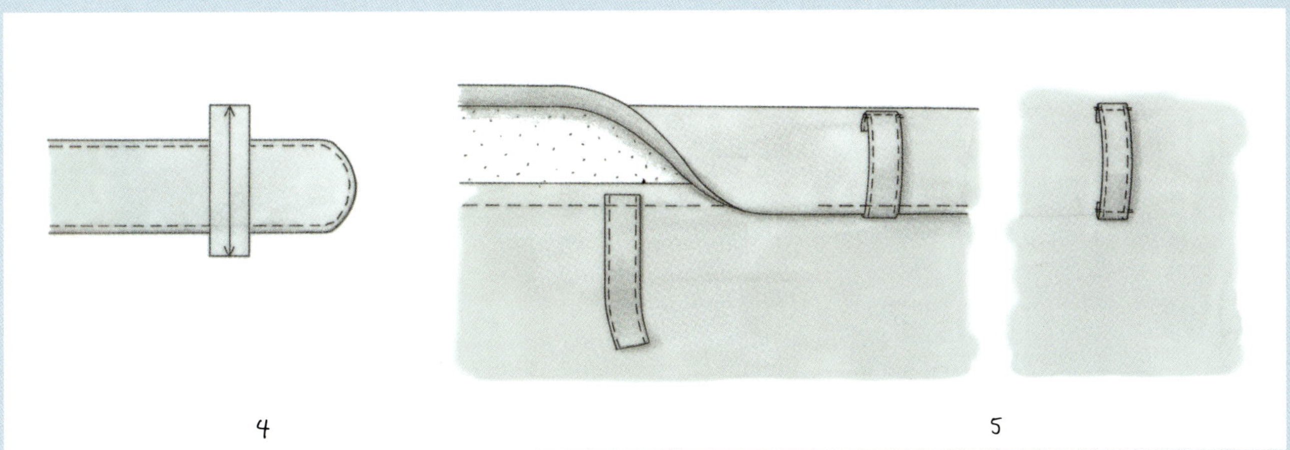

Schräg-streifen

Schrägstreifen aus Kontraststoff bilden eine dekorative Anschlusskante. Es gibt sie aus Baumwolle oder aus Duchesse in verschiedenen Breiten als Meterware fertig zu kaufen.

1 2

1. Sie können sie zum Einfassen von Säumen auch selbst aus dem Oberstoff im Schrägfadenlauf zuschneiden.

2. Müssen mehrere Streifen aneinandergesetzt werden, so verläuft die Ansatznaht zwischen den Kreuzungspunkten.

3. Schrägstreifen können in einem Arbeitsgang mit der Maschine angenäht werden. Die Schnittkanten des Schrägstreifens werden etwa 0,8 cm breit eingeschlagen und umgebügelt.

4. Nun falten Sie den Schrägstreifen links auf links so zusammen, dass hier eine Bruchkante von 1 mm über die andere reicht. Die einzufassende Kante in den zusammengefalteten Streifen schieben, dabei liegt die längere Kante auf der linken Stoffseite. Anschließend den Schrägstreifen heften und ansteppen.

Zum Einfassen des Halsausschnitts schneiden Sie sich einen Schrägstreifen (4 bis 6 cm breit) plus Nahtzugaben. Die Länge entspricht der Halsausschnittweite plus Nahtzugabe, etwas Weite zum Einhalten zugeben.

5. Bügeln Sie den Schrägstreifen in Form. Dehnen Sie ihn dabei etwas, so dass er sich leichter auf die Rundung des Halsausschnitts stecken lässt.

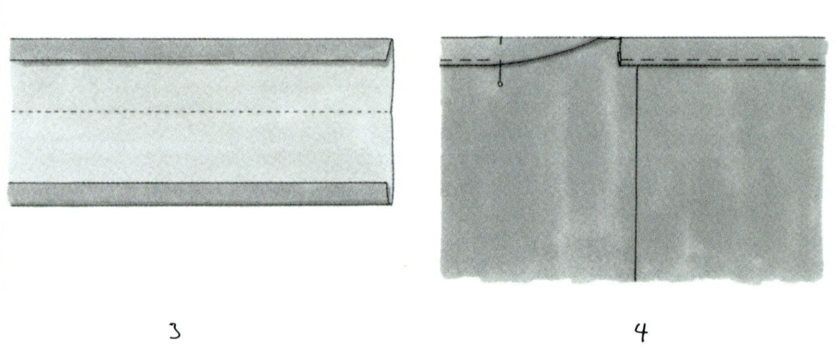

3 4

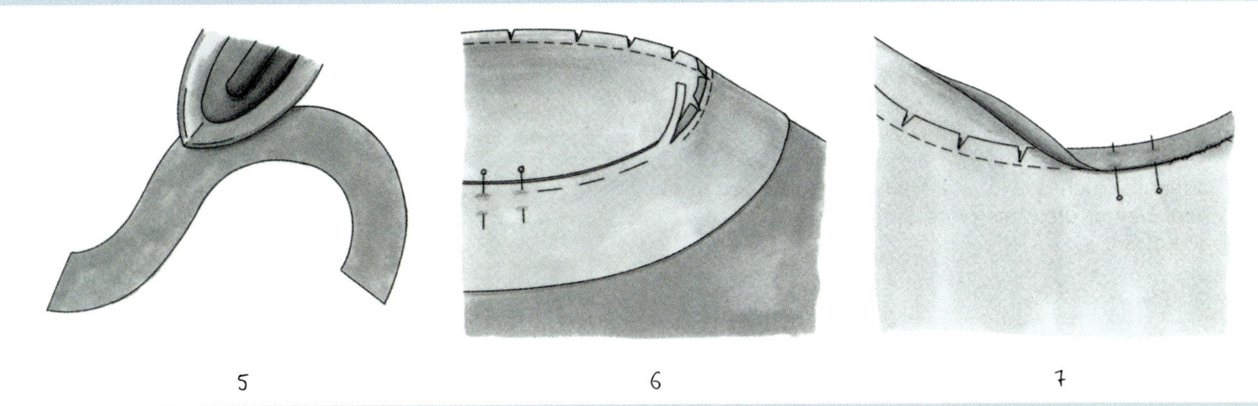

5 6 7

6. Stecken und heften Sie den Streifen rechts auf rechts an den Ausschnitt. Entlang der Nahtlinie den Streifen annähen. Nahtzugaben auf 0,5 cm zurückschneiden und in der Rundung bis kurz vor der Nahtlinie einschneiden.

7. Bügeln Sie nun die Naht flach. Schlagen Sie den geformten Schrägstreifen über die Nahtzugaben nach innen und säumen Sie ihn mit Staffierstichen an die Nahtlinie. Es sollte ein Vorstoß von 2 mm entstehen.

Eckenverarbeitung mit Schrägstreifen

Bei der Eckenverarbeitung von Schrägstreifen, Blenden oder Borten wird zwischen Außen- und Innenecken unterschieden. Eine Außenecke führt um eine Kante herum (zum Beispiel bei einer Tischdecke), eine Innenecke nähen Sie zum Beispiel bei einem eckigen Halsausschnitt.

1. Für die Innenecke mit Schrägstreifen die offene Kante des Schrägstreifens rechts auf rechts an das Kleidungsstück stecken. An der Ecke falten Sie den Streifen diagonal, den losen Schrägstreifenteil kantenbündig an der Kante weiter anstecken.

2. In den Umbruchlinien steppen Sie die Diagonale. Bügeln Sie über die Faltung. Schneiden Sie die Ecke auf Nahtzugabe zurück. Schrägen Sie dabei die Spitzen ab und bügeln Sie die Naht. Den Schrägstreifen füßchenbreit ansteppen; wenden Sie ihn dann nach innen, bügeln Sie die Kante und säumen oder steppen Sie den Streifen an.

Tipp

Zum Formen von Schrägstreifen bietet der Fachhandel einen speziellen Schrägbandformer (für die Ausgangsbandbreiten von 22 und 48 mm) an. Schieben Sie das zugeschnittene Band mit der Schnittkante behutsam in den Former hinein, dabei sollte die Kante möglichst gerade sein, notfalls vorher bügeln. Im Former wird das Band vorgefaltet, das heißt, die Längskanten werden etwa 0,5 bzw. 1 cm breit zur Mitte umgeschlagen. Streichen Sie die Kanten zunächst mit dem Finger nach, anschließend fest umbügeln.

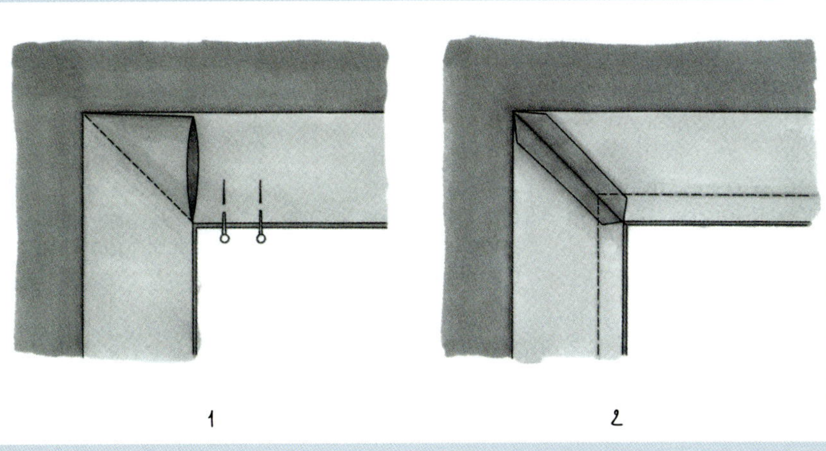

1 2

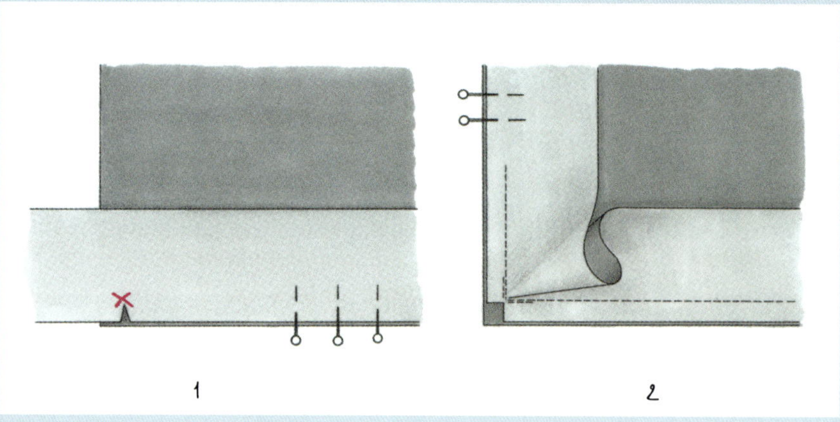

Tipp

Zur Nähmaschine gibt es einen Bandeinfasser als Sonderzubehör, der das Annähen erleichtert. Das Schrägband legt sich während des Nähens automatisch um die Stoffkanten. Eine genaue Arbeitsanleitung entnehmen Sie der Bedienungsanleitung Ihrer Nähmaschine.

Außenecke mit Schrägstreifen

Der Unterschied zwischen der Eckenverarbeitung von Schrägstreifen und der von Blenden oder Borten besteht darin, dass die Blenden immer im geraden Fadenlauf geschnitten, die Borten jedoch nur außen aufgesetzt werden.

Sie können einen fertigen Schrägstreifen verwenden oder Sie schneiden ihn sich selbst zu. Der Streifen muss etwa 6 cm breit sein, wenn die Einfassung eine fertige Breite von 2 cm haben soll. Weitere Informationen über Zuschnitt und Verarbeitung von Schrägstreifen finden Sie auch noch auf Seite 91.

1. Stecken Sie die offene Kante des Schrägstreifens rechts auf rechts an die Stoffkante. Markieren Sie sich die Ecke und fixieren Sie sie mit ein paar Stichen. Den Schrägstreifen bis knapp vor die Nahtlinie in der Ecke einschneiden.

2. Stecken Sie den Schrägstreifenteil um die Ecke herum und nähen Sie den gesamten Schrägstreifen an. In den Ecken lassen Sie die Nadel im Stoff stecken, drehen das Teil um 90 Grad, weitersteppen.

3. Die Nahtzugaben an den Ecken zurückschneiden. Falten Sie den Streifen um, so dass die Ecke genau im rechten Winkel liegt.

Bügeln Sie leicht darüber. Steppen Sie die Ecke in den gebügelten Falten zusammen.

4. Die Nahtzugabe zurückschneiden und an den Ecken abschrägen. Die Naht auseinanderbügeln. Schlagen Sie nun den Schrägstreifen nach innen, säumen oder steppen Sie ihn an.

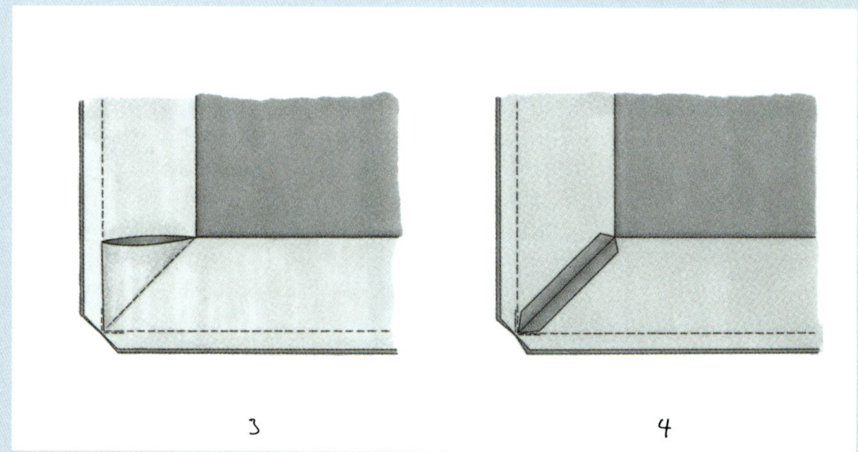

Änderungen

Oft stehen wir vor dem Problem, dass eine neue Hose oder die Ärmel des neuen Mantels zu kürzen sind oder der Rockbund in seiner Weite verändert werden muss. Diese Änderungsmöglichkeiten sollen in diesem Kapitel gezeigt werden, da sich kleine Korrekturen schnell durchführen lassen.

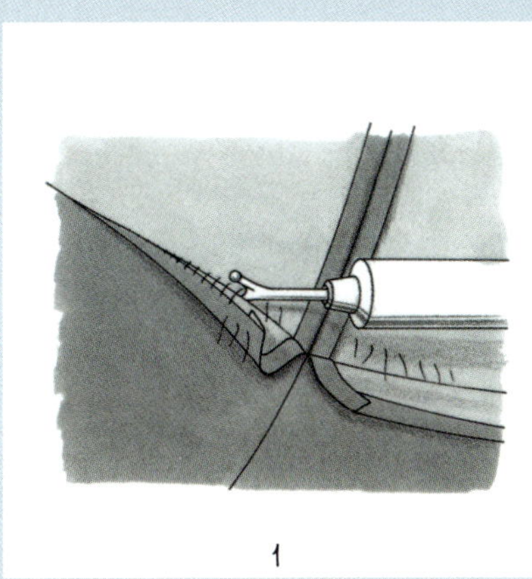

1

2

Größere Längen- und Weitenkorrekturen an Konfektionsware werden seltener vorgenommen. In diesem Falle entsprechen die Arbeitsschritte denen der Schnittveränderung (Seite 42 ff.) und der Anprobe (Seite 56 ff.), deshalb soll hier nicht näher darauf eingegangen werden.

Änderungen am Rock

Das Kürzen eines Rockes ist wohl die häufigste Änderung, die an diesem Kleidungsstück vorgenommen wird. Manchmal muss allerdings auch die Weite korrigiert werden. Auch dazu gibt es ein paar Tipps auf den folgenden Seiten.

Rock kürzen

1. Trennen Sie die Saumkante vorsichtig mit dem Pfeiltrenner auf. Bügeln Sie die Saumkante mit dem Dampfbügeleisen oder einem feuchten Tuch glatt. Auch wenn Sie den Saum später abschneiden, muss der Stoff erst einmal glatt fallen.

2. Probieren Sie den Rock mit den Schuhen an, die Sie später dazu tragen wollen. Bestimmen Sie die neue Rocklänge und markieren Sie sie mit dem Rockabrunder.

3. Bügeln Sie die neue Saumkante und heften Sie den unteren Rand. Schneiden Sie den Saum in gleichmäßigem Abstand zur Saumkante zurück. Die Saumzugabe beträgt je nach Stoff 3 bis 5 cm.

4. Je nach Stoffart schlagen Sie die Schnittkante 1 cm ein oder versäubern Sie die Schnittkante mit Zickzackstichen. Stecken Sie sie fest und nähen Sie den Saum mit der Maschine (Geradstich oder Blindstich) oder hohl von Hand an.

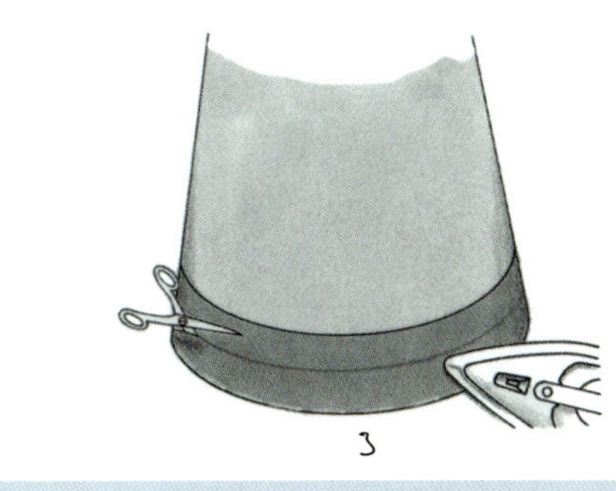

3

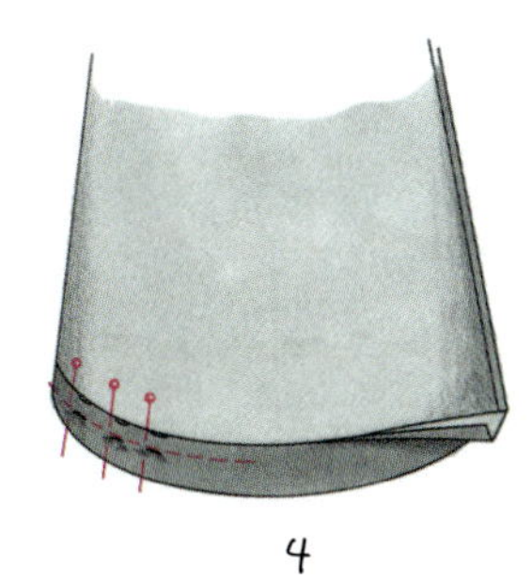

4

Faltenrock kürzen

Einen Faltenrock kürzen Sie immer in der Taille, da die Falten im Saum eingebügelt sind und ein neues Säumen sehr kompliziert wäre. Ein zweiter Vorteil: mit dem Kürzen kann notfalls eine Weitenkorrektur vorgenommen werden.

1. Heften Sie die Falten bis etwa 30 cm vor die Bundkante fest zusammen. Die Falten müssen dabei glatt liegen und dürfen nicht verrutschen. Stecken Sie sie daher zunächst. (Nadeln quer zum Faltenbruch).

2. Vorsichtig werden der Rockbund ab- und der Reißverschluss herausgetrennt. Parallel zur alten Bundansatzlinie markieren Sie erst jetzt die neue Linie. Schneiden Sie dann die überflüssige Länge ab.

3. Kontrollieren Sie die Taillenweite. Ist sie zu weit, schieben Sie die Falten etwas zusammen. Der innere Faltenbruch wird dann in der Taille neu gebügelt.

4. Nähen Sie den Reißverschluss wieder ein. Da er tiefer eingesetzt wird, muss die Naht entsprechend der Rockkürzung abschließend noch aufgetrennt werden.

5. Nähen Sie den Bund wieder an und entfernen Sie die Heftfäden.

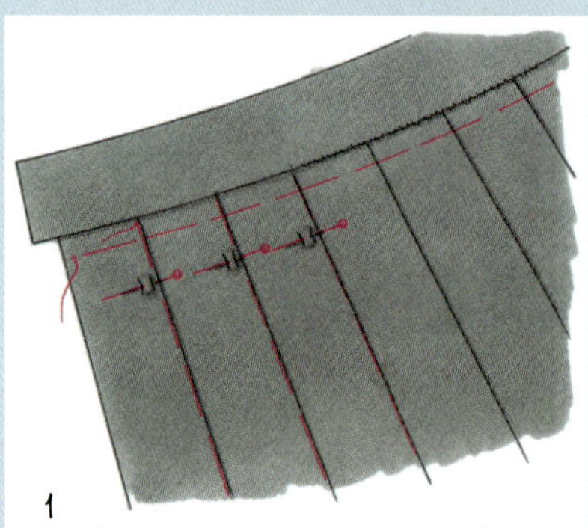
1

Bügeln Sie abschließend noch leicht über die Falten und den Rockbund.

2

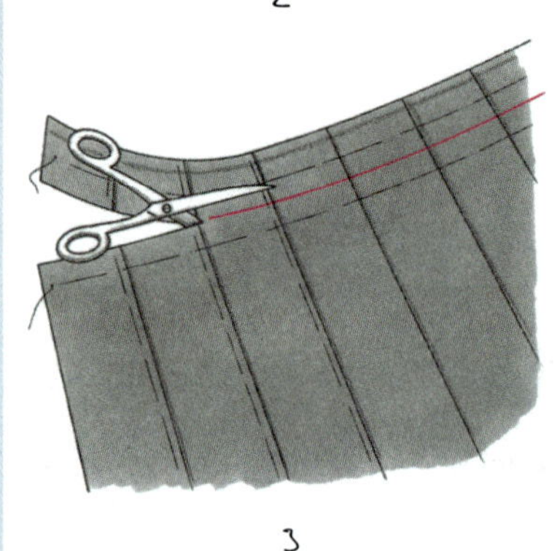
3

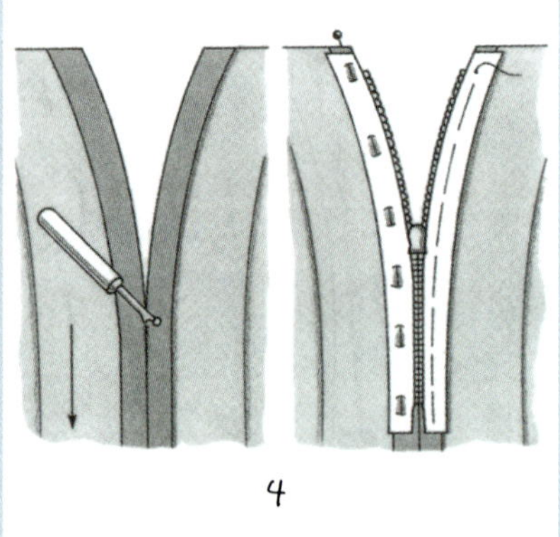
4

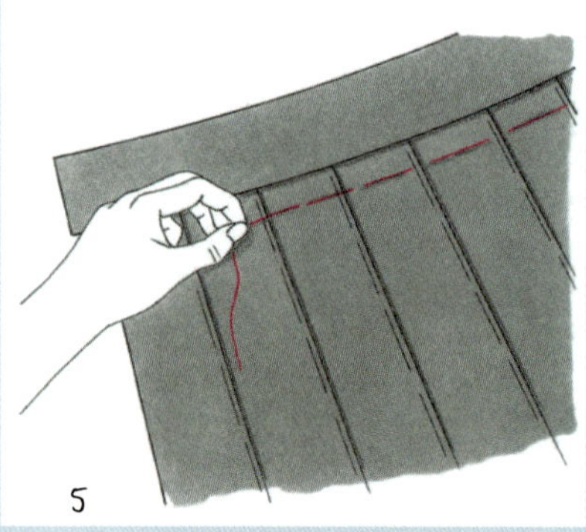
5

Rock ist zu weit

Grundregel bei der Weitenkorrektur ist: Gleichmäßig auf beiden Seiten abnähen oder zugeben.

Wichtig ist, dass man nur so viel abnimmt oder zugibt, dass die Proportionen noch stimmen.

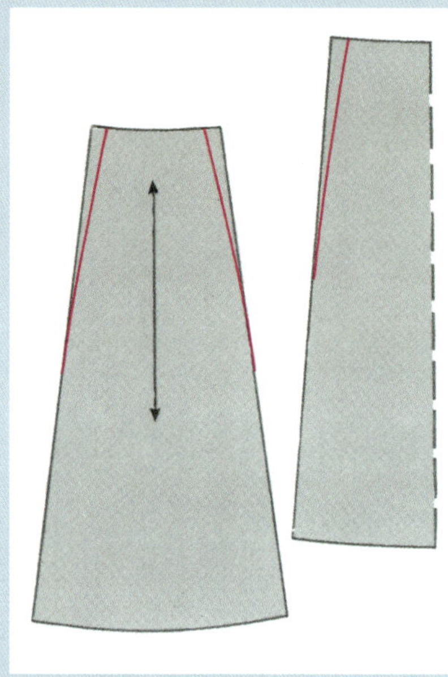

1. Trennen Sie den Rockbund ab und die Seitennähte auf. Probieren Sie den Rock von der linken Seite an und lassen Sie sich die Seitennähte, eventuell auch die Abnäher abstecken. Bei einem Mehrbahnenrock werden größere Weitenabnahmen auf alle Nähte gleichmäßig verteilt, bei einem Faltenrock gleichmäßig auf die Tiefe aller Falten.

2. Schließen Sie die neuen Nähte. Die Nahtzugaben auf 1,5 bis 2 cm zurückschneiden und mit einem mittleren Zickzackstich versäubern. Bügeln Sie die Nähte aus.

3. Verkürzen Sie den Rockbund entsprechend und nähen Sie ihn an Ihren Rock an (siehe auch Seite 126).

Änderungen an der Hose

Jeanshosenreißverschluss einsetzen

Der Reißverschluss einer Jeanshose ist kaputt:

1. Trennen Sie den alten Reißverschluss vorsichtig heraus, dabei muss der Hosenbund auch ein Stück aufgetrennt werden. Die oberen Enden des neuen Reißverschlusses müssen wieder im Bund versteckt sein.

2. Mit dem Pfeiltrenner trennen Sie die unteren Riegel und die beiden Ziersteppnähte auf dem Übertritt auf.

3. In Ihre Nähmaschine setzen Sie eine Nadel Stärke 100, besser noch eine Spezialnadel für Jeans ein. Nähen Sie zuerst den Reißverschluss in den Schlitzuntertritt (rechte Hosenseite), der bei der Jeanshose auf der rechten Seite liegt.

4. Stecken und heften Sie das Reißverschlussband zwischen die vordere Kante und den Untertrittteil. Die Bruchkante liegt dicht neben den Reißverschlusszähnchen. Steppen Sie kantig, dicht neben den Zähnchen durch den Reißverschluss und den Untertritt hindurch.

5. Auf den Beleg des Übertrittes wird das linke Reißverschlussband genäht. Stecken und heften Sie das Band auf den Beleg des Übertrittes, wobei die rechte Bundseite und die innere Belegseite unten bündig sein müssen.

6. Steppen Sie das linke Reißverschlussband offen auf die Belegseite, einmal dicht hinter den Zähnchen, einmal kantig am Bandabschluss. Schließen Sie den Reißverschluss.

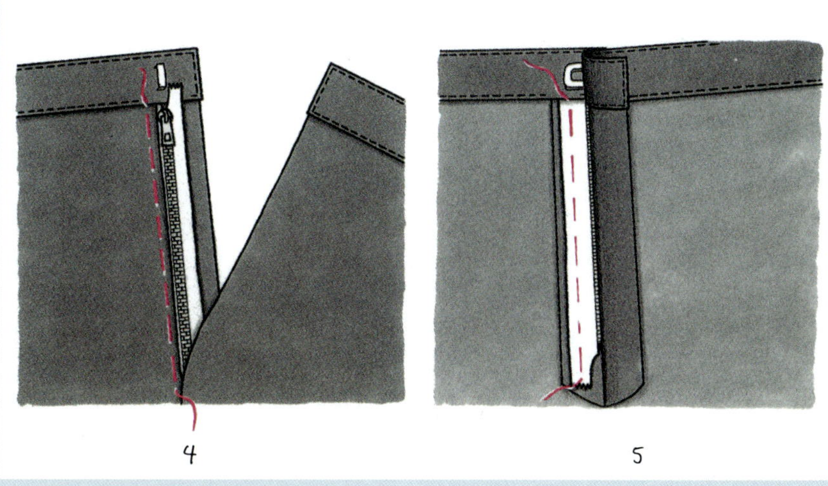

4 5

7. Auf der rechten Seite des Übertrittes steppen Sie zusammen mit den beiden Ziernähten, eventuell mit Knopflochgarn oder einem Garn in einer anderen Farbe, den Beleg des Übertrittes fest.

8. Die oberen Enden des Reißverschlussbandes schieben Sie mit einer Stecknadel glatt in den Bund. Nähen Sie den Bund wieder fest. Bei geschlossenem Reißverschluss nähen Sie am Schlitzende einen Riegel, von diesem sollten ein bis zwei Stiche im rechten Vorderteil liegen.

Tipp

Für das Nähen des Riegels stellen Sie den Knopflochstich ein oder einen ganz kleinen, dichten Zickzackstich. An manchen Nähmaschinen gibt es ein extra Programm für das Nähen des Riegels.

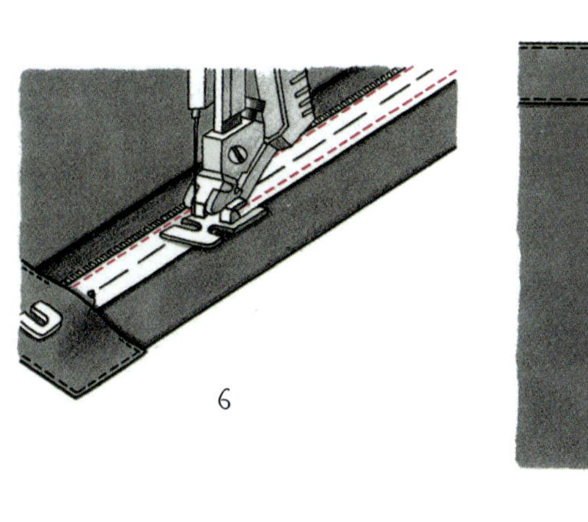

6

7

Hose kürzen

Trennen Sie den Saum auf. Hat die Hose ein Stoßband, trennen Sie auch dieses ab. Bügeln Sie die alte Saumkante glatt. Probieren Sie die Hose an und bestimmen Sie die neue Länge. Es genügt, nur ein Hosenbein abzustecken.

1. Markieren Sie die neue Saumkante mit einem Heftfaden.

2. Stecken Sie die Hosenbeine ineinander, links auf links, Naht auf Naht.

3. Mit einem doppelten Heftfaden und Durchschlagstichen übertragen Sie die markierte Heftfadenlinie auf das zweite Hosenbein.

1

3

Lassen Sie dabei etwa 1,5 cm lange Fadenschlingen stehen. Diese werden auseinandergezogen und zwischen den beiden Hosenbeinen aufgeschnitten.

4. Schneiden Sie die Hosenbeine bis auf eine Saumzugabe von 4 cm ab. Versäubern Sie die Schnittkanten mit einem mittleren Zickzackstich. Auf die rechte Seite des Hosenbeines steppen Sie das Stoßband an die neue Umbruchlinie. Dann die Saumzugabe nach innen bügeln. Fixieren Sie den Saum mit dem Blindstich der Nähmaschine oder dem hohlgenähten Saum von Hand.

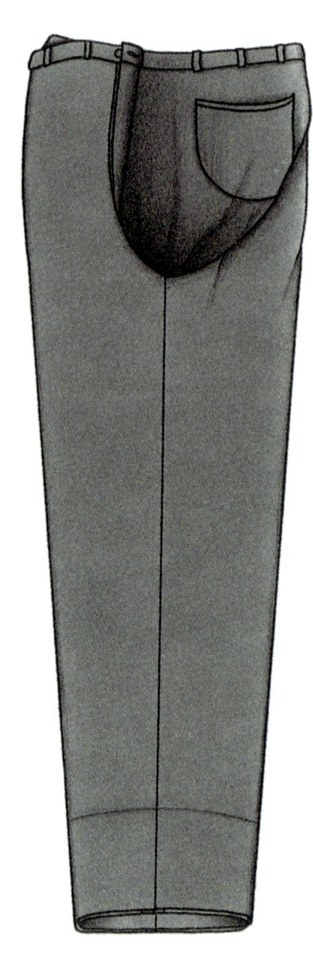

2

Hosenbein mit Aufschlag kürzen

Trennen Sie den Saum der Hose und die Riegel des Aufschlages auf. Bügeln Sie die alte Saumkante glatt. Probieren Sie die Hose an und bestimmen Sie die neue Länge. Es genügt, wenn Sie bei der Anprobe nur ein Hosenbein abstecken.

Markieren Sie die neue Saumkante mit einem Heftfaden. Stecken Sie die Hosenbeine ineinander, links auf links, Naht auf Naht.

Mit einem doppelten Heftfaden und Durchschlagstichen übertragen Sie die markierte Heftfadenlinie auf das zweite Hosenbein. Schneiden Sie die Fadenschlingen zwischen den Hosenbeinen auf.

1. Legen Sie die neue Aufschlagbreite fest, verdoppeln Sie sie und geben sie noch 3 cm Saumzugabe zu. Markieren Sie sich alle Linien: die Saumlinie, die Aufschlagkante und die Einschlaglinie.

Schneiden Sie das Zuviel an Länge ab. Die obere Aufschlagkante wird nach links umgeschlagen und an der Faltkante sorgfältig geheftet. Versäubern Sie die Schnittkanten mit einem mittleren Zickzackstich und nähen Sie den Saum von Hand oder mit der Maschine an.

2. An der Einschlaglinie legen Sie den Aufschlag nach rechts um und heften ihn an der Kante durch alle Stofflagen hindurch. Mit dem Dampfbügeleisen bügeln Sie den Umschlag. Entfernen Sie noch die Heftfäden.

3. Befestigen Sie den Aufschlag an den Seitennähten der Hose unter der oberen Aufschlagkante mit kleinen, verdeckten Stegen.

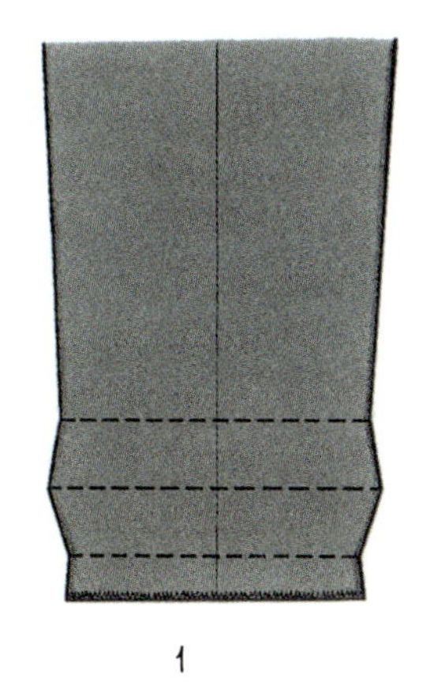
1

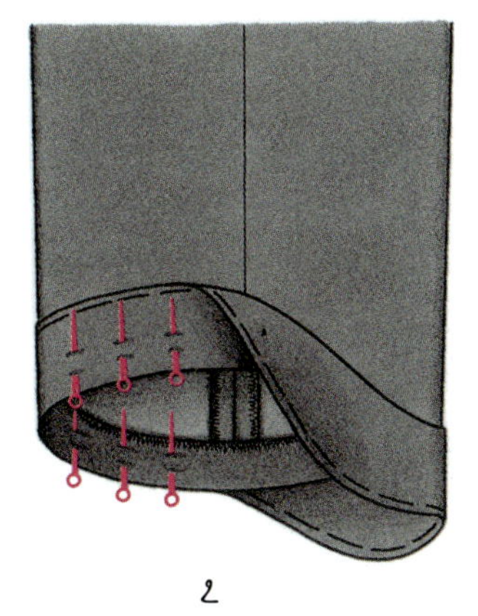
2

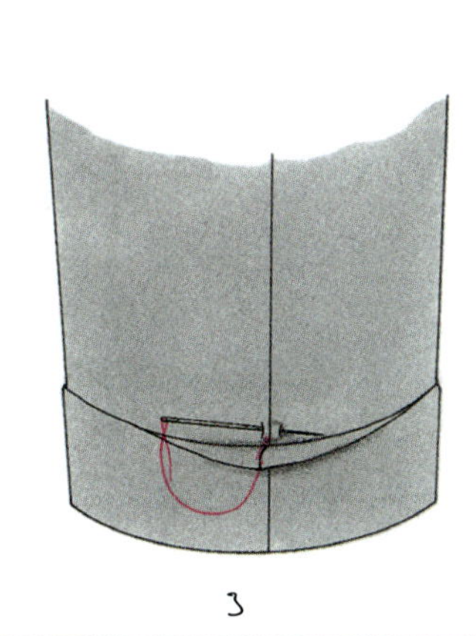
3

Abbildungen zu Hosenbein mit Aufschlag kürzen.

Der Hosenbund ist zu weit oder zu eng

Ist der Taillenbund einer Hose zu weit oder zu eng, korrigiert man dies in der hinteren Naht der Hose.

Die Nahtzugabe der hinteren Bundnaht und der Hosennaht ist in den meisten Fällen groß genug, so dass sie für eine Erweiterung des Bundes von etwa 2 cm ausreicht.

Probieren Sie die Hose an und bezeichnen Sie mit Stecknadeln die Abnahme des Bundes.

1. Trennen Sie den Bund zu beiden Seiten der Mittelnaht 10 cm ab, die hintere Schrittnaht der Hose etwa 15 cm auftrennen. Bügeln Sie die alten Kanten sorgfältig aus.

2. Nähen Sie die Bundteile rechts auf rechts an die Hosenteile, schlagen Sie den Beleg des Bundes nach oben. Stecken und heften Sie die Bundteile und auch die Schrittnaht entsprechend der gewünschten Abänderung zusammen.

Achten Sie darauf, dass die Quernähte übereinstimmen.

3. Nähen Sie die Naht. Achten Sie darauf, dass der Übergang in die alte Schrittnaht glatt verläuft.

Bei der enger genähten Hose schneiden Sie die Nahtzugaben zurück und bügeln die Naht gut aus. Schlagen Sie den Bundbeleg nach innen. Auf der rechten Seite der Hose steppen Sie in der Rille der Ansatznaht durch den Beleg den Bund fest.

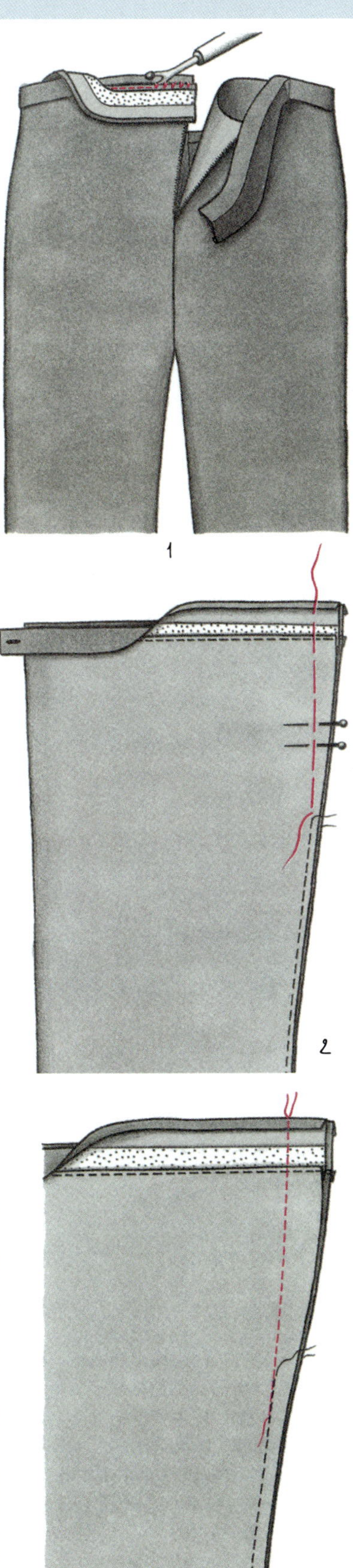
1
2
3

Weitere Änderungen

Ihnen gefällt ein Mantel sehr gut, er passt auch wie maßgeschneidert, doch sind leider die Ärmel zu lang. Kaufen Sie ihn dennoch. Es ist gar nicht so schwer, die Ärmel selbst zu kürzen. Oft stellt man erst zu Hause fest, dass die Abnäher im Rock oder im Kleid nicht richtig ausgenäht sind. Mit einer kleinen Korrektur lässt sich dies schnell beheben. Auch Knöpfe lassen sich problemlos versetzen, wenn etwa die Manschetten der Bluse zu weit sind.

Ärmel kürzen

1. Trennen Sie den alten Saum der Jacke oder des Mantels auf und bügeln Sie die Saumkante gut aus, denn es arbeitet sich leichter, wenn der Stoff glatt ist.

Die neue Linie markieren Sie sich mit einem Heftfaden.

Stecken Sie die Ärmel ineinander, rechts auf rechts, Naht auf Naht, und übertragen Sie die neue Saumkante mit Durchschlagstichen auf den zweiten Ärmel. Schneiden Sie den Rest bis auf eine Saumzugabe von 5 cm ab.

2. Da die Jacken- und die Mantelärmelnähte nach unten schmaler werden, müssen die Ärmelnähte von der Saumkante aus schräg ausgenäht werden. Trennen Sie die Ärmelnähte 10 cm auf und steppen Sie die neue Naht. Achten Sie darauf, dass sie glatt in die alte verläuft.

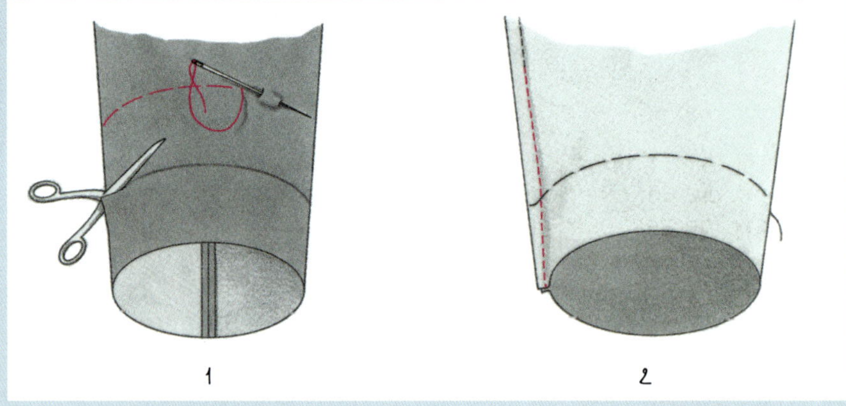

Bügeln Sie die Naht aus und die Saumkante um. Aus einem dünnen Einlagestoff schneiden Sie sich einen 6 cm breiten Streifen. Bügeln Sie diesen an die Saumkante auf die linke Seite des Ärmels.

3. Mit einem losen Hexenstich nähen Sie den Saum an den Einlagestreifen. Dadurch drücken sich die Saumstiche nicht auf die rechte Stoffseite durch, und die untere Kante des Ärmels ist fester.

4. Kürzen Sie den Futterärmel entsprechend, bügeln Sie die untere Kante 1 cm um und säumen Sie sie unterhalb der Hexenstichlinie an. Das Futter soll locker im Ärmel hängen.

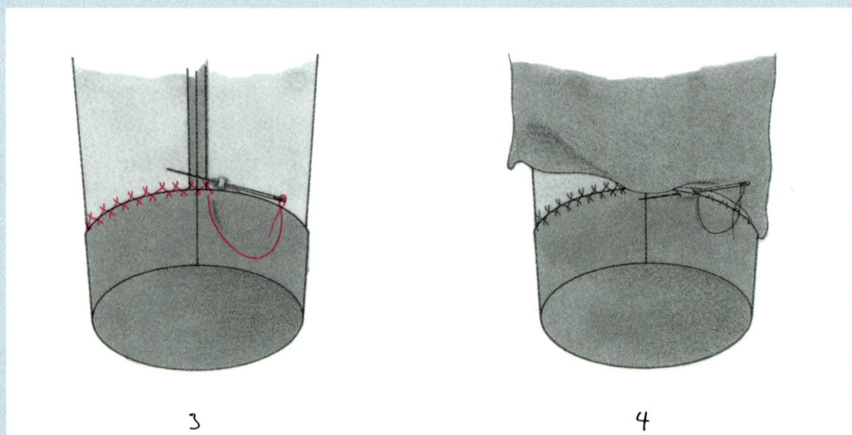

Abnäher korrigieren

Durch einen Abnäher formt man einen flachen Stoffteil so, dass er sich einer bestimmten Körperlinie oder Körperrundung anpasst. Sitzt der Abnäher nicht an der richtigen Stelle oder beult er, kann er das ganze Kleidungsstück verderben. Beulen in einem engen Rock oder einem auf Maß geschneiderten Oberteil die Abnäher, dann sind sie meistens zu kurz, oder sie laufen nicht spitz genug aus.

Hier soll die Änderung am Beispiel eines Brustabnähers an einer Bluse gezeigt werden.

1. Probieren Sie das Kleidungsstück an und legen Sie die neue Brustabnäherlinie fest. Trennen Sie die Seitennähte bis unter den Abnäher auf, dann die Brustabnäher.

2. Zeichnen Sie sich mit Schneiderkreide den neuen Brustabnäher ein. Nehmen Sie die Änderung auch beim zweiten Abnäher vor.

3. Stecken und heften Sie den Abnäher und die Seitennähte. Probieren Sie dann auf jeden Fall das Oberteil an. Steppen Sie die Abnäher und bügeln Sie sie glatt. Steppen und bügeln Sie die Seitennähte.

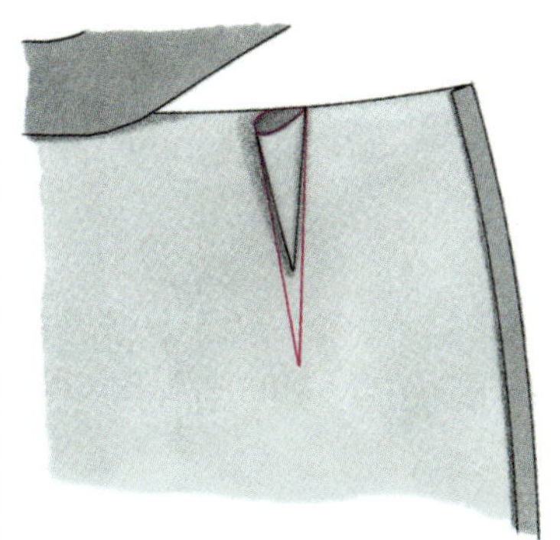

Abnäher im Rock korrigieren

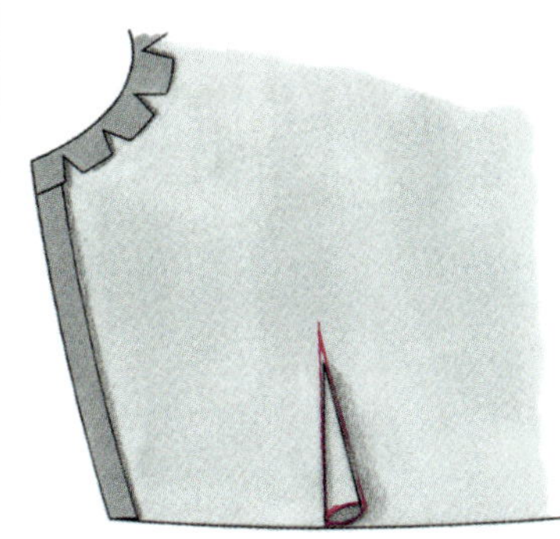

Taillenabnäher spitzer auslaufen lassen

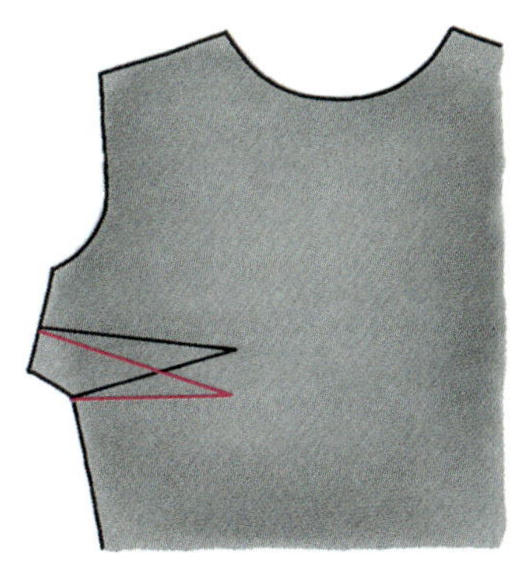

Brustabnäher verlegen (schematische Darstellung)

Knöpfe versetzen

Bei einem geknöpften Teil reicht es oft, nur die Knöpfe etwas zu versetzen, damit es enger oder weiter wird. Versetzen Sie die Knöpfe aber niemals mehr als 1,5 bis 2 cm, da sich sonst die vordere oder hintere Mitte zu sehr verschiebt, der Halsausschnitt nicht mehr stimmt und somit das ganze Kleidungsstück schief wird. Manchmal genügt auch schon das Versetzen von ein oder zwei Knöpfen, damit das Kleidungsstück wieder bequem sitzt.

Die Bluse ist ein wenig zu eng, dann trennen Sie vorsichtig die Knöpfe ab. Probieren Sie die Bluse an und stecken Sie Knopflochleiste auf Knopfleiste. Mit Stecknadeln markieren Sie den neuen Sitz der Knöpfe. Nähen Sie anschließend die Knöpfe wieder an.

Sind Ärmelmanschetten zu weit oder zu eng, dann genügt es meist, nur die Knöpfe zu versetzen. Trennen Sie den jeweiligen Manschettenknopf ab. Probieren Sie das Hemd oder die Bluse an und bestimmen Sie die neue Position des Knopfes. Nähen Sie anschließend die Knöpfe an.

Fachbegriffe

Abnäher: Sie werden zwar von der Spitze zur breiten Seite hin gesteckt und geheftet, aber in umgekehrter Richtung, also zur Spitze hin, genäht.

Absteppen: Mit dem Absteppen können Sie ein Kleidungsstück verschönern, besondere Effekte erzielen oder Nahtränder flachhalten. Verwenden Sie zum Absteppen Maschinenstickgarn und stellen Sie die Stichlänge zwischen 3 und 4 ein.

Anstaffieren: Mit kaum sichtbaren Blindstichen Futter, Beleg oder Formstreifen annähen.

Beleg: Damit eine Kante verstürzt werden kann, muss man ein formgleiches, aber etwas schmaleres Stoffteil (den Beleg) als das Originalschnittteil rechts auf rechts auf dieses aufnähen. Der Beleg kann angeschnitten oder extra geschnitten werden.

Blende: Sie wird als Verzierung oder als Kantenversäuberung z. B. am Halsausschnitt auf die rechte Seite genäht. Die Blende kann aus demselben Stoff gearbeitet werden, sie darf aber auch aus andersfarbigem oder andersartigem Besatzstoff / -band sein.

Dehnen: Manche Schnittteile müssen an bestimmten Stellen (z. B. an der Schrittnaht) gedehnt werden. In den Schnitten ist dies meist mit (....) angezeichnet. Bügeln Sie die Stellen mit einem feuchten Tuch ab und ziehen/dehnen Sie den Stoff dabei leicht und gleichmäßig.

Durchschlagen: Dies ist eine Möglichkeit, die Markierungen, die im Schnittmuster eingezeichnet sind, auf den Stoff zu übertragen. Mit doppeltem Reihfaden werden Heftstiche z. B. an der Nahtlinie entlang durch beide Stofflagen genäht, wobei 2,5 cm lange Fadenschlingen stehenbleiben. Diese werden dann auseinandergezogen und zwischen den Stofflagen durchgeschnitten.

Einhalten: Die geringe Mehrweite einer Armkugel muss oft eingehalten werden. Dazu im gekennzeichneten Bereich (ist im Schnitt eingezeichnet) im Abstand von 0,3 cm zwei Heftreihen arbeiten. Durch Anziehen der Unterfäden kräuselt sich der Stoff leicht (keine Faltenbildung!)

Fadengerade zuschneiden: Der Zuschnitt erfolgt in Richtung des Fadenlaufs, möglichst an einem Faden entlang. Tipp: Ziehen Sie bei feinen Stoffen den entsprechenden Faden ein wenig an, so dass dessen Verlauf ganz deutlich sichtbar ist.

Fadenlauf: Er wird bestimmt durch Kett- und Schussfaden. Der Längsfaden verläuft parallel zu den Webkanten (quer zur Stoffbreite), der Querfadenlauf rechtwinklig zur Webkante, der Schrägfadenlauf diagonal.

Formstreifen: Gerundete oder auch eckige Halsausschnitte und Armlöcher eines ungefütterten Kleidungsstückes werden mit einem Formstreifen versäubert. Der Streifen hat genau die Form der zu versäubernden Kante, auch ist er im gleichen Fadenlauf zugeschnitten.

Füßchenbreit: Ein Begriff der häufig in Nähanleitungen auftaucht. Er bedeutet, dass die äußere Kante des Nähmaschinenfußes an der Stoffkante entlangläuft. Der Abstand Kante – Naht beträgt 0,75 cm.

Heften oder Reihen: Zur Anprobe wird ein Kleidungsstück lose zusammengefügt (geheftet). Sie können von Hand heften oder mit der Maschine.

Hohl annähen oder zusammennähen: Dies bedeutet, dass die Stoffteile unsichtbar miteinander verbunden werden.

Knappkantig bedeutet, dass möglichst nahe an der Kante (in 0,1 bis 0,2 cm Abstand) gesteppt wird. Dabei läuft die Innenkante des Füßchens an der Kante entlang.

Kräuseln: Durch Kräuseln wird überschüssige Weite eingehalten. Mit einem großen Maschinenstich näht man auf der rechten Seite, in füßchenbreitem Abstand zur Kante, zwei Nahtlinien und zieht anschließend die Unterfäden möglichst gleichmäßig und behutsam an.

Kurzwaren ist der Sammelbegriff für alle kleinen Schneiderwerkzeuge und -hilfsmittel (Nadeln, Kopierrädchen, Maßband…) sowie für Bänder, Garne, Gummis u. ä.

Markieren: Nach dem Zuschnitt, jedoch vor der Abnahme des Schnittmusters, werden alle Nahtlinien, Abnäher und Markierungspunkte mit Schneiderkreide, Kopierpapier oder dem Durchschlagstich markiert.

Nahtzugaben sind die Stoffränder, die Sie bei Zuschnitt zugeben müssen. Sie reichen von der Nahtlinie des Schnittteils bis zur Schnittkante (genaue Angaben auf Seite 50).

Paspelieren: Paspeln sind gefaltete Stoff-, Tresse- oder auch Lederstreifen, die als Verzierung oder zur Versäuberung gearbeitet werden. Gepaspelt werden hauptsächlich Taschen und Knopflöcher.

Pikieren: Als Pikieren bezeichnet man das flächige Befestigen einer Einlage auf dem Oberstoff. Der Stich ist auf der rechten Seite kaum zu sehen, links liegt der Faden etwa 2 bis 3 cm straff auf dem Stoff.

Schrägfadenlauf: Legt man die Schnittkante einer Stoffbahn auf die Webkante, so entspricht die Umbruchkante dem Schrägfadenlauf (siehe auch Fadenlauf).

Stecken: Mit Stecknadeln werden die Teile zusammengehalten, bevor man die Naht o. ä. heftet oder steppt. Die Stecknadeln immer quer zur Naht stecken.

Steppen: bedeutet mit dem Geradstich nähen.

Stufenweise zurückschneiden: Damit lassen sich Kanten abflachen. An verstürzten Kanten liegen oft mehrere Stoffarten übereinander, deren Nahtzugaben in unterschiedlicher Breite abgeschnitten werden.

Versäubern: Schnittkanten werden mit der Zackenschere, dem Zickzackstich oder von Hand versäubert.

Verstürzen: Kragen, Revers oder Manschetten werden verstürzt. Man näht die Stoffteile zunächst rechts auf rechts zusammen und wendet sie dann auf die linke Seite. Die Naht liegt in der Kante. Die Nahtzugaben möglichst zurückschneiden und anschließend die Kante bügeln, eventuell absteppen.

Vorstoß: Wird ein Kragen verstürzt, heftet man die Kante so um, dass der Oberkragen einen Vorstoß von 2 mm hat.

Webkante ist die verstärkte seitliche Kante in Kettrichtung bei allen gewebten Stoffen. Aus technischen Gründen weisen auch verschiedene Maschenwaren eine verstärkte Kante auf.

Register